스펙을 뛰어넘어
취업하기 전에 알았으면
좋았을 것들

초판 1쇄 발행 | 2015년 6월 10일
지은이 | 박인규 · 윤성 · 백인걸 · 최우수
펴낸이 | 최대석
펴낸곳 | 행복우물

편 집 | 엠피케어(umbobb@daum.net)

등록번호 | 제307-2007-14호
등록일 | 2006년 10월 27일

주 소 | 경기도 가평군 경반안로 115
전 화 | 031)581-0491
팩 스 | 031)581-0492
이메일 | danielcds@naver.com

ISBN 978-89-93525-24-3
정가 18,000원

스펙을 뛰어넘어

취업하기 전에 알았으면
좋았을 것들

박인규 · 윤성 · 백인걸 · 최우수

행복우물

취업 1타 강사, 양광모 컨설턴트와 함께하다!

양광모 컨설턴트는 대원외고와 연세대 경영학과를 졸업하고 삼성증권 인턴쉽(Internship), 삼성전자 SADI RA(Research Assistant), 삼성증권 투자전략센터 애널리스트(Analyst)를 역임하였으며, 현재 경희대학교 취업스쿨 겸임교수, Thecareer.co.kr 의 대표 및 취업 전문강사로 활동 중이다.

그는 4년간 현업에 있으면서 취업 리쿠르팅과 삼성 직업멘토링 2기 멘토, 인턴교육생 지도 멘토 등을 담당하면서 취업준비생과 인연의 끈을 만들어나갔고, SSAT 출제 위원 경험을 바탕으로 현재 대학교에서 직무적성검사, NCS직업기초능력평가 강의, 취업 강의 및 컨설팅을 진행하고 있다.

'삼성그룹 SSAT 출제위원 출신의 취업분야 1타 강사' 라는 꼬리표가 말해주고 있듯, 그는 언제나 최신 취업 경향을 파악하고 이를 학생들에게 효율적으로 전달하기 위해 연구를 거듭하고 있다.

그는 《스펙을 뛰어넘어》의 도서 제작 컨설팅을 통해 그간 현장에서 느낀 대학생들이 반드시 필요로 하는 것들, 취업 트렌드의 변화, 그리고 희망의 메시지를 담는데 함께 노력했으며, 취업을 준비하는 3, 4학년 뿐만 아니라 앞으로 대학생활을 시작하는 1, 2학년에게 올바른 방향을 제시하였다.

《스펙을 뛰어넘어》의 저자 강연회(강의 자료 등) 및 컨설팅은 더커리어 (Thecareer.co.kr)와 양광모 대표 컨설턴트의 블로그(http://blog.naver.com/yankmo)와 함께한다.

더커리어 홈페이지: http://www.thecareer.co.kr
양광모 컨설턴트 블로그: http://blog.naver.com/yankmo
이메일: yankmo@naver.com

빨리 뛰고 있다고 생각했는데 어느새 세상은 바뀌었다. 2008년 금융위기 이후 경제가 어렵다는 기사가 보도되고, 지금까지 취업난은 계속 되고 있다. 최근의 실업률 발표에 놀라는 만큼, 입사 지원자들의 엄청난 스펙에 놀라곤 한다. 나아가 '성공' 이라는 막연한 기대감을 갖고 방황하는 이들을 보면 씁쓸한 마음도 든다.

사실 우리가 사회생활을 시작했을 때에 이미 같은 고민을 많은 이들이 하고 있었지만, 확실한 것은 경쟁의 강도가 시간이 지날수록 점점 치열해 지고 있다는 사실이다. 앞서가는 사람 앞에 또 앞서가는 이들이 생긴다. 저자들 또한 살아오면서 선택에 대한 고민이 있었으나 마땅한 가이드라인이 없었다. 시중에 떠도는 책들은 트렌드에만 치우쳤을 뿐 큰 도움이 되지 못했다. 성공 뒤에 버려지고 잊혀지는 수많은 실패의 흔적들 사이에서 방황했으며 시행착오를 경험했다. 그래도 그러한 과정을 통해 얻은 고민과 깨우침은 '꿈'을 향해 나아가는 원동력이 되었다.

저자들은 업무적으로 또는 개인적으로 많은 사람들을 만나왔다. 취업을 준비하는 20대에서부터 사회지도층까지, 그리고 나름의 위치에서 성공한 사람들도 만나 보았으며, 안타깝게 좌절한 이들도 만나 보았다. 이렇게 많은 사람들을 만나면서 그리고 후배들을 상담하면서 느낀 점은, 이제는 취업이나 성공의 단편적인 요령을 알려주는 지침서가 아닌 실현 가능한 '꿈'을 공유할 수 있고 실천하는 구체적인 가이드 라인이 필요하다는 절박함이었다. 또한 현재 취업을 준비하고 있는 많은 이들을 상담해 오면서 오해를 하고 있는 부분, 방향을 잘못잡고 있는 부분들이 생각보다 많음을 발견하였다. 인터넷 까페나 다양한 취업정보가 범람하고 있지만 모두가 그렇고 그런 내용뿐인 정보의 홍수 속에서 그저 막연하게 준비하며 인생의 중요한 갈림길을 걸어가고 있는 모습들을 보았다. 이 책은 저자들이 학교에서 그리고 기업 현장에서, 취업뿐만 아니라 취업을 통해 '우리의 꿈을 실현할 수 있는 방법'에 대해 나누었던 생각들에 대한 보고서이다. 또한 꿈을 현실로 만들어낸 비결에 대한 고민의 결과물이다.

우리는 이 책이 '취업'이라는 틀 안에서 인생 설계의 고민을 하고 있는 많은 분들에게 가이드라인을 제시해 줄 것이라 믿는다. 그러기 위해서 우리가 직접 만나고 이야기했던 다양한 길을 걷고 있는 선배들의 모습을 담아냈다. 책에 담을 수 있는 내용에 한계가 있어 아쉬운 점도 있지만 최대한 최근의 사례와 정보, 그리고 통찰(insight)을 담기 위해 노력했다. 특히 성공한 명사들과 성공의 길목에 있는 분들의 인터뷰를 통해 그들을 그곳까지 이끌고 갔던 '혼'을 얻어내기 위해 노력했다.

이책을 통해 독자들은 더 낮은 스펙과 어려운 환경에서 취업과 성공을 이뤄 낸 이들이 결코 특별한 사람들이 아니라는 사실을 알게 될 것이다. 그들도 여러분과 같이 힘들어 했던 때가 있었다는 사실을 깨닫고 나면 여러분도 충분히 희망을 가질 수 있게 되리라고 확신한다.

이 책에 녹아있는 삶의 원리와 철학들이 진정으로 스펙을 뛰어넘어, 독자들의 인생을 설계하는데 도움이 되길 바란다.

인터뷰에 응해주신 각 기업의 인사담당자들, 바쁘신 중에도 조언과 격려를 해주신 MTN 장시복 기자님과 MBC 이형길 기자님, 그리고 편집 관계자들에게 감사의 말씀을 드린다.

*인터뷰에서 추출한 내용 중, 회사 방침 및 기타 개인적인 사유로 익명 처리가 필요한 경우, 회사 공개 불가, 전공 비공개를 희망하는 경우에는 비공개나 익명처리 했음을 밝힙니다.

2015년 봄, 저자 일동

 **Part I**　스펙을 뛰어넘어 **천천히 생각해 보기**

 **Part V** 스펙을 뛰어넘어 Power of Dreaming

저자들의 4인 4색 스토리

박인규

**[現 하나대투증권 PIB본부 임원(이사보),
前 하나금융지주 소셜미디어기획팀 팀장]**

하나금융지주 홍보대사를 책임지는 Social Media 기획팀 팀장을 역임. 홍보대사 대학생들을 만나면서 취업난을 직접 체험. 수많은 학생들의 고민, 진로, 인생 상담을 통해 책 집필을 결심. 끊임없는 자기 계발의 살아있는 역사. 건대 부동산 대학원, KAIST EMBA, 서울대행정대학원 졸업. 하나금융그룹에서 증권, 부동산 전문가를 거쳐 하나금융그룹의 SNS를 총괄하였으며 현재 하나대투증권 임원으로 근무 중.
저서 ≪여의도 스티브잡스의 성공 10계명≫,
번역서 ≪나는 상상한다 고로 존재한다≫ 등 다수

윤 성

[現 ㈜AON 공동창업자 / 前 SK Broad-band 인사부 근무]

대학 졸업 후 어느덧 15년! 디스플레이, 통신, 에너지, 금융 업종에서 기술, 인사, 마케팅, 재무 업무까지 그리고 KAIST Finance MBA, 벤처 창업, 서울대 국제대학원 최고위과정을 아우르는 'Job walking dictionary!' 인생 선배이자 멘토로서 이 시대 청춘들에게 고하는 진솔한 경험과 충고들을 이 한 권의 책에 담았다.

백인걸

[現 동양철관 근무]

저자 백인걸의 '나는 일진이었다'라는 말은 진실이었다. '일진 스피릿'으로 취준생시절에 입사 지원서를 하루에 50개씩 날리는 불굴의 파이터! 취업은 체력과 끈기, 네트워크와 인간성이 가장 중요하다는 것을 증명한 산 증인. 이 깨달음을 함께하고 싶다. 자기개발과 발전을 위해 입사 이후에도 KAIST에 진학하여 일과 공부에 있어 '파이팅 스피릿'을 불태우고 있다.

최우수 대리

[現 하나대투증권 해외증권팀 근무 / 前 대우증권 근무]

윤동주시문학상(2005)을 수상한 시인이기도 한 저자는 수많은 후배들의 자기소개서와 이력서를 감동적인 문구로 수정해주면서 취업의 길로 인도하고, 취업 준비, 자기소개서 면접대비의 심각성을 공감함. KAIST Finance MBA 진학 후 글로벌 금융위기와 취업의 어려움을 함께한 취준생으로서 본인의 소중한 경험을 독자들과 공유한다. 저서로는 ≪해외투자 전문가 따라하기≫, 번역서로 ≪성공의 기술≫, ≪나는 상상한다 고로 창조한다≫ 등이 있다.

"속도를 줄이고 인생을 즐겨라.
너무 빨리 가다 보면 놓치는 것은 주위경관뿐이 아니다.
어디로 왜 가는지도 모르게 된다."
- 애디 캔터

Part I

스펙을 뛰어넘어
천천히 생각해 보기

"Slow down and enjoy life.
It's not only the scenery you miss by going too fast
- you also miss the sense of where you are going and why."
- Eddie Cantor

취업을 '어떻게' 해야 할까?

인생에 해답이 있을까? 미국의 시인이자 소설가인 거트루드스타인(Gertrudestein)은 명쾌하게 '없다'라고 말했다. 그래도 우리들은 치열하게 인생을 살아야 한다. 그것이 바로 우리가 없는 해답을 찾아 나서는 이유이기 때문이다. 많은 이들은 첫 시작으로 취업을 선택한다. 창업을 하는 이들도 있고 학교에 남는 이들도 있다. '취업'과 '직장생활'은 우리의 자아를 실현하고 성공으로 갈 수 있는 가장 널리 알려진 방법이기도 하다.

많은 이들이 직장을 선택하고 삶의 지혜를 배우며, 그곳에서 성공의 길을 찾거나 또 다른 곳에서 성공을 준비하지만 딱히 정해진 룰은 없다. 마이크로소프트의 빌게이츠와 같이 창업을 택할 수도 있다. 한 살이라도 젊었을 때 CEO의 자리에 오른다는 것, 쿨해 보이고 멋지지 않은가? 좋은 아이디어, 실행력, 자금이 있다면 더 빠른 성공의 길로 접어들 수 있다. 하지만 우리는 이러한 장미 빛 전망과 다르게 경험 없이 창업을 시도했다가 회복하지 못하고 쓰러진 이들의 소식 또한 접해왔다. '성공' 이라는 목표는 같지만 결과는 달랐다. 과연 그들이 간과했던 것, 우리가 기억해야 할 것들은 무엇인가?

내가 좋아하는 것, 그리고 내가 누구인지 알아내기

내가 좋아하는 일을 어떻게 찾을 수 있을까? 일찍부터 본인의 적성을 파악해서 한 분야에서 커리어를 쌓은 이들도 있고 우왕좌왕 하며 하기도 싫은 일을 하며 살아가는 이들도 있다. 그러면 우리는 어떤 선택을 해야 할까? 내가 좋아하는 일은 쉽게 배우고, 더 잘 하고, 많은 시간을 일해도 피로보다는 열정이 샘솟는 일이다. 일에 대한 열정으로 가슴이 뛰고 몰입하는 일이다. 나도 그러한 일을 찾을 수 있을까? 나에게 100% 맞는 직업을 찾을 수 있을까?

"없다?!"

나의 적성에 100% 맞는 일을 찾을 수 없다고? 찾을 수 없다면 취업을 준비하는 입장에서는 일단은 그렇게 생각하는 것이 옳다.

생각해 보자. 이미 고등학교를 졸업할 때쯤 우리는 자신에 대해 많은 것을 알고 있었다. '나는 비교적 어떤 것을 좋아한다' 라는 것. 그러나 내가 축구를 좋아하고, 술 마시는 것을 좋아하고, PC방에서 게임하는 것을 좋아하고, 친구들과 수다떠는 것을 좋아한다고 해서 20대 중후반에 그 일을 업으로 하면서 살 수는 없다. 물론 관련 업종에서 '놀이'가 아닌 '일'을 할 수 는 있다. (게임 회사에서 프로그래밍을 한다면 적어도 좋아하는 분야에서 '일'을 하게 되는 것이다.)

여기서 중요한 포인트는, 대체로 우리가 즐거워하는 일들은 '돈을 버는 것'과는 거리가 멀고, 힘들어 하는 일들은 '돈을 버는 것'과 관련이 깊다는 사실이다. 그런 괴리를 좁힐 수 있다면 가장 좋겠지만, 그러기가 쉽지는 않다. 세상 사람 모두가 아인슈타인, 빌 게이츠, 스티브 잡스, 또는 김연아가 될 수는 없다. 노래 잘하는 사람 모두가 다 가수가 될 수는 없다는 말이다. 운동을 통해 성공한 사람들의 경우 어느 위치에 오르기까지 오로지 연습과 실전만을 병행하며 개인의 욕구를 참는 것이 일반적이다. 그리고 그렇게 인내한 사람들은 결국 성공을 거두게 되고 욕구를 이겨내지 못한 사람들은 실패를 맛보게 된다. 혹자의 경우 어쩌다 운이 좋아 성공을 하더라도 그저 그런 사람으로 기억되는 경우가 다반사이다.

일단 취업(사업도 마찬가지)을 하기로 결정한 이상 살아남아야 한다. 처음부터 그 직업을 좋아서 선택한 사람은 별로 없다. 하다 보니 익숙해지고 내가 잘 하는 일이 된 경우가 더 많다. 의사가 환자 배를 가를 때 떨어지는 피를 보며 희열을 느끼는 사람이 몇이나 될까? 처음에는 사람의 몸에 칼을 댄다는 것 자체가 쉽지 않았을 것이다. 하지만 수술을 끝낸 후 건강해진 환자와 가족들을 보며 보상이라는 성공을 경험하고, 그 성공의 환희가 머리속에 저장되어 있기에 어느 순간이 지나고부터는 처음에 그토록 지겨웠던 일들을 이제는 아무런 어려움 없이 능숙하게 할 수 있게 되는 것이다.

직장생활이나 사업도 마찬가지이다. 내가 선택한 분야에서 처음의 괴로움을 딛고 일어서는, 끊임없는 반복적인 과정을 통해서 어려움을 극복해 나가는 것이다. 그러한 극복과정이 반복되다 보면 나도 모르게 내가 하고 있는 일에 익숙해 지고, 더 잘 할 수 있게 되고, 마침내 희열을 느끼게 되는 단계가 온다. 그러다보면 그것이 나의 천직이 되는 것이다. 내가 만족하는 생활을 하고 있다는 것을 직접적으로 느끼기 위해서는, 최소한 세 번 이상 죽고 싶을 정도로 힘들다는 생각을 가져보아야 한다. 그 과정들을 이겨낸 후에야 비로소 성공한 사람으로 보일 수 있다는 말이다.

절망속에서 희망을 발견하기

취업이 안 되는 사람들의 숫자가 매년 늘고 있다는 기사가 나온다. 원서를 썼는데 서류에서부터 떨어진다. 나는 휴학을 해야 할까? 학교를 쉬면서 자격증을 하나라도 더 따고 어학점수를 조금이라도 올려야 할까? 올해 취업이 '최악'이라는 기사를 보고 서류에서 떨어질 때마다 불안감이 늘어난다. 절망이 찾아오려 할 때 혜안과 직관력을 가지고 상황을 바라보자. 과거 15년 동안의 기사를 눈여겨 보라. 매년 취업은 항상 '최악'이었음을 생각해보자.

아래의 기사에서 보는 바와 같이 취업이 쉬웠던 적은 역사적으로 단 한 번도 없었다. 그리고 앞으로도 취업은 어려울 것이다. 비싸지는 등록금에도 불구하고 학생들은 취업을 위한 졸업유예를 망설이지 않고 있고, 따라서 누적되는 취업준비생들의 수는 늘고 있다. 세계경제는 침체다. 고졸자는 고졸자대로 갈 곳이 없다. 대졸자 역시도 취업이 어렵다. 고학력 인플레 시대에 주변에 흔히 보이는 스펙이 해외대학출신과 석박사들이다. 세계 경기가 어려워지면서 해외 석사, MBA, 박사 들도 국내로 귀국한다. 더 이상 몇 년 전의 패러다임은 이제 적용되지 않는다. 그렇다면 지금 내가 휴학을 해서 시간을 벌고 몇가지 자격증을 더 따서 경쟁력을 높이려고 생각하는 것이 정답이 아닐 수도 있다.

2002-10-23 [한겨레] 실업률 최저 발표불구 / 실제 청년실업 최악

2003-01-12 [세계일보] 청년실업 최악 / 12월 고용동향

2004-07-29 [국민일보] 이력서 100장은 기본…청년실업 최악…

2005-03-19 [세계일보] 청년실업률 9.1% 최악. 전체실업자도 늘어 90만명 육박

2006-01-14 [서울신문] 청년실업률 7.9% '5년來 최악'

2007-03-18 [문화일보] 사설: 환란 이후 최악의 청년실업

2011-08-28 [국민일보] 고개숙인 청년들 고용률 사상 최악… 외환위기 때보다 낮아

2012-06-22 [문화일보] 5월 취업자 3466만명 사상 최고인데… 청년층 취업은 사상 최저

2014-12-30 [이데일리] 캠퍼스의 낭만은 없다. 2014년 대학생들의 우울한 자화상

시간이 지날수록 취업이 어려워 질 수 있다는 사실을 고려하면 휴학보다는 제한된 시간 속에서 나의 경험들을 어떻게 채워나가느냐를 고민해보는 것이 반드시 필요하다. 휴학을 통해 나름의 스펙을 쌓았다고 할지라도 일부 회사에서는 이를 가지고 꼬투리를 잡을 수 있기 때문이다. 어학연수나 해외경험을 안 했으면 안 한 대로, 길게 하면 길게 한 대로, 그야말로 모든 게 시비거리가 될 수 있다는 사실을 기억하자. 따라서 뒷걸음질 치기 보다는 부족한 스펙이지만 '지금 당장' 적극적으로 취업에 도전해 보는 것이 정답이 될 수 있다. 매도 먼저 맞어보는 것이 좋다고 하지 않는가? 경험해 보면 부족한 점과 필요한 것들을 느끼게 되고 그런 것들을 보충하다 보면 어느덧 성공의 길이 열리게 마련이다.

이 책에 수록되어있는 취업 사례들을 보면 반드시 스펙이 완벽하고 좋아서 취업이 된 사람들의 경우만 있는 게 아니다. 또한 아주 예외적인 사례들도 아니다. 저스펙으로 취업한 사람들, 무토익으로 취업한 사람들, 뒤늦게 경력을 전환해 성공한 사람들을 연구해 보면, 나와 비슷한 처지에서 나름의 성공을 일궈낸 사람들이 생각보다 많다는 사실을 깨닫게 된다. 이 책 곳곳에 담겨있는 그들의 사례와 성공 이면에 숨어있는 비결을 연구하고 나에게 적용해 본다면, 지금 당장의 취업 뿐만아니라 인생의 미래를 설계하는 데 큰 도움이 될 것이다.

누구든지 완벽해지기는 힘들다. 완벽주의자 보다는 경험주의자가 되자는 마음가짐으로 도전해 보자.

"완벽주의자가 되려 하지 말고 경험주의자가 되라."

초보자에게 주는 조언

– 엘렌 코트

시작하라.

다시 시작하라.

모든 것을 한 입씩 물어뜯어 보라.

또 가끔 도보 여행을 떠나라.

자신에게 휘파람 부는 법을 가르치라. 거짓말도 배우고,

나이를 먹을수록 사람들은 너 자신의 이야기를

듣고 싶어할 것이다. 그 이야기를 만들라.

돌들에게도 말을 걸고

달빛 아래 바다에서 헤엄도 쳐라.

죽는 법을 배워 두라.

빗속을 나체로 달려 보라.

일어나야 할 모든 일은 일어날 것이고

그 일들로부터 우리를 보호해 줄 것은 아무것도 없다.

흐르는 물 위에 가만히 누워 있어 보라.

그리고 아침에는 빵 대신 시를 먹으라.

완벽주의자가 되려 하지 말고

경험주의자가 되라.

너무 늦었다는 조급한 마음이 생길 때

박완규는 40대 남자 가수다. '나는 가수다'에 출연하기 전까지 한 달 수입이 80만원이었다. 하지만 '나가수'에 출연한 이후 한달 수입은 수천만원으로 늘어났다. 그전까지는 박완규 라는 사람에 대해서 일부 부활의 팬을 제외한 대중들은 관심이 없었다. 그가 지나가도(긴 머리를 하고 있으니) 음악을 하는 사람일 것 같다는 생각 정도였다. 그런데 프로그램 출연 이후 그의 인지도와 수입은 이전과 비교할 수 없을 정도로 올라갔다.

상황은 많이 달라졌지만 불변하는 한 가지 진실이 있다. 그의 노래 실력이다. 출연과 관계없이 그의 출중한 실력에는 변함이 없었던 것이다. '나가수' 라는 기회를 통해서 그가 지금까지 쌓아왔던 실력을 단지 보여주었을 뿐이다.

그는 고등학교 시절부터 가진 게 없어서 독하게 연습했다고 한다. 이끌어 줄 가수 선배가 있는 것도 아니고 집에서 밀어주는 것도 아니어서 친구들끼리 서로 때려가면서까지 연습을 했다고 한다.

소위 말하는 스펙이 낮거나 백수이거나 또는 인맥이 없다고 기죽을 필요는 없다. 여러분은 여러분 자신이다. 여러분의 가슴 속에 꿈꾸고 있는 그것이 바로 미래다. 나이가 많다고 기죽을 필요도 없다. 32세에 신입사원이 된 사례, 무토익, 저스펙 등 열악한 취업조건을 딛고 성공한 사례들과 성공 방법이 이 책에 담겨있다. 꿈을 잃지 않고 꾸준히 노력한다면 기회는 온다. 어떠한 형태로든 기회의 문은 열리게 되어 있다. 지금 당장 해야 할 일은 그때까지 마음가짐과 준비를 생각하는 것이다. 그것들만 갖춰진다면 문제될 것은 없다. 단지 '성공'이라는 입구로 들어가는 기회가 좀 늦게 올 뿐이다. 여러분이 우선 생각해야 할 것은 인생의 목표에 대한 큰 그림, 그리고 구체적인 실천플랜이다. 큰 그림과 목표가 있다면 결코 흔들리지 않는다.

얼마전 대세남이 된 '응답하라 1994'의 배우 정우는 1981년 생이다. 작품을 잘 만나서 대세남이 된 것으로 비춰질 수도 있지만, 사실 작품이 정우라는 배우를 잘 만났다는 생각이 떠나질 않는다. 언제 어디서든 90도 폴더 인사를 하는 겸손한 자세, 설사 그것이 설정일지라도, 이제는 습관이 되었기에 그런 자세가 자연스럽게 나오는 것이다. 오랜 시간 기회의 문을 두드리면서 드디어 꿈에 한 발자국 더 가까이 다가선 정우라는 배우의 끈기를 배울 필요가 있다.

끈기와 희망이 있는 한 나이는 숫자에 불과하다. 이는 취업시장에서도 분명히 통한다. 과거 어린 지원자들을 선호했던 풍토에서 경기가 어려워지면서 지금은 꾸준하게 조직에 충성할 수 있는 인재를 선호하는 경향이 높아졌다. 이러한 트렌드의 변화는 30대 초반 신입 지원자들에게 더 많은 기회를 가져다 주고 있다. 실제로 30대 초반 신입직원들은 조직이 원하는 바를 최대한 받아들이며 매우 잘 적응해나가고 있다. 30대 초반의 지원자들에게는 인생에 대한 끈기가 20대 지원자들에 비해 더 절실하기 때문이다. 내가 만약 20대 후반이나 30대 초반의 지원자인데 면접에서 나이가 많다는 사실을 바탕으로 압박면접이나 공격적인 질문을 하는 면접관이 있다면, 당당하게 말할 필요가 있다. 인생의 절실함과 끈기 만큼은 그 누구보다 강하다고!

자신감과 자만감이 찾아올 때

원시시대부터 인간은 생존을 위해 자신의 능력을 과대 평가했다고 한다. 즉, 사냥을 위해서 어쩔 수 없이 악착 같이 동물들을 추격해야 했으니 자신의 능력을 무의식적으로 높게 평가해야 하는 지나친 자신감은 필수였을 것이다. 어떤 이슈나 상황에 대해서 무지할수록 미래에 대한 예측을 자신 있게 한다는 실험 결과도 있으니, '무식한 것이 용감하다'는 말이 딱 들어 맞는다. 나의 자신감에 대해서 조용히 반문해 보자. "내가 나의 능력을 과대 평가하고 있지는 않은가?" "내가 지금 독립한다면 생존할 수 있을까?" 아니면 "내가 간과하고 있는 정보들이 있지는 않은가" 등등에 대해서 말이다.

왜냐하면 우리는 경험 없이 창업을 시도했다가 회복하지 못하고 쓰러진 이들의 소식을 자주 접해보았기 때문이다. 제대로 날개도 펴보지 못하고 사회에 첫발을 내딛는 동시에 회복불능의 상태로 빠져버린 이들의 경우를 주변에서 수없이 들었기 때문이다.

많은 사람들이 사업에 실패하는 이유 중 하나는 지나친 자심감이 한 원인이고, 자신을 객관화시키는 능력의 부족한 것이 또 다른 원인이다. 내가 사랑에 빠진 애인이 있으면 그 사람에 대해 객관화해서 말할 수 없다. 내가 어떤 주식을 샀다면 그 회사에 대해 객관적으로 말하기 힘들다. 즉, S전자의 주식을 갖고 있다면 우리의 뇌는 S전자에 관한 좋은 뉴스만 강조해서 듣게 된다. 어떤 것에 몰입하게 되면 객관화시킬 수 있는 능력이 떨어진다.

따라서 어떠한 사업이나 일을 시작할 때에는 최대한 많은 이들에게 의견을 물어보고 검증해 보아야 할 것이다. 소위 말하는 잘 나가는 인물들의 자서전을 보면 불굴의 의지로 주변 사람 모두가 반대하는 사람을 나의 편으로 얻고, 대다수의 사람들이 no라고 말하는 사업을 밀어붙여 성공하였다는 내용을 간간히 볼 수 있다. 하지만 그런 엄청난 초능력을 지닌 사람들은 현실세계에서는 흔치가 않다. 우리는 그런 성공 스토리에서 신격화의 요소는 없는지 꼼꼼히 따져 보아야 한다. 그리고 성공한 1%의 이야기뿐 아니라 실패한 99%의 이야기도 함께 경청해야 한다.

물론 한살이라도 젊었을 때 실패를 해보는 것이 좋을 수도 있겠지만, 확실한 기회를 위해 준비 하는 것이야말로 우리를 성공으로 가는 유리한 고지에 올려줄 것이다.

햇살이 뜨겁게 내리쬐던 어느날 대기업 임원까지 오른 선배가 해준 말을 잊을 수 없다.

"남들보기에 평범하게 산다는 게 얼마나 힘든 것인지 아느냐?"

이처럼 치열하게 살아가는 똑똑한 사람들 틈에 있다는 사실을 기억해 보자. 우리에게는 강하게 치고 나가야 할 때를 아는 현명함과, 그 기회를 놓치지 않고 노려보는 치밀함이 필요하다. 지나친 자신감을 조심하자. 그렇지만 믿음과 꿈을 잃지는 말자.

중요한 것은 목표의식

인생이 불공평하다고 느낄 때가 종종있다. 하지만 자신의 위치를 냉철하게 판단하고 그것을 극복하고자 하는 의지와 실천력을 보여준다면 그 불공평함을 극복할 수 있는 것 또한 인생이다. 내가 걸어온 길을 뒤돌아 보며 커리어 설계를 하다 보면 문득 이런 생각이 든다. "난 너무 해놓은 것이 없고 취업 준비도 남들보다 안 되어 있는 것 같아." 자신감이 없어지고 무엇을 해야 할지 모르고 방황하다 보면 3~4년이 지나간다. 여기서 정작 문제는 시간이 지난 것 자체가 이니라 그 3~4년 동안 목표를 가지고 살았느냐는 것이다.

꿈과 목표를 정확히 정했는가? 혹시 꿈이 추상적이거나 자신의 능력 밖의 것은 아니었나? 목표가 분명하면 기회는 온다.

일단 목표와 방향을 정하자. 어느 분야에서 어떠한 사람이 되겠다. Plan A(주된 계획)와 Plan B(차선책)를 만들자. 그리고 내가 가고 싶었던 길(5년 후, 10년 후)을 상상해 보자. "바라보면 이루어진다"는 바라봄의 법칙을 마음속에 간직하자.

과거 무릎팍도사에 박지성 선수 아버지가 나와서 했던 말이 기억난다. 박지성 선수는 축구를 시작한 초등학교 시절부터 다부진 약속을 했다고 한다. 즉, 프로팀에 입단하기 전에는 무슨 일이 있어도 축구를 그만두지 않겠다는 결심 말이다. 일찌감치 방향과 목표를 정하고 거기에 걸맞는 꾸준한 노력을 한 결과 지금의 박지성이 존재할 수 있는 것이 아닐까?

가수 겸 프로듀서인 JYP의 박진영 대표는 한 오디션 프로그램에서 이런 말을 했다. "저는 수재가 천재를 이긴다고 생각합니다." 가히 우리 시대의 진리라는 생각이 든다. 선천적으로 일에 대한 센스가 있고, 천재성을 가진 친구들이 존재할 수 있다. 하지만, 삶의 방향을 정하고 목표를 뚜렷하게 고정한 상태에서 그에 걸맞는 노력을 쏟아 부을 수 있다면, 그리 늦지 않은 시간에 천재가 아닌 수재가 직장의 신이 될 수 있다.

인사부 사람들의
진짜 사람뽑는 이야기

'한 가지'를 갖춰야 한다.

본인이 자신의 전공에서 자신 있게 내놓을 수 있는 '한 가지'를 갖추어야 한다.
– 前 삼성전자 인사부 윤영식

기업에 입사한다는 것은 시스템을 배울 수 있는 기회를 갖게 되는 것이다. 즉, 그 기업의 '시스템' 안으로 들어간다는 말이다. 어느 방향이든 일단 취업의 길로 들어서기로 했다면, 그들이 사람을 어떠한 식으로 뽑는지 연구해보는 것이 필요하다. 각종 취업 수기와 후기들이 인터넷상을 돌아다니고 있다. 그러나 중요한 관점은 'HR부서에서 인사담당자들이 어떠한 시각을 갖고 인력을 뽑느냐'하는 데에 있다.

HR담당자들이 한결같이 하는 말은 "요즘 신입 지원자들의 경우 스펙은 사실상 크게 다르지 않다"는 것이다. 따라서 기업입장에서는 건전한 기업관과 조직관을 갖고 있는지, 진실성이 있는지를 중점적으로 파악하려고 노력한다. 겉으로 드러나는 스펙으로는 어학(영어 필수, 중국어 등 제 2외국어 선택) 능력과 학점(특히 전공과목 학점)은 기본으로 보지만, 특수한 경우가 아니면 자격증이나 공모전 입상 경력은 그다지 중요한 고려요건이 아닌 경우가 많다. 이는 업종의 특성마다 다른 경향이 있는데, 예를 들어 광고회사에서는 광고적인 센스를 확인할 수 있는 공모전 입상 경력 등을 중요하게 여기는 경향이 있고, 증권사에서는 기본적인 자격증에 대해 어느 정도 가산점을 주는 편이다.

하지만 일반적인 제조업의 경우 공모전이나 자격증에 생각하는 만큼 가중치를 두지 않는다. 따라서 공모전 등의 추가적인 스펙을 쌓는 일은 업종에 따라 '전략적'으로 접근해야 한다. 변수가 존재하는 취업시장에서 그럼 가장 중요한 것은 무엇일까?

가장 중요한 것은 모집 분야에서 필요로 하는 '전문성'이다. 전문가란 해당 분야의 과제를 스스로 관리할 수 있고 새로운 관점에서 창의적인 아이디어를 낼 수 있는 사람을 말한다.

결국, 본인의 전공에 정통한 사람을 따를 자는 없다는 이야기이다. 다른 스펙을 키우는 것도 중요하지만, 본인 전공에 심혈을 기울여 좋은 성과를 내고 그에 맞는 업종을 찾아 지원하는 것이 가장 빠른 길이다. 요즘 다방면에 뛰어난 T자형 인재를 선호하기는 하지만 그건 본인 전공분야에 정통한 이후의 일이다.

인사담당자는 본인이 자신의 전공에서 자신있게 내놓을 수 있는 '한 가지'를 갖추어야 한다고 주장한다. 만약 회계학과를 졸업한 학생이 회계부서에 지원을 하였는데, 기본적인 재무제표 조차 파악할 줄 모른다면 당연히 평가가 좋을 리 만무하다. 하지만 너무 상심하지는 말자. 자신만의 무기는 반드시 존재한다. 그것을 발견해서 다듬어보자.

MIND를 본다

저는 개인적으로 홍명보선수를 존경합니다.
그 분의 좌우명은 '일심'입니다.
하나의 마음이라는 뜻이죠.
홍명보 선수는 사회적으로 영향력이 높은 사람이지만
한 번도 축구 밖의 일에 한눈을 팔지 않았습니다.
자기 자신을 정확하게 파악하고 있고
자기가 잘 할 수 있는 분야에 하나의 마음을 쏟는 홍명보 선수,
저도 여러 가지로 그분을 닮고자 노력하고 있습니다.

– POSCO Global HR Group Manager 임보영

또한 지원자의 가치관, 신념, 성격 등이 회사의 주요 가치와 부합하는 사람인지도 전문성 못지 않게 중요시한다. 일반적으로 기업들은 긍정적이고 발전적인 사고를 갖고 있는 지원자에게 좋은 평가를 주는 경향이 있다. 인재를 바라보는 인사담당자와 면접관들의 관점은 어느 기업이나 아주 큰 차이가 나지는 않는다. 기업에 오랫동안 기여할 수 있는 사람, 기업의 단점을 보완하고 장점을 극대화시킬 수 있는 구성원을 원한다는 말이다.

하지만 요즈음 신입직원을 뽑는 기업 인사담당자들은 먼저 조직문화에 잘 적응해 나갈 수 있는 사람을 간절히 찾고 있다. 아예 적응단계부터 어려운데 어떻게 기업에 오랫동안 남아 기여할 수 있겠냐는 이야기다. 사실 이것은 누구나 수긍할 수 있는 이야기이다. 궁극적으로는 기업의 목표를 향해 '집중' 할 수 있는 인재를 원한다는 말이기도 하다. 그것은 내 삶의 흔적들을 통해 드러나기도 하고 면접을 통해 드러나기도 한다. 내가 남들보다 그 기업을 간절히 원하고 자료 조사와 많은 준비를 해왔다면 나의 눈빛과 분위기에서 그런 노력들이 드러난다. 중요한 것은 내가 가진 신념과 집중력이 기업에 잘 융화되고 좋은 에너지를 확산 할 수 있다는 확신을 심어주는 것이다. 신입이라면 자신감 있게 나의 모든 것을 보여줘야 한다.

면접 시 인사담당자들과 면접관들은 터무니없는 아이디어와 비전을 제시하는 지원자를 흔하게 접한다. 그래도 그런 사람들을 간과하지 못하는 이유는 그런 아이디어와 발상의 전환이 종종 미래사업 아이템이 될 수 있다는 것을 그들의 오랜 경험을 통해 잘 알고 있기 때문이다.

신입지원자라면 "아, 이런 생각을 나타내면 우스워지겠지?" 라는 편견을 버리고 나의 마음가짐과 아이디어를 과감하게 보여주자. 서류를 통과하여 면접의 기회까지 주어졌고 면접보는 기업의 비즈니스에 대한 아이디어가 있다면 말로 하기 보다는 A4 한장이라도 출력을 해서 들고가서 보여주자. 면접관들도 귀로 듣는 것 보다는 눈에 보이는 것을 더 중요하게 생각한다.

저편 언덕

슬픔이 그대를 부를 때
고개를 돌리고
쳐다보라
세상의 어떤 것에도 의지할 수 없을 때
그 슬픔에 기대라
저편 언덕처럼
슬픔이 그대를 손짓할 때
그곳으로 걸어가라
세상의 어떤 의미에도 기댈 수 없을 때
저편 언덕으로 가서
그대 자신에게 기대라
슬픔에 의지하되
다만 슬픔의 소유가 되지 말라

— 류시화

'취업도 한 철' 이다 – 큰 그림을 보라

취업에서 나이에 대한 경계가 점차 무너지고 있다. 하지만 분명히 한계는 존재한다. 성인남성을 기준으로 취업을 준비하기 시작하는 나이는 대체로 27세부터 32세까지이다. 이 시기에는 대부분 대등한 조건으로 취업시장에서 경쟁하게 된다. 하지만 이 시기를 벗어난 사람들의 경우에는 어느 정도 불이익을 받을 가능성이 있다. 너도 나도 스펙을 쌓다보면 시간은 흘러가고 그런 생활이 습관화되면서 퍼즐 한 조각을 찾기 위해 전체그림을 못 보는 상황이 발생하게 된다. 대부분의 고스펙 백수들의 경우 이런 케이스에서 크게 벗어나지 않는다. 지금 당장 나에게 필요한 것은 토익 900점짜리 성적표가 아니라, 대상 회사에 대한 발빠른 정보획득일 수도 있고, 우직하게 지원하고 기회를 찾아보는 것일 수도 있다.

요즘 어떤 회사도 토익 900점과 괜찮은 자격증만으로 놀라워하는 곳은 없다. 다만 지원자들의 이력이나 성품을 바탕으로 우리 회사에서 어떻게 써먹을 수 있을지 생각할 뿐이다. 키포인트는 회사에서 원하는 포지션과 부서에서 기본적으로 필요한 사항을 갖추는 것이 첫째이고, 더불어 내가 다른 지원자보다 어떤 부분에서 '매력적'으로 보이고 '함께 일하고 싶은 직원'임을 면접관들에게 어필하느냐 하는 것이 둘째이다. 이러한 부분들은 자격증이나 토익점수처럼 객관화시켜 보여줄 수 없다. 자기소개서나 면접에서 은은히 드러날 수 있게 전략을 세워야 한다. 이제 그러한 전략을 어떻게 세우고 실천해 갈 수 있을지 함께 생각해 보면서 살펴보자,

'스펙보다 인성' 이라는 말은 헛소리인가?

'스펙보다 인성' 이라는 말이 왜 생겨났을까? 취준생 입장에서는 "그냥 하는 소리겠지. 일단 스펙이 되어야 서류라도 통과 하는 것 아닌가?"라는 의문을 갖게 된다. 그러나 인사담당자 입장에서는 일을 하다 보면 이를 실감하게 된다. 스펙과 성과가 모두 뛰어난 경우도 있지만 스펙은 좋은데 일을 시켜놓으면 기대치에 못미치는 경우도 흔히 있다. 인사담당자가 가장 우려하는 부분도 바로 이러한 부분이다.

최근에는 스펙좋은 친구들이 많다. 하지만 본인이 가지고 있는 스펙에 맞추어 회사가 기대하는 기대수준 만큼의 값어치를 하는 사람은 별로 없는 것이 현실이다. 본인의 스펙에 대한 자만심으로 굉장히 오만한 행동을 일삼는다거나, 배우는 자세라고는 찾아볼 수 없는 사람들이 많아졌다는 게 인사담당자들의 공통된 불만이었다.

어차피 입사 후에 본인의 역량을 펼치려면 최소 5년 이상의 근무경력이 필요하기 때문에 입사 전 스펙이 입사 후에 영향력을 미치는 경우는 그리 많지 않다. 또한, 신입사원들과 막 이직에 성공한 직원들은 아무리 스펙이 좋을 지라도 부족함이 많다. 기존 조직에서 요구하는 시스템을 습득하는 데는 상당한 시간이 필요하고, 어느 정도 시간이 흘러도 고스펙이 반드시 조직내에서의 성공을 보장해주지는 못한다. 그렇기 때문에 최근에는 조금 스펙이 부족하더라도 더 유연하게 사무실 분위기에 묻어날 수 있는 사람을 선호하고 있다. 실무진의 입장에서는 일을 잘하는 것도 중요하지만 사람들과 잘 어울리고 조직의 가치에 부합하는 직원을 원한다는 말이다.

소위 인성이 좋다고 하는 사람들은 회사 안팎에서 표시가 난다. 스펙은 단순히 개인의 노력으로 쌓아나갈 수 있지만 인성은 나 아닌 다른 사람들에 의해 완성 되는 것이다. 만나보기 전에 이미 "그 사람 성품이 좋고 업무처리 능력도 수준급이야." 라는 이야기를 들었다면 처음부터 좋은 인상을 갖게 된다.

그렇다면 스펙을 뛰어넘을 수 있는 전략은 명확하다. 인성 좋은 사람, 바꿔 말하자면 '함께 일하고 싶은 사람' 임을 보여주는 것이다. 1차로 자기소개서에서 그리고 2차로 면접에서 기회가 주어진다. 그렇다면 인사담당자들이 말하는 인성이 좋은 지원자, 함께 일하고 싶은 지원자는 어떤 특성을 가지고 있을까? 그러한 특징들을 분석해 보고 내 삶에 반영해 보자. 그러한 부분들을 자기소개서와 면접에서 각인시킬 수 있다면 인사담당자들의 이목을 끌 수 있을 것이다.

다음은 인사담당자들이 '인성 좋은 지원자'라고 말하는 사람들의 특징이다.

인사담당자들이 말하는
'인성이 좋은 지원자'

경청의 자세가 몸에 배어있는 지원자

삼성 이건희 회장도 경청의 중요성을 강조했다. 커뮤니케이션의 기본이 되는 '경청'은 회사에서 근무하는 데 있어서 갖추어야 할 가장 기본적인 요소라고 볼 수 있다. 회사에서 업무를 진행하다 보면 커뮤니케이션이 안 되고 한쪽의 입장을 이해하지 못해 업무 진행이 가로막히는 경우를 쉽게 접하게 된다. 남의 이야기를 잘 듣고 이해하는 사람이 자신의 주장을 조리있게 전달할 수 있는 능력을 가지게 되고, 편협한 생각에서 벗어나 큰 그림을 볼 수 있는 기회를 빨리 포착하게 된다.

[인사담당자에게 '경청의 자세'를 보여 주는 방법]
(1) 면접시 질문을 끝까지 들을 것, 서두르며 대답하지 말 것
(2) 면접시 옆사람에게 질문하고 있다면 다른 곳으로 한눈팔지 말 것. 주의 깊게 잘 듣고 있으며 면접에 참여하고 있다는 느낌을 줄 것

(3) 자기소개서나 면접시 이야기를 풀어나갈 때 항상 구체적인 사례를 제시하는 습관을 기른다. 토론과 관련된 동아리 활동, 커뮤니케이션과 관련된 활동을 했다는 것을 보여주고 싶다면 "독거노인을 대상으로 봉사활동을 했다"라는 단순한 기술 보다는 "봉사활동을 하면서 어르신들의 이야기를 5시간 동안 들어주었다. 처음에는 힘들었으나 말동무를 해드리며 과거 우리나라의 경제, 정치적 현실에 대해 알 수 있었던 좋은 기회였다"라는 구체적인 사례와 함께 이야기를 해 준다면 어느 정도 경청의 자세를 갖춘 지원자라는 느낌을 줄 수 있다.

긍정적인 마인드를 갖춘 지원자

인사담당자들이 가장 안타까워하는 것 중 하나가 바로 부정적인 태도를 가진 지원자이다. 어떠한 기업도 부정적, 비관적 자세를 갖춘 직원을 원하지 않는다. 한 명이 가진 부정적인 생각이 전염되어 전체 조직을 병들게 만들 수 있기 때문이다. 반면 한 명이 갖고 있는 긍정적인 생각이 회사를 활력있게 만들 수도 있다. 아무리 부정적인 생각을 감추기 위해 노력한다 할지라도 매사에 부정적이거나 비관적인 자세로 살아 온 사람이라면 그러한 삶의 자세가 드러나게 되어있다. 면접관들은 면접과 자기소개서를 보면서 마음속으로 끊임없이 질문을 던진다. "이 지원자가 우리 조직에 긍정적인 영향을 줄 수 있는 지원자인가?"

인성이 좋다고 평가받는 사람들은 상황이 부정적이라도 최대한 긍정적인 면을 찾는다. 야근이 잦아지는 상황에서도 긍정적인 사람들은 "어차피 일찍 퇴근해도 집에서 어영부영 시간을 보낼 텐데, 차라리 회사에서 시간을 보내는 것도 나쁘지 않지"라는 생각을 할 수 있다. 상황을 바꿀 수 없을 때에는 상황에 대처하는 마음가짐을 바꿔야 한다. 지금부터라도 어차피 내가 '안해도 누군가가' 할 텐데 라는 생각보다는 어차피 내가 '안하면 누군가는' 해야 할 텐데 라는 마음을 가져보자.

긍정적인 사람은 복사 하나를 해도 혼을 담아서 하고, 주변정리 업무보조라도 최선을 다하며 결국 회사의 중요한 자리까지 오른다. 부정적인 사람은 자신의 스펙과 업무의 중요도를 끊임없이 비교한다. 그러한 결과는 퇴사나 이직, 불평불만으로 조직에 부정적인 영향을 미친다. 이것이 인사담당자가 가장 우려하는 상황이다. 인사담당자들의 역할은 이러한 지원자들을 사전에 가려내는 일임을 명심하자.

[인사담당자에게 '나의 인성을 보여주는 법']

(1) 자기소개서와 면접에서 부정적인 단어를 사용하지 말자.

(2) 면접시 모르는 질문이 나왔다면 담담하게 인정할 것. 압박질문시 곤란한 질문을 받거나 자존심을 건드리는 질문을 받았더라도 자연스럽게 받아 넘길 것. 압박면접의 경우 잘 대답하려고 하다보면 계속적으로 말을 받아치다가 대화가 꼬여 역효과가 나는 경우가 많다. 압박면접은 면접자를 일부러 당황하게 하는 것이 본질이기 때문에 느긋하게 대답하여 압박상황을 빠르게 종료시키자.

(3) 면접시 콤플렉스, 트라우마(가정적 불화나 마음의 상처) 등이 있다면 구태여 언급할 필요는 없다. 예를 들어, 실패한 경험이 있다면 그것을 언급해서 극복하고 이겨낸 좋은 케이스가 아니라면 공연히 그것을 들추어내서 감점 요인으로 만들어 줄 필요는 없다는 말이다. 면접관들에게 동정을 얻어내려 한다면 그거야 말로 감점요인이다.

원만한 대인관계를 갖춘 지원자, 실패에 올바른 태도를 갖춘 지원자

중요하다는 것을 알면서도 인사담당자에게 증명해 보이기 힘든 것이 '인간관계'이다. 인사담당자들도 조직내에서 능력이 뛰어나도 대인관계나 의사소통이 안 되어 결과적으로 성과에 악영향을 주는 경우가 있다는 것을 알고 있다. 그래서 원만한 인간관계는 인사담당자들이 가장 중요하게 생각하는 포인트다.

인사담당자들에게 취업을 준비하고 있는 지원자들이 원만한 대인관계를 갖추고 있다는 것을 어떠한 방식으로 보여주어야 할까? 자칫 잘못하다가는 포인트가 없는 식상한 자기소개서가 될 수 있다. 따라서 억지로 인간관계가 좋다라는 것을 자기소개서에 꾸겨넣기 보다는 관련 질문이 나왔을 때 센스있게 대처하는 자세가 중요하다.

면접관들이 원만한 인간관계를 확인하게 위해 지원자들에게 사용하는 한 가지 스킬은 실수나 실패를 대하는 태도를 확인하는 것이다. 그 방법으로 면접 중 질문을 직접 할 수도 있고 압박면접이라는 형식을 통해서 지원자를 당황하게 만들 수도 있다.

어떤 업종에서든지 초보자들은 업무를 진행하는 과정에서 실수를 경험하기 마련이다. 일반적인 사람들은 실수를 회피하기 위해 여러가지 이유를 대지만, 인성이 좋다고 평가받는 사람들은 조금 다른식으로 대응한다. 그들은 본인의 실수는 쿨하게 인정하고 재빨리 사과를 한다. 대신, 추후 그런 실수를 반복하지 않기 위해 부단히 노력한다. 실수를 두려워하는 사람은 실수를 회피할 방법부터 생각하게 된다. 면접 전 철저한 준비를 하고 솔직한 태도와 마음가짐으로 임하자.

[인사담당자에게 '원만한 대인관계'를 보여주는 방법]

(1) "인간관계가 좋다", "친구가 많다" 또는 "인간성이 좋다"라는 문구를 근거 없이 자기소개서에 쓰지 말자. 면접관들이 공감할 수 있는 구체적인 사례가 있어야 한다.

(2) 면접시 모르는 질문이 나왔다면 담담하게 인정하라.

(3) 자기소개서에 실패에 대해 핑계거리를 나열하지 말자.

(4) 막내, 외동일 경우 사회적 편견이 있을 수 있으므로 면접시 돌발 질문에 대비하자. 자기소개서에 책임감을 보여줄 수 있는 사례를 넣는 것도 좋다. 예를 들어 동아리나 조모임 리더 경험, 군대에서에 일화 등은 좋은 이야기거리가 될 수 있다.

노력도 했고 스펙도 좋은데 취업이 안 되는 사람들

실력있고 스펙좋은 지원자들이 취업에 실패한다? 실제로 대한민국 취업시장에서 벌어지고 있는 상황이다. 노력을 했는데 성과가 없는 경우, 스펙은 좋은데 결과가 안 좋다면 어딘가에서 분명히 문제가 있는 것이다. 실력은 있는데 취업이 안 된다면 이건 분명 문제가 있는 것이며 본인이 생각하는 '실력있음' 과 취업시장에서 요구하는 '실력있음'에 분명한 괴리가 존재한다는 증거이다. 그렇다면 주변의 스펙좋은 백수들은 어떤 특징을 갖고 있으며 나 또한 그렇게 될 가능성이 있는지 미리 살펴보자.

일반적으로 스펙이 높으면 높을수록 자존감이 크기 때문에 직장에 대해 만족감을 요구하는 수준이 높다. 그렇기 때문에 소위 말하는 똑똑한 청년백수들은 자신들이 입사 후 바로 중요한 업무를 맡을 거라는 막연한 생각을 가지고 있다. 하지만 실제로 회사에서 신입사원으로 일을 시작하면 업무에 필요한 기본교육과 허드렛일 부터 시작한다. 이 과정에서 "내가 왜 이 일을 해야 하지?" 라는 생각을 하게 된다. 이는 자연스럽게 기업에 대한 불만으로 이어지고 채 일년을 넘기지 못하고 퇴사하는 파국을 맞이하게 된다. 이러한 상황이 이제는 보편적인 상황으로 인식되어 가고 있기 때문에 기업 인사담당자들은 고스펙자를 오히려 꺼리는 경향이 생기게 되었다. 여기서 고스펙자라고 함은 명문대 출신만이 아니다. 일반 중하위권 대학 학생이라도 이력서 상에서 지원하는 회사에 군이 필요없는 자격증이나 토익점수 등 스펙쌓기에만 열을 올린 것이 눈에 띄게 보이는 지원자도 회사에 맞지 않는 고스펙자로 간주될 수 있다.

또한 청년 백수들은 자기계발과 스펙쌓기에만 목숨을 건다. 과연 계속 쌓여만 가는 스펙이 본인에게 큰 도움이 될까? 고려시대 일화를 통해 문제점을 살펴보자.

고려시대에 자기방어기제가 남다른 장군이 있었다. 그 장군은 칼과 창이 난무하는 전장에서 살아남기 위해 복대에 갑옷을 여러겹 겹쳐 입고 전장에 나가곤 했다. 남들보다 갑옷을 한겹 더 입으면 화살에 맞아도 살 수 있을 것 같다는 생각을 했던 것이다. 그렇게 여러 번의 전장에서 살아남으면서 두꺼운 갑옷에 대한 신뢰는 두터워져만 갔다. 하지만, 여러 겹의 두꺼운 갑옷은 장수의 움직임을 둔하게 만들었고, 결국 전쟁 중에 말에서 떨어져 적군의 칼에 맞아 죽을 수밖에 없었다.

취준생들이 목숨걸고 부풀려 나가는 스펙 또한 마찬가지다. 지나치면 독이 될 수 있다는 말이다. 스펙을 쌓느라 정신없이 시간을 보내는 동안 자꾸만 나이를 먹어가고, 사회에 대처하는 자세가 무뎌지게 된다. 쉬운 예로 취업을 위해 누구나 하나쯤은 가지고 있다는 토익점수를 보면, 대부분의 대기업에서 1등급으로 판정하는 점수의 기준이 대략 860점 이상이다. 즉, 860점이 넘으면 900이건 920이건 같은 등급으로 본다는 말이다. 860 이상의 점수를 확보했다면 더 이상 토익에 매진할 것이 아니라 다른 큰 그림을 봐야 한다.

면접관들은 만점에 가까운 토익점수를 가지고 있는 현직자라도 반드시 외국인들과 유창하게 대화하는 건 아니라는 사실을 경험을 통해 알고 있다. 900점 ~ 950점 이상을 받기 위해 고민하고 있다면 과유불급(過猶不及)이라는 사자성어를 한번 되새겨볼 필요가 있다. 지금 내가 하고 있는 행동이 목표를 이루기 위해 가장 효율적인지 생각해 보자. 너무 많은 노력을 어느 한 부분에만 투자하는 것은 아닐까? 그렇다면 이 책의 사례와 예시를 읽어보면서 효율적인 방법으로 취업을 준비하고 밝은 미래를 설계할 수 있는 방법을 알아보자.

전략과 전술부터
다시 생각하자

나의 스토리를 인사담당자가 기억하게 만들자

> 사연이 있는 사람이 끌린다.
> 면접과 자기소개, 취업은 스토리텔링이다.
> 여기서 어떤 스토리를 어떻게 녹이느냐가 가장 중요하다.
>
> – 저자

불문과를 졸업한 학생이 금융권에 취업하려 한다. 자기소개서를 보니 온통 학창시절 있었던 다양한 에피소드만 즐비했지, 정작 본인이 금융권에서 불어를 무기로 어필할 수 있는 내용들은 거의 찾아보기 힘들었다. 우선적으로 국내금융권, 해외금융권 중에 선택을 해야 한다. 생각해 볼 수 있는 전략 중 한 가지는 국내 금융권 지원과 더불어 프랑스계 금융회사의 문을 두드리는 것이다.

자연스러운 어휘 구사 능력을 무기로 삼는다면 일반적인 전공자들과 차별화될 가능성이 높다. 그렇다면 종사하고 싶은 업무파트는? 대부분의 지원자들의 자기소개서나 면접상황에서 쉽게 보고 들을 수 있는 내용을 하나 살펴보면 다음과 같다.

"학창시절 다양한 경험을 기반으로 저는 영업점, 본사 마케팅, 전략 등 어느 파트에 배치되어도 잘 할 자신이 있습니다."

지원자의 입장에서 생각해보면 이해가 된다. 아마도 지원자는 본인이 다양한 방면에서 근무할 수 있는 능력이 있으며 자심감을 갖추고 있다는 점을 어필하고 싶었을 것이다. 하지만 이런 식이라면 채용 담당자의 이목을 끌기 힘들고 떨어질 가능성이 높다. 왜일까? Essence가 없기 때문이다. 다양한 방면에서 근무할 수 있는 능력이 있다는 것은 입사가 결정되고 업무의 한 축을 담당하던 중 부서이동을 해야 할 상황이 왔을 때 필요한 말이다. 그렇다면 면접관의 입장에서 생각해보면 어떨까?

다양한 경험이 어떤 파트에서도 어떻게 빛을 발휘할 수 있을지 의문이 생길 수 밖에 없다. 대체 어떤 경험이길래? 그 경험으로 어떻게 실무에 적용할 수 있는지, 그것을 스토리로 풀어야 한다. 또한, 지금 본인이 지원한 업무가 무엇인지에 대한 이해도 없이 입사 전부터 멀티플레이어로 활동할 수 있다는 이야기는 신뢰감을 무너뜨린다.

지원자의 다양한 경험, 전공, 인성 등은 지원자 본인이 아니라 기업의 담당자들이 판단하는 부분이다. 그럼에도 불구하고, 대다수의 지원자들은 아직도 다양한 부서에서 일할 수 있는 성격과 경험을 가지고 있다고 어필하기 급급하다.

하지만 기업에서 원하는 것은 그런 게 아니다. 우선 본인이 지원한 부서의 업무에 어떤 식으로 기여할 수 있는지에 대한 믿음을 주는 것이 중요하다. 그 다음이 전공이다. 즉, 지원자가 지원한 업무에 대한 이해를 본인이 가진 특징들을 토대로 하여 회사의 일원으로서 한 편의 스토리를 풀어내주기를 바라고 있다.

우리가 똑 같은 장르의 드라마를 보더라도 김수현 작가의 드라마를 특별하게 생각하는 이유는 바로 기승전결(起承轉結)이 명확하고 탄탄한 스토리를 기반으로 드라마가 완성되기 때문이다. 1회를 보면 2회가 궁금해지게 만들어야 그 드라마는 성공한다. 취업이나 이직과정도 이와 비슷하다. 성장과정을 읽어보면 이 사람의 지원동기가 궁금해지고, 이 사람은 전에 무슨 일을 했고, 앞으로의 꿈은 무엇일까? 라는 궁금증이 들게 만들어야 한다.

만약 기업이 지원자들의 과거 스토리, 미래 스토리가 궁금하지 않았다면, 과연 5년 뒤 본인의 목표, 10년 뒤 본인이 어떤 일을 하고 있을지 적어보라는 자기소개서 항목이 존재할까?

면접에 나올 사회적 이슈를 기억하라

어떤 업종에 지원을 하던 간에 관련된 사회이슈에 대한 인식의 중요성은 매우 높다. 그리고 규모가 큰 기업일수록 이슈에 대한 대처속도가 빠르고 시대에 앞서가려는 노력을 많이 하는 편이다. 상당수의 면접 질문과 토론면접의 주제는 사회적인 이슈와 연관되어 나온다. 먼저 TOP 3 기업 & 사회적 트렌드를 이해하고 내가 가고 싶은 기업을 분석하자.

취업 트렌드를 알고 있는 것은 필수다. 해당 이슈에 관한 질문이 나오는 경향이 있다. 예를 들어 금융위기 때에는 비금융권이라도 금융위기와 경제에 관련된 질문을 하였다. 이런 내용은 독과점으로 안정적인 수익을 내는 기업에서도 관심을 가지는 부분이다. 왜냐하면 독과점이라도 경제상황에 따라 매출액의 규모는 변동이 있기 때문이다.

그렇다면 왜 사회 트렌드를 이해하는 것이 취업에서 중요할까? 면접관들은 단순히 지원자들의 지식수준과 사회적 이슈의 이해수준을 체크하기 위해 질문하는 것일까?

사회 현상에 대해 질문하는 이유는 결국에는 기업의 관점에서 출발한다. 예를 들어 금융위기에 대한 질문을 했다면 단순히 금융위기에 대해 지원자가 어떻게 생각하는지 지원자의 상식수준이 궁금해서 질문했다기 보다는, 지원자가 우리 회사의 일원이 된다면 어떤 식으로 이슈에 접근할 것인지가 궁금한 것이다. 그리고 그러한 이슈에 접근할 때 과연 논리가 있는지를 본다.

현재 기업이 금융위기의 상황 아래에서 추구해 나갈 전략과 시스템에 지원자가 녹아들 수 있는지가 궁금한 것이다. 단순히 질문에 대한 답을 상식적인 수준에서 준비해서 외우면 면접관도 단번에 알아차린다. 하지만 같은 답안을 가지고도 내가 지원한 회사에 적용시키려고 한 번이라도 생각해 보고 기업에 적합한 전략을 생각해 봤다면 깊이있는 답을 할 수 있게 된다. 예를 들어서 2013~2014년에는 인문학적인 소양이 이슈였다. 만약 금융권(은행/증권) 면접을 보게 되었는데 인문학적 소양에 관한 질문을 받았다면 단순히 알고 있는 상식선에서 대답하는 것보다는 다음의 사례와 같은 논리에 따라서 대답하는 편이 효과적일 것이다.

우선 전통적으로 금융권은 정확성과 꼼꼼함을 갖춘 인재를 선호했다는 점을 짚어주고, 인문학적 소양을 갖춘 인재는 고객의 감성을 파악하고 이를 영업이나 마케팅으로 연결시킬 수 있는 인재라는 사실을 이야기하면 좋을 것이다. 금융권의 마케팅 또한 SNS를 활용할 수밖에 없고, 그러기 위해서는 사회의 다양한 현상에 관심을 갖고 이해하는 인재가 필요한데, 그런 인재가 바로 자신임을 어필한다면 나름대로 높은 평가를 받을 수 있을 것이다. 이야기 도중에 본인의 활동 내역이나 관심사를 예를 든다면 금상첨화(錦上添花)라 할 수 있다.

다음 표는 연도별 사회적 이슈를 정리한 것이다. 내가 지원하고자 하는 분야와 더불어 사회적 이슈가 어떻게 적용되는지를 평소에 생각해 둔다면 면접이나 자기소개서에서 큰 도움이 될 것이다. 뒷부분에서 다룰 자기소개서 템플릿과도 연관시켜 최근의 트렌드를 기억해 두자.

연도	연도별 사회적 이슈
2008	금융위기, 재정위기, 유비쿼터스
2009	금융위기, 경기침체, 자살 (대통령, 연예인)
2010	SNS, Smart Phone, 스티브잡스, 월드컵
2011	SNS, Market 3.0, 대지진, 스티브잡스
2012	SNS, Market 3.0, 선거
2013	통합형 인재, 인문학적 소양
2014	통합형 인재, 인문학적 소양, 빅데이터, 세월호, 월드컵

자기소개서가 나의 약점을 보완할 강력한 무기라는 것을 깨닫는다

많은 취준생들이 자기소개서를 쓰기 싫은, 귀찮은 것 정도로 여긴다. 시간이 많이 소비될 뿐더러 회사마다 원하는 자기소개서와 이력서 양식이 각자 다르기 때문이다. 쓰면서도 "그 수많은 이력서 중 내것을 유심히 볼까? 어차피 서류는 스펙으로 평가받는 것이 아닌가?" 라는 생각을 하기 쉽다.

사실을 냉정히 보자면 50%는 맞고 50%는 틀리는 말이다. 실제로 인사부에서 서류를 보는 방식은 크게 두 가지로 나뉜다. 학교, 학점, 토익점수 등 측정가능한 데이터를 입력해 놓고 프로그램을 돌려서 잘라내는 경우가 있다. 이 경우에는 자기소개서를 아무리 잘 쓴다 해도 학교, 학점, 토익 점수 등의 스펙이 받쳐주지 않으면 서류에서 탈락된다. 그렇다면 취준생들이 기업의 채용 평가시스템을 제대로 파악할 수 있을까? 어떤 기업도 자신들의 인사평가시스템, 채용시스템에 대해서 대외적으로 오픈을 하지 않는다. 인터넷까페 등을 돌아다녀보면 각종 속설들이 난무하지만 어떤 기업이 스펙을 기준으로 채용대상자를 선정하는지는 알기 힘들다. 시중에서 취업준비생들을 유혹하기 위한 이야기들이 돌아다닌다. 예를 들면 어떤 기업은 어떤 프로그램을 돌린다거나 어떻게 뽑는다는 말들이다. 그렇지만 다 믿지는 말자. 하지만 분명한 것은 오래 전부터 많은 유수의 기업들이 일일이 자기소개서를 읽어 보고 종합적으로 판단해서 심사를 한다는 것이며, 그 비중은 전혀 줄어들지 않았다는 사실이다.

대기업들도 일차 서류전형의 자기소개서를 꼼꼼히 읽어 본다

S그룹의 직무적성검사를 보러 갔을 때의 일이다. 시험을 보기 전에 감독 나온 인사담당자가 궁금한 점이 있으면 질문하라고 하였고, 서류전형에서 자신들이 며칠밤을 새우면서 모든 지원자들의 자기소개서를 일일이 다 읽어보았다고 하였다. 나는 설마 그 많은 것을 다 읽어보진 않았겠지. 그냥 하는 말이겠거니 생각했다.

아무 생각 없이 직무적성검사를 보고 중간 쉬는 시간에 나와서 한숨을 쉬며 멍하니 하늘을 보고 있는데, 한 직원이 오더니 나의 자기소개서가 인상적이었다고 함께 일하게 되었으면 좋겠다고 말해 주었다. 순간적으로 '정말 그 많은 것을 다 읽어봤구나' 하는 생각이 들었다. 결과적으로는 적성검사에서 탈락해서 다른 회사에 지원하게 되었지만 좋은 인재를 발굴하고자 하는 의지가 강한 회사일수록 자기소개서를 꼼꼼하게 살펴본다는 사실을 깨닿았다.

– 최0윤 / 現 D그룹 근무

생각 보다 다수의 기업이 위의 사례와 같은 방식을 택하고 있다. 기업들 입장에서는 노력과 인력이 많이 들지만, HR관점에서 단순이 스펙으로 잘라내는 것보다 서류부터 자세한 검토를 하는 것이 더 좋은 인재를 확보할 수 있는 방법이라고 생각하기 때문이다. 예를 들어, 이랜드그룹의 경우 자기소개서에 기반하여 사람을 냉철하게 평가하기 때문에 자기소개서의 질문도 일반적이지 않은 것들이 많다.

이처럼 서류전형에서 자기소개서는 결정적인 역할로 작용하는 경우가 많다. 내가 비록 학점이나 토익점수에서 밀린다 할지라도 경쟁력 있고 진실성과 열의를 보여줄 수 있는 자기소개서를 쓴다면 충분히 따라잡을 수도 있다. 따라서 어떠한 곳에 원서를 내더라도 혼신의 힘을 다해 자기소개서를 써야 한다. 특히 해당기업이 생각하는 인재의 기준을 나름대로 정립하고 거기에 맞게 자신만의 스토리를 진솔하게 써 내려간다면, 반드시 기회가 찾아온다는 사실을 잊지 말자.

관련 직종/직군의 구조를 이해하는 것이 중요한 이유를 깨닫는다

직군이나 회사의 사업구조 등을 이해하는 게 얼마나 중요할까? 실제로 많은 취업준비생들은 내가 지원한 회사가 어떤 사업으로 수익을 창출하는지 잘 모른다. 또 내가 지원한 업무가 어떠한지 이해하고 이를 면접에서 활용하는 것이 높은 스펙을 이길 수 있다는 사실을 모른다. 혹은, 듣기는 들었어도 믿으려 하지 않는 경우가 많다. 많은 이들이 불필요한 스펙 채우기와 같이 엉뚱한 것들에 에너지를 쏟는 이유는, 정작 무엇이 중요하고 중요하지 않은지를 깨닫지 못하기 때문이다. 다음 사례를 통해서 여러분보다 스펙이 낮은 지원자가 어떻게 취업에 성공했고 어떠한 이야기를 해주고 있는지 살펴보자.

저는 지방대에서 심리학을 전공했고 토익 620점, 게다가 4학년인데 자격증은 컴퓨터활용능력 2급 하나 달랑 있었습니다. 물론 경영/경제 비전공자입니다. 경영이나 경제 관련 수업은 한번도 들은 적이 없습니다. 경제 분야에 대해서는 정말 하나도 몰랐고 (수능 때 봤던 그래프 기억나는 게 전부) 지금도 모릅니다.

취업 준비를 할 당시는 정말 우울한 시간이었습니다. 4학년임에도 아무런 준비가 되어 있지 않았고 패배의식에 젖어 시간을 보냈습니다. 그러던 중 H그룹 홍보대사를 뽑는다는 공고를 보고 지원했습니다. 이렇게 놀고 있으니 이력서에 한줄이라도 써야겠다는 생각에 지원했습니다. 제 1기라서 경쟁률이 높지 않았고 다행히 합격하게 되었습니다.

활동은 나름 보람있고 재미있었습니다. 금융권에 대해 많은 이야기도 들을 수 있었고 현직에 계신 분들과 만나고 이야기도 나눠 볼 수 있었습니다. 나름의 진로에 대해서도 고민을 해 볼 수 있는 시간이었습니다. 그래서 금융권 홍보대사 경력을 한줄 넣어서 기본적인 자기소개서의 틀을 만들어 놓고 금융권 위주로 지원했습니다. 서류전형의 결과는 모두 탈락이었습니다. 일반기업부터 은행, 증권, 보험, 제2금융권까지 탈락하고 나니 모든 게 비관적으로 보였습니다. 그러던 중 자기소개서를 좀 더 잘 써보자는 생각에 홍보대사 경력 등을 최대한 활용해서 3일간 공을 들여서 다시 썼습니다. 그 때문인지는 몰라도 H은행에서 서류전형을 통과했습니다. 아마 겨우 통과했던 것 같습니다. 면접 초반에는 최대한 밝고 안정된 자세로 대답하였습니다. 하지만 경제, 금융 관련 질문에서 버벅거리며 말도 안 되는 소리를 했습니다. 같이 있는 면접자들이 민망할 정도로 말도 안 되는 소리를 했던 것 같습니다. 지금 생각하면 제 자신의 모습이 너무 한심했다는 생각이 듭니다.

어쨌든 한번의 면접을 통해 많은 것을 배웠습니다. 배웠다기 보다는 '느꼈'습니다. 그리고 이렇게 해서는 안 되겠다는 생각이 들었고, 한편으로는 저 같은 저질 스펙으로도 면접까지 갔다는 사실에 약간의 자신감을 갖게 되었습니다. 그리고 금융권 자기소개서를 쓸 때 혼신의 힘을 다해 뭔가 진심이 담긴 진솔한 이야기를 적어 보았습니다.

자기소개서의 힘이 컸는지 또는 열린채용 덕분인지는 몰라도 중견기업 두 군데와 S증권의 서류전형을 통과했습니다. 저는 S증권을 목표로 지난 번 면접의 수모를 되풀이 하지 않고자 면접준비에 만전을 기했습니다. 회사의 홈페이지 및 관련 기사들을 샅샅이 뒤졌고 홍보대사를 하며 알게 된 금융권에서 근무하는 현직자분께 상담을 요청했습니다. 그리고 경제기사와 경제나 금융 상식, 이슈들을 공부했습니다. 내가 기여할 수 있는 것들, 예를들어 심리학 전공자인 만큼 고객과의 소통과 설득, 조직내 커뮤니케이션의 기여…… 등 구체적으로 생각해 봤습니다.

면접에서는 자기소개서를 바탕으로한 질문과 경제 상식, 환율 등과 직무에 대한 질문이 나왔습니다. 나름 준비를 철저히 한 덕분인지 무난히 보았다고 생각이 들었습니다. 그리고 드디어 기다리던 최종 합격 통보를 받았습니다. 제가 면접을 보면서 느꼈던 '감'은 면접관들이 "지원한 직군과 직종, 그리고 우리회사에 대해 얼마나 관심이 있는가?"라는 것이었습니다.

저 처럼 스펙이 낮아도 지원 분야에서 관심을 갖고 연구하고 준비하고 낮은 스펙을 보완할 수 있는 직/간접 경험을 하여 확실한 목표를 보여준다면 승산이 있다는 것을 깨닳았습니다. 물론 저의 사례가 일반적인 사례는 아니지만 저는 좌절과 탈락의 끝에서 희망을 맛본 사람으로서 자신있게 말할 수 있습니다. 누구라도 자신이 지금 당장 할 수 있는 것부터 노력한다면 분명히 기회는 주어집니다. 희망을 갖고 도전해 보시길 바랍니다!

- 박O현, 現 S증권 근무

위 사례에서 알 수 있듯, 박O현 씨는 비교적 낮은 스펙으로 증권사에 합격했다. 특별히 스펙이 좋은 것도 아니었으나 은행권 홍보대사 활동을 하면서 직군과 업무에 대해서 간접적으로나마 금융권의 '감'을 익힐 수 있었다. 이를 바탕으로 철저한 면접준비를 통해 스펙을 극복하고 금융권에 합격했다. 그녀는 고 토익이나 오버 스펙이 없이 대기업에 합격이 가능하다고 말한다. 정작 합격의 비결은 본인의 이야기가 잘 들어간 자기소개서와 회사의 업종과 직무에 기반한 철저한 면접준비였다.

스펙이 남들만큼 뒷받침 되어주지 못하는 사람들은 위의 사례처럼 확실한 전략이 필요하다. 소위 스펙이 낮은 지원자들에게 있어 가장 확실한 무기는 직간접적인 경험이다. 인턴이건 홍보대사 활동이건 경험을 바탕으로 향후 기여할 수 있는 바를 보여주는 것이다. 그렇다면 어떻게 그러한 경험을 할 수 있을까?

요즘 기업체에서 '체험단'이라든지 '홍보대사' 등의 활동을 많이 하는데 이러한 기회들을 활용해 보는 것도 좋은 방법이다. 혹은 협력업체나 벤더 등에서의 인턴활동(현대자동차의 경우 부품 생산업체, LG전자의 경우 휴대폰 부품업체, 매장)도 큰 도움이 될 수 있다. 예를 들어서 휴대폰 매장에서 알바를 하더라도 어떠한 트렌드의 스마트폰을 소비자가 좋아하는지, 특정 모델이나 앱의 장단점, 개선방향 등을 잘 정리해 두고 회사의 전략과 최근 시장동향을 각종 보고서(증권사 리포트나 연구소 리포트)를 참고하여 자신의 생각을 정리해 둔다면 자기소개서뿐만 아니라 면접이나 토론 시 충분한 경쟁력을 갖출 수 있다. 그렇게 연구하고 준비하다 보면 사고의 폭이 넓어지고 자신만의 경쟁력이 생기게 마련이다.

단점은 포장하고 장점은 자신있게 말하는 스킬을 익혀라

"본인의 단점을 말해보시오"라는 질문에 자신이 갖고 있는 단점을 말해야 할까? 회사에서는 순진한 바보를 원하지 않는다. 조금만 더 깊게 생각해 보자. 면접에서의 단점을 말해보라는 질문(단점을 기술하라는 자기소개서)의 의도는 진짜 단점을 듣고 싶어서가 아니다. 지원자가 그러한 단점과 장애에도 불구하고 그것을 어떻게 극복했는지 그 사람의 의지와 가능성을 보고 싶은 것이다. 그러한 단점이나 장애를 극복할 수 있는 가능성을 보여 줄 수 있는 지원자가 기업에서 원하는 인재이다.

　사랑과 증오는 백지한장 차이인 것처럼 장점과 단점도 어떻게 보면 작은 차이일 뿐이다. 단점이 있다면 그것과 연관된 장점이 분명히 존재한다. 어려운 여건을 딛고 성공한 사람들을 보면 대부분 그들이 가진 단점을 극복했다. 그 단점을 아예 없애버린 경우도 있고 그 단점을 상쇄할 수 있는 무엇인가를 개발한 경우도 있다. 살다보면 단점이 장점이 되기도 하고, 단점이 장점이 되기도 한다.

　다음의 표를 참고해서 나의 단점을 열거하고 그것을 장점으로 바꾸어 말해 보는 연습을 하자. 성공한 사람들은 매일 자신과 대화한다. 그들은 "말하는 대로 된다"는 진리를 알고 있다. 우리 뇌는 말하는 대로 반응하며 변화한다. 물론 거짓말을 만들어내라는 것이 아니다. 본인에 대해 깊게 생각해보고 나의 숨어있는 장점들을 찾아보고 현실화시켜보라는 말이다. 이렇게 뒤집어서 생각하는 연습과 긍정적인 이미지를 연습하는 훈련은 면접에서 본인의 단점에 대해서 말해보라는 돌발 질문을 받았을 때 재치있게 대응할 수 있게 해주며, 궁극적으로 내 자신의 삶을 변화시킬 수 있는 계기가 된다.

단점	장점으로 바꾸어 말하기
산만하고 집중력이 부족하다	다방면에 소질이 많다
때론 욱하는 성질이 있다	정의롭다. 불의를 보면 참지 못한다
노는 걸 좋아한다	여러 사람과 두루 잘 어울린다
이성 친구가 많다	커뮤니케이션 스킬이 뛰어나다
우유부단하다. 냉정하지 못하다	조직 구성원 간의 팀웍과 화합을 중시한다
절제를 못한다. 중독이 잘된다	집중력이 강하여 무엇인가 한가지를 하면 끝까지 물고 늘어진다

SQ를 높여라 인맥을 활용하는 것도 실력이다

　　Networking의 시대, SQ를 활용하자. 한때 IQ가 지능을 측정하는 중요한 척도였다면 이제는 SQ(Social Quotient)가 사회적 친화성의 지표로 언급되고 있다. SQ가 높은 사람은 영업이나 사람을 상대하는 분야에서 남다른 능력을 보일 수 있다. 아직까지 SQ라는 것을 측정할 수 있는 객관화된 기준은 없으나, SQ라는 용어가 나올 만큼 우리 사회에서 네트워크 및 인간관계가 개인의 능력으로 평가받고 있다는 이야기이다. 내가 진정으로 가고 싶은 회사가 있다면 네트워킹 능력을 활용해 나의 경쟁력을 보여주는 것도 취업을 위한 좋은 방법이 될 수 있다. 네트워킹 능력이란 거창한 것이 아니다. 평소에 내가 알고 지내는 사람, 주변 사람들과의 관계 형성을 잘 하고 그들과 함께 소통하며 도움을 주고 받는 것이다. 학교에서 매일 뵙는 교수님이나 친구들, 옆집 아저씨나 아줌마들도 당연히 그 범위에 포함 된다.

　　서울 중위권 대학을 졸업한 김O영 씨는 지상파 방송국 경영지원부에 입사했다. 방송국 취업은 학생들에게 선망의 대상인 만큼 경쟁률도 치열하다. 적게는 몇 백대 일에서 많게는 수천 명의 지원자 중 단 한 명을 뽑는 경우도 있다. 김O영 씨는 방송국에 지원하고 서류심사와 필기시험을 합격해 면접에까지 올라갔다.

　　김O영 씨는 학교에서 신문방송학과를 졸업해 대학 교수님과도 친분이 있다. 면접을 앞둔 김O영 씨는 수업을 들으면서, 또 과제를 하면서 만났던 신문방송학과 교수님들을 찾아갔다. 자신의 상황을 알리고, 면접에 어떤 식으로 답해야 하는지 물었다. 그렇게 교수님들을 만나다보니, 그 중 한 교수님이 자신이 그 방송국에서 일하는 임원을 잘 안다며 임원에 대해 이야기 하셨다. 내친 김에 추천서도 부탁했다. 물론 방송국에는 추천서가 꼭 필요한 양식이거나 가산점을 준다는 이야기는 없었다. 교수님은 추천서 대신 그 임원에게 전화를 해 주셨다. 자신의 제자인 김O영이 이번에 회사 면접을 보는데 괜찮은 친구이니 잘 봐 달라는 이야기였다. 면접날 당일 방송국의 임원 중 한 명이 김O영 씨에게 교수님과의 관계를 물었다. 수업을 들었고 같이 프로젝트도 진행한 사이라 잘 알고 존경하는 분이라고 답했다. 그리고 김O영 씨는 면접을 본 10명의 구직자 중 유일한 최종 합격자가 됐다!

　　잔인하지만 최종 면접에 올라간 10명의 구직자 중 9명은 탈락하고 1명은 입사해 일을 할 수 있게 된 것이다. 김O영 씨의 추천서 요구는 스포츠 경기로 비유하자면 좋은 코치를 영입해 자신을 돋보이게 한 행위와 비슷하다. 심판을 금품으로 매수해 경기에서 이겼다면 그것은 불법이고 도덕적으로 지탄 받아야할 일이다. 하지만 일단 경기장 밖에서라도 할 수 있는 모든 일은 해야 한다. 좋은 코치를 영입하고 트레이너를 선임해 자신을 돋보이게 만들어야 한다. 자신의 부족한 점도 채워야 한다. 인적 네트워크도 사람이 가진 큰 자산이다. 나쁘게만 본다면 위의 사례도 소위 '빽'을 쓴 사례라고 매도할 수 있다. 하지만 구직시장에서는 이러한 인적네트워크를 이용해 취업한 사례가 많다.

김O영 씨를 면접 본 그 임원은 교수의 추천을 어떻게 받아들였을까? 모르긴 하겠지만 그 추천에 대해 강압적인 요구로 받아들이진 않았을 것 같다. 오히려 김O영 씨를 이런 저런 교수들도 많이 알고 있으니 언제라도 그분들과 접촉할 수 있는 인재로 생각하지 않았을까? 합격한 이후에 일을 할 때도 혼자 일을 하는 경우는 거의 없다. 아는 사람에게 도움을 요청해야 할 때가 훨씬 많다. 그렇다면 이렇게 추천받을 수 있는 사람은 자산이 풍부한 사람이라는 생각을 했음직도 하다.

선진국에서는 입사는 물론 대학에 입학 할 때도 추천서 요구는 필수적이다. 한 사람을 판단하기 위해서 면접장에서 만나 이야기하는 10~20분은 매우 짧다. 그 사람이 살아온 삶을 그 사람의 주위 사람의 판단에 따라 하는 것은 합리적이다. 특히 추천해 주는 사람의 평판이 지원자를 판단함에 있어 굉장히 크게 작용한다. 쉽게 말해, 이 사람은 내가 알고 추천하는 사람이기 때문에 주변에 도움을 청할 수 있는 길이 있다는 말이다. 도움을 줄 사람들이 주변에 존재한다면 당신의 존재는 이미 일차적으로 검증을 받은 것이다.

인적 네트워크를 이용했다고 비난을 받아야 할 일이 아니다. 지금 경쟁자들은 경기장 밖에서 자신을 돋보이게 할 도구를 찾고 있다. 경기장 안에서만의 승부로는 차별점을 만들어내기 쉽지 않다. 스스로 자신의 자산을 쌓고 이용할 수 있는 부분은 없는지 생각해야 한다. 보다 좋은 코치를 선임하고 트레이너를 만나면 자기 사람으로 만들 수 있어야 한다.

과거 산업사회에서는 사람을 판단 할 때 지능지수(IQ)가 가장 중요한 판단 요소였다. 판매 단가를 낮추는 방법을 잘 찾고, 생산의 효율성을 극대화 할 방법을 찾는 사람이 최고의 인재였다. 하지만 지금 사회는 시장을 만들고 소비자를 불러들이는 사회이다. 이미 사람들이 생활하는 데 필요한 물건은 어디서든 구할 수 있다. 필요를 만들어서 사람들의 구매를 불러와야 하는 기업

입장에서는 IQ만 볼 수는 없다.

그래서 최근에는 IQ 말고도 여러 지수들이 개발돼 있다. 대표적으로는 EQ. Emotional Quotient(감성지수), SQ. Social Quotient(사회지수) 등이 있다. 어떤 지원자는 학업에 필요한 IQ는 다른 학생에 비해 조금은 떨어질 수도 있지만, 다른 사람에게 도움을 구하는 능력인 SQ는 누구보다 발달해 있을 수도 있다. 누군가는 선생님과 부모님이 공부를 열심히 하라고 해서 그렇게 했는데, 자기가 하고 싶은 일을 하고 공부는 거의 하지 않은 학생보다 대학도 원하는 곳에 못 가고, 취업도 제대로 하지 못했다고 항변할 수 있다. 그렇지만 SQ의 관점에서 보면 그런 사람은 다른 학생보다 낮게 평가받는 게 오히려 당연한 일이다.

인적네트워크 활용 시, 이것만은 주의하자

위의 사례처럼 내 주변의 네트워크를 활용한다면 취업 뿐만 아니라 인생을 살아가는데 있어서 큰 힘이 될 수 있다. 그러나 네트워크 형성에서 중요한 것은 나의 태도이다. 교수님이나 지인에게 상담을 요청할 때 평소의 내가 어떻게 보였는가를 생각해보자. 적극적인 태도가 지나친 나머지 다소 공격적이나 무례해 보이지는 않았는지 뒤돌아보자. 그러한 경우 오히려 좋지 않은 인상을 심어주고 역효과가 나타날 수 있기 때문이다. 평소 주변 사람들과의 상담을 통해 지인들의 의견을 귀 기울여 듣고 도움을 받았을 때에는 감사의 표시를 잊지 말자. 그리고 추천을 받고자 할 때에는 내가 정말 추천받을 만한 모습을 평소에 보여주었는가를 다시 한번 확인해 보자.

취업 후에도 큰 힘이 되는 인적 네트워크

대학원에서 경영학을 전공한 박O훈 씨. 교수가 꿈인 박O훈 씨는 대학원 생활을 하면서 교수님들에게 적극적으로 다가가고, 풀타임 동기들과 파트타임 학생들과의 가교역할을 훌륭히 수행하고 있었다. 그는 솔선수범하여 파트타임 학생들의 부족한 시간을 지원하고 끈끈한 유대관계를 이어가는 데도 탁월했다.

그렇게 유학을 꿈꾸고 교수가 되기 위해 한발 한발 전진하던 박O훈 씨는 졸업을 앞둔 어느 날 여러가지 고민에 빠지게 된다. 과연 8년이 넘는 기간 동안 외국에서 열심히 공부해서 돌아온다면 그 후에 남는 것이 무엇일까? 8년이란 시간을 투자할 만큼 그로 인해 보장받는 미래가 확실한가? 라는 것이다. 결국 그는 경영학을 전공한 만큼 실무의 경험이 향후 교수생활에 큰 도움이 될 것이라는 판단을 하게 되고, 취업을 결정하게 된다.

사실 취업으로 진로를 선회하면서 박O훈 씨가 가장 먼저 생각한 것은 확실한 스펙보다 현업에 종사하고 있는 인생선배들의 조언의 필요성이었다. 그는 틈나는 대로 10대그룹에서 근무하고 있는 지인들을 만나고 그 사람들의 소개로 다른 실무자들을 알아가면서 스펙으로 커버할 수 없는 것들을 얻게 된다.

4개월 정도 취업준비를 했을 무렵, 한 군데에서 입사오퍼를 받기에 이르고 열심히 근무하게 된다. 그렇게 1년이 지나고 실무 활동을 하러 나갔을 때, 그동안 쌓아왔던 인간관계가 굉장히 큰 도움이 되고 있다는 것을 절실하게 느끼게 된 일이 발생했다.

공교롭게도 잠재적인 주요거래처에 자신과 인연을 맺고 있는 사람이 있었던 것이다. 사실 취업을 알선해주는 것은 아무리 인맥이 뛰어나다고 해도 어느 정도 한계가 있기 마련이다. 하지만 업무상에서의 인맥은 전혀 차원이 다른 것이다. 이왕 거래를 해야 한다면 안면이 있는 사람이 당연히 믿음이 갈 수 밖에 없고, 똑 같은 조건이라면 아는 사람과의 거래가 마음 편할 수밖에 없기 때문이다.

그렇게 박O훈 씨는 몸담고 있는 회사에서 군침을 흘리던 거래처와의 신규거래를 성사시키고, 사내에서 긍정적인 이미지를 구축하게 되었다. 이 사례를 통해 우리가 잊지말아야 할 중요한 포인트 하나는, 사람과 만나고 소통하고 그 인연의 끈을 계속 유지해 나가도록 노력해야 한다는 사실이다.

인적네트워크를 활용해 도움을 받은 사례들의 공통점은 자신이 가진 역량에 주위 사람들의 힘을 더해 자신이 원하는 목표에 다가갔다는 것이다. 그것이 다분히 의도적이었든 우연히 얻게 된 기회이든 상관없다. 흔히 성공하는 사람은 스스로 힘으로 성공했다고 생각하기 쉽다. 하지만 주위의 환경이 없었다면 아무리 잘난 사람도 자기 혼자 성공할 수는 없다. 오히려 성공한 사람의 진짜 힘을 말한다면, 주위 사람들에게 도움을 구하는 능력이다. 여기서 간과해서는 안 될 한

가지가 있다. 바로 기본적인 역량이다. 인맥은 개인의 노력과 실력이 뒷받침 되었을 때 빛을 발한다. 개인의 노력은 결국 그 사람의 가치를 대변해 준다.

헤드헌터를 활용해서 취업의 가능성을 높여보자

공채를 공략하는 것도 좋지만 헤드헌터를 활용하는 방법도 한 가지 전략이다. 일반적으로 경력직 채용의 경우 헤드헌터를 통한 채용이 많이 진행되고 있지만, 신규 채용의 경우에서도 헤드헌터를 통해 좋은 기회를 가질 수 있다. 규모가 크지 않은 채용의 경우나 한국에 들어와 있는 중소 규모의 외국계 기업의 경우 헤드 헌팅 업체를 활용하는 경우가 많다. 대기업 공채 이외의 중소 기업이나 외국계 기업을 공략하고 싶다면 일일이 찾아서 공략하는 것보다 헤드헌팅업체를 활용한다면 시간과 노력을 절약할 수 있다. 헤드헌터는 취업에 관한 많은 정보를 알고 있으며, 구직자는 경력전환, 직군전환, 이직에 관한 컨설팅을 객관적으로 받아 볼 수 있다. 그러기 위해서는 헤드헌터와 함께 본인의 커리어와 미래에 대해 구체적인 상담을 하는 것이 중요하다.

취업포탈(사람인, 인쿠르트, 잡코리아, 해커스잡, 스카우트, 피플앤잡, 게임잡)에 가면 헤드헌팅 섹션이 있고 많은 채용공고를 볼 수 있다. 본인이 지원하고자 하는 직무를 찾아 헤드헌터업체에게 문의를 하면 상세히 설명해 준다. 좋은 헤드헌터를 만난다면 진솔한 상담을 통해 의외로 좋은 정보를 얻을 수 있다.

[헤드헌터를 활용한 취업 시 확인사항]

헤드헌팅 회사는 지원자에게 돈을 요구하지 않는다

헤드헌팅 회사는 지원자에게 비용을 받지 않고 해당 회사로부터 비용을 받는다. 따라서 헤드헌팅 회사인데 지원자에게 비용을 요구한다면 확인을 해 봐야한다. 예외적으로 외국계 헤드헌팅사는 후보자에게도 수수료를 받으나, 국내 헤드헌팅 회사는 일체의 비용을 받지 않는다. 그러나 인력파견회사(헤드헌팅 회사가 아님)의 경우는 성사가 된 후 매달 월급에서 수수료를 받는다.

지원회사가 어떤 회사인지 꼼꼼이 확인하자

　헤드헌팅 회사는 나에게 맞는 업종이나 회사를 효율적으로 찾을 수 있게 해 준다. 하지만 일부 규모가 너무 작은 회사나 외국계 회사의 경우 비즈니스를 시작한지 얼마 되지 않은 회사 등을 추천받는 경우가 있다. 이럴 경우 사업의 지속성과 회사의 안정성 등을 종합적으로 고려해 보아야 한다. 헤드헌터를 통한 상담과 직무에 대한 확인과 더불어 회사의 규모, 비전 또한 적극적으로 확인해 볼 필요가 있다.

개인적인 검색이나 지원을 게을리 하지 말 것

　끊임없이 나에게 적합한 회사를 찾는 과정이기 때문에 헤드헌터를 통해 채용을 의뢰해 놓았다고 할지라도 개인적인 지원이나 채용공고를 확인하는 것을 놓치지 말자.

헤드헌팅업체를 통한 채용 vs 직접지원

　공채를 통한 채용이건 헤드헌팅 업체를 통한 채용이건 결과적으로 큰 차이는 없다. 따라서 공채에 지원하면서 적극적으로 헤드헌팅 업체를 활용한다면 더 많은 기회를 발견할 수 있다.

헤드헌터를 어떻게 이용해야하는가?

(Special Interview : 유니코써치 김연주 컨설턴트)

1. 이직 시, 왜 헤드헌터를 이용해야 하는가?

　경력직의 경우, 채용공고를 통한 이직보다 지인 등 개인 인맥을 통해 회사를 옮겨 가는 경우가 많다. 그렇지만 개인의 인맥은 한계가 있기 때문에 부여 받을 수 있는 기회가 적다. 헤드헌터는 기업의 수요를 가장 먼저 수용하기 때문에, 인맥을 쌓을 경우 수시로 폭 넓은 기회를 제공 받을 수 있다. 또한 남에게 이직 관련 카운셀링을 받는 것은 쉬운 문제가 아니므로, 이 점은 헤드헌팅 업체 이용의 가장 큰 장점 중에 하나가 될 것이다.

2. 이직 시, 본인이 고려해야 할 사항은?

　헤드헌터를 찾기 전에 혹은 이직을 준비하기 전에 왜 직장을 옮겨야 하는 지 근본적인 원인을 생각해 보아야 한다. 고려사항에 대한 우선순위를 정하고 최종 방향을 설정해야 한다.

직장을 옮기는 것 보다 회사 내부에서 문제점을 해결하도록 노력 할 것! 인사부서와 협의하여 직군 전환을 하는 것도 좋은 방법 중 하나이다. 헤드헌터를 찾을 때는 이직을 위한 모든 준비를 마치고 만나야 한다. 친한 동네 형을 만나 듯 나가면 오히려 손해이므로, 자기 포장을 잘해서 역량 있는 모습을 보여야 희망하는 회사에 추천 받을 수 있다.

3. 이직 후, 현 직장에서 적응에 어려움을 겪는 이들에게 해주고 싶은 조언은?

① 우선 이직에 대한 책임은 본인이 지는 것이다. 적응이 어려울 때 방법은 두 가지이다.

첫째, 이직한 직장에 무조건 적응하는 것!

둘째, 최대한 빠른 시일 내에 그만두고 새 직장을 찾는 것!

3개월 이내에 그만두면 명분이 된다. 취업 후, 3개월은 회사와 이직자가 서로를 평가하는 시간이다. 그러므로 새로운 직장을 옮길 때 이 기간과 사유는 충분히 고려된다.

② 통계적으로 적응에 어려움을 겪는 이유는 두 가지로 요약 할 수 있다.

첫째, 동료 및 상사와의 인간관계이다. 인간관계의 경우 또 다른 직장으로 이직을 해도 문제가 될 소지가 있으므로 본인이 합리적으로 현 직장에서 해결해야 한다.

둘째, 직무가 맞지 않은 경우이다. 이 경우는 지원을 하기 전에 직무의 성격과 범위(Job Description)를 명확히 이해해야 한다. 전임자가 있는 직무의 경우 명확하나, 새로운 직무이면 명확하지 않을 수 있다. 또한 중소기업 혹은 인사부서의 권한이 약한 회사의 경우 채용 후 직무가 임의로 바뀔 수 있으므로, 이때에는 부서장 혹은 인사부서와 협의를 통해 해결해야 한다.

③ 이직 후 회사에 적응하고자 하는 태도는 매우 중요하다.

예를 들어 40대 초반에 처음 이직을 한 팀장이 가장 힘이 드는 것은 식사이다. 함께 갈 사람이 없기 때문이다. 본인의 태도를 바꾸어 적극적으로 팀원들에게 다가서고 함께 호흡하며 동화할 수 있는 노력이 절대적으로 필요하다.

4. 채용전문가가 바라본 합리적인 경력 설계의 방법은?

시장에서 가장 인기가 있는 연차는 6~7년 정도 과장 직급이다. 가급적으로 첫 직장에서는 오래 있는 것이 좋다. 직장에서 정확하게 자기의 목표를 세워라. 한 회사에서 성공하고자 한다면 다양한 업무를 경험해 보는 것도 나쁘지 않다. 단, 이직을 생각할 경우 한 직무를 계속해서 해야 한다. 회사를 옮기는 기준을 연봉보다는 책임과 권한이 좀 더 부여되는 큰 회사로 결정하는 것이 현명하다. 또한 시기도 상황에 따라 본인이 적절히 판단해야 한다.

5. 취업난에 힘겨워 하는 이 시대 젊은이들에게 전해주고 싶은 조언은?

청년세대들의 취업이 힘든 건 사실이다. 하지만 첫 단추를 잘 끼워야 한다. 무조건 취업 준비만 하지 말고 현실을 정확하게 바라보아야 한다. 인턴이나 비정규직 포지션을 활용하는 것도 좋은 방법이다. 특히 소규모 회사 혹은 외국계 기업에서는 서류전형 시 인턴 경험을 가장 중요하게 본다. 당사에서도 신입사원 채용 시, 동일업계 인턴 경험을 가장 중요하게 본다. 또한 대기업 비정규직 포지션에서 경험을 쌓은 후 소규모 회사 정규직으로 옮겨 가는 것도 하나의 방법이다. 물론 처음에 정규직으로 입사하는 것이 좋지만, 반드시 고집해야 할 이유는 없는 것 같다.

6. 본인이 헤드헌터가 된 계기는?

대학교 4학년 때 헤드헌터회사에서 아르바이트를 시작한 것이 계기가 되었다. 어학연수를 준비하다 두달 동안 유럽 배낭여행을 가게 되었는데 그 곳에서 많은 문화적 충격을 받았다. 무작정 1년 간 휴학을 하고 통/번역, 꽃 배달 등 여러가지 경험을 했다.

그러던 중 헤드헌터회사에서 아르바이트를 하게 되었고, 자료 정리 등 컨설턴트 보조업무를 하며 이 일이 내 천직이 아닐까 하는 생각이 들었다. 전공이 산업공학이었는데, 졸업 후 공장에 가는 건 정말 싫었다. 그 당시 헤드헌터회사 입사 요건으로 사회경력이 필수였고, 회사의 주선으로 금융회사에서 2년간 비서로 일한 후에 헤드헌터가 될 수 있었다.

남들이 보기에 늘 근사한 곳에서 다양한 사람들을 만나는 헤드헌터는 화려해 보인다. 하지만 우리는 거의 텔러마케터이다. 출근해서 퇴근할 때까지 전화를 붙들고 산다. 이처럼 본인이 하고 싶어 하는 일을 찾는 것이 가장 어려운 일 같다. 어렵게 결정하면 그대로 가면 된다. 대신 기본자격을 갖추어야 기회가 찾아 오는 법이다.

7. 인생 선배로서 본인의 삶의 철학은?

삶의 철학은 거창하지 않다. 간단하다. '열정을 가지고 즐겁게 살자' 는 것이다. 일과 가족 그리고 자신을 사랑하며 work & life의 균형을 맞추는 것이 중요하다. 주위를 둘러보면 한 곳에 치중한 사람들이 많은데 내 눈에는 그들이 행복해 보이지 않는다.

8. 여자로서 나에게 직업이란?

어려운 질문인데 명확한 정답도 없다. 여자로서 취업을 하게 되고 직장생활에서 성공을 하려고 하는 순간 가장 발목을 잡는 것이 결혼과 육아이다. 이제 우리 사회에서 결혼하면 회사를 그만 두어야 한다는 인식은 거의 사라졌고 오히려 지속적인 근무를 권장하기도 하지만, 일반적으로 육아는 여성이 많은 부분을 담당하기 때문에 아직도 여성들이 직장생활을 하기란 쉽지 않다. 취업준비를 하는 여성들에게 하고 싶은 말은 여성으로서 직장생활을 계속하고 싶다면 육아 지원과 복지가 정말 중요하다는 사실을 염두에 두어야 한다는 것이다.

능력이 뛰어난 여성이 잦은 야근과 남성적인 기업문화 때문에 커리어를 포기하게 되는 경우를 보면 너무나 안타깝다. 일과 육아를 병행하는 워킹맘들이 존경스럽다. 사실 가족, 일, 자신에 대해 열정적으로 임한다는 것은 어려운 일이기 때문에 균형을 이루기 위해 노력해야 한다. 한 곳에 집중하게 되면 다른 곳은 무너진다. 셋 모두를 완벽하게 할 수 있는 강박관념을 버리는 것이 현명하다. 우선, 워킹맘과 그렇지 않은 사람을 동일하게 비교하는 습관부터 버려야 한다. 그 사람과 나는 다르다는 사실을 인정해야 한다.

우리는 때론 '아! 고등학교로 돌아가면 정말 공부 열심히 해서 좋은 대학교에 갈 수 있을 것 같은데' 라는 상상을 하곤 한다. 워킹맘도 마찬가지이다. 뒤돌아 보면 정말 나도 훌륭한 워킹맘이 될 수 있었을 텐데 라는 생각이 든다.

여담이지만 중요한 포인트 하나 더! 아기는 엄마가 키우는 것이 좋지만, 맡겨야 한다면 가급적 가족에게 맡기는 것이 좋다. 입주 도우미는 몸이 편하긴 하지만 마음이 불편하다. 굳이 써야 한다면 비즈니스적으로 접근하는 것이 바람직해 보인다. 육아 관련 책에서도 많은 도움을 받는다. 책을 읽다 보면 답이 보인다. 또한 워킹맘의 사정을 이해 줄 수 있는 남편의 도움이 절대적이다.

성공한 사람들이 걸어간 길을 연구하고 면접에 대비하자

면접을 준비하면서, 그리고 입사원서를 쓸 때 단골 메뉴는 '취업 후 나의 미래'이다. 미래상에 대해 나의 적성, 경력과 들어맞는 회사에서의 모습을 제시해 줄 수 있다면 인사담당자에게 좋은 점수를 얻을 수 있다. 그러기 위해서는 내가 지원한 회사와 업종에서 선배들이 어떠한 커리어패스를 통해서 꿈을 이루어 나갔는지 살펴보자.

조직에서의 성공 루트는 다양하다. 하지만 "성공한 이들을 보니 이러한 루트를 밟았더라"라는 일반론을 만들고 나의 상황에 맞게 취업 및 인생 설계에 적용시켜 볼 수는 있다. 이것 조차도 '일반적으로 이런 단계를 밟아 나가더라'는 것이지 정답은 아니다. 앞으로 새로운 정보와 루트가 생겨날 것이지만 이러한 사례들은 가이드라인을 잡는 데에는 도움이 될 수 있다. 다음의 예시는 말 그대로 '예시'일 뿐이며 이것이 꼭 100% 맞는 것은 아니지만 향후 방향성 설정에 많은 도움이 될 것이다. 종종 조직에서 성공한 이들이 다음과 같은 길을 걸어갔다는 것을 기억하고 커리어 설계를 해 보자. 내가 당장 눈앞에 닥친 과제만을 보고 살아가는 것과 10년 후, 30년 후를 내다보고 인생을 설계하는 것은 분명 다르다.

❖Sample Career Path

전자 회사

- 엔지니어 : 연구원 → 학술연수(회사지원 이공계 석, 박사 학위 취득) → Project Leader → 임원 → 개발총괄(예: 개발실장)
- 스태프 : 사원 → MBA(회사지원) → 중간관리자 → 임원 → 스태프총괄(예: 지원팀장, 인사팀장)

철강회사

- 현장엔지니어 → 철강대학원 유학 → 해외주재원 파견 → 제철소장 → 최고경영진
- 재무/전략/인사 → MBA프로그램 → 해외주재원 → 전략기획 → 최고경영진

게임/ 벤처 회사

- 프로그래머, 기획자 → PM(Project Manager) 본인의 게임 런칭 → 임원 / 창업

증권사

- 일반직군 → 경영관리/마케팅/지원 부서장(일반적으로 중간에 지점/본사 순환) → 임원
- 지점근무(중간에 지점/본사 근무 순환 가능) → 브로커 → 지점장
- 리서치 부서 배치 → RA → 애널리스트 → 리서치센터장, 펀드매니저
- 운용부서 배치 → 펀드매니저(차/부장급) → 운용부서 임원

취업전문가들과 인사담당자들이 말하는 3가지 이직 원칙

1~3년차

- 전문성을 키우며 일하고 싶은 분야를 마음속에 그린다 (마케팅, 영업, 인사, 개발 등)
- 자기 자신에 대해 깊게 생각하고 분석하라
- 영어 및 제2외국어 능력을 함양한다
- 논리와 열정으로 무장한다
- 면접 때 당당하고 자신감 있는 모습을 보여주자
- 가능하면 이직을 삼가야 한다

4~7년차

- 이력서를 항시 업데이트 해 놓아라: 인생의 히스토리이다
- 현실에 안주하기 보다는 꾸준한 자기개발을 해라
- 이미지 훈련: 3~7년후 나의 모습을 상상해보자
- 헤드헌터에게 최대한 많은 정보를 얻는다
- 온라인 커뮤니티, 까페 등을 활용해서 정보와 네트워크를 넓힌다
- 자신의 분야(전문성)에서의 성과를 축척하고 이직 시 어필한다

8년차 이상

- 네트워킹: 업계에서 인맥의 신뢰와 평판을 쌓자
- 관리자로서의 자질을 보여주어라 (조직관리, 리더십)
- 자신의 전문성과 더불어 사업계획서, 기획서 등의 작성 능력을 보여준다
- 경력 8년차 이상인 만큼 여유롭고 카리스마 있는 모습을 보여준다

　기업 인사담당자는 회사가 규정한 승진 요건을 충족했음에도 진급에서 계속 누락되는 직장인의 공통점으로 '주어진 일만 처리한다는 점'을 들었다. 정기인사, 그리고 수시인사에서 인사 담당자들은 주어진 일만 처리하는 사람들을 승진에서 누락시킨다. 인사정책은 회사의 이익을 우선 시 해서 수행되어야 하기 때문에 각 포지션에 가장 적합한 역량을 가진 사람을 뽑는다.

예를 들어 관리부서의 직원을 채용하는 과정에서는 꼼꼼하고 원칙을 잘 지키려고 노력하는 사람이 더 효과적일 것이며, 영업부서의 경우에는 가끔 무대뽀처럼 밀어붙이는 성향을 가진 사람이 더 적합할 수 있다. 완전히 반대의 성향을 가진 사람도 조직, 부서의 특성에 따라 정말 필요한 인재일 수 있다는 이야기이다.

실제로 인사담당자들의 말을 인용하면, 직원을 뽑을 때 가장 중요시 하는 것은 해당 직무를 수행할 수 있는 역량이 있는가 하는 점이라고 한다. 그밖에 경험이라든지, 비즈니스에 대한 이해력, 추진력, 네트워크 등 수많은 요소들을 고려하여 선발한다고 한다.

성공적인 이직을 위해 포인트를 두어야 할 점은 연차별로 다르다. 인사담당자가 채용전문가(헤드헌터)에게 요구하는 인재상을 우리들이 통합적으로 검토하고 분석해 본 결과 다음과 같은 공통점이 있다는 사실을 알았다.

우선 1~3년차 경력자의 경우에는 순수한 열정과 자신감, 어학능력, 자신을 업그레이드 하려고 노력했던 흔적들, 학력사항 및 학점에 초점을 두어 파악하는 경우가 많다. 4~7년차 직장인의 경우에는 직무능력 및 전문성에 가장 큰 포인트를 맞추고 있다. 아마도 대부분의 회사가 이 시기에 있는 직장인들에게 실질적인 기대를 한다고 볼 수 있다. 그렇기 때문에 현업에서 유용하게 쓰일 직무능력에 대해 초점을 맞춘다.

이직 시에는 그 사람들의 직무능력을 평가하기 위해 이전 회사에서 진행했던 프로젝트가 무엇인지, 그리고 어떠한 성과가 있었는지 등에 대해 관심을 가진다. 아마도 이때가 가장 열심히 실무에서 일할 수 있는 때이고, 자신의 나아 갈 방향에 대해 어느 정도 확신이 생기는 시점이기 때문이라고 생각한다. 이때에는 일에 대한 열정도 심도깊게 살펴보고. 나아가 연봉에 좌우되지 않는 직업관을 갖고 있는지, 동료들과 커뮤니케이션은 잘 하고 있는지 알고 싶어 한다.

이 단계를 지나, 8년차 이상 경력자인 경우에는 전문성 못지 않게 리더십을 파악하고자 한다. 또한 자신의 능력 뿐 아니라, 정보력과 인맥이 어느 정도 인지에 따라 직위나 연봉이 달라지기도 한다. 임원으로 올라갈수록 네트워킹 활용능력은 더욱 많이 요구된다. 이 밖에 이전 회사의 지명도나 희망연봉 등도 살펴보는 경우가 많다.

"지식보다 더 중요한 것은 상상력이다."
– 알버트 아인슈타인

Part II

스펙을 뛰어넘어,
발상의 전환을 꿈꿔라

"Imagination is more important than knowledge."
- Albert Einstein

발상의 전환, 살펴보기

취업에서도 발상의 전환이 필요하다!

발상의 전환이란 무엇인가? 남들이 보지 못하는 것을 보는 능력이다. 나의 현재 역량을 점검해 보고 지금 상황에서 가능한 최적의 솔루션을 찾아내는 것이다. 즉, 남들이 발견하지 못한, 숨어있는 Blue Ocean을 찾아내어 개척하는 일이다. 남들이 대기업과 공기업 등 당장 좋아보이는 직종의 취업에만 매달릴 때에, 나에게 맞는 더 큰 기회를 제공하는 미래를 개척하는 것이다. 남들이 안 될 것이라고 말할 때도 희망을 보고 묵묵히 앞으로 전진하는 용기이다.

아래 정리해 놓은 취업자들의 실제 사례를 갖고 분석한 표를 살펴 보자.

현재 조건	Negative	Positive	Choice
서울 중위권 대학 음악대학 피아노과	음대 재학생이 어떻게 취업하겠어. 유학도 간 적 없고, 경영학과도 아닌데.	예술적이고 창의적인 사람을 원하는 기업이 있지 않을까? 게임이나 광고? 일단 게임은 조금 해 봤으니, 적극적으로 조사해 봐야겠다.	블리자드 (美게임회사) 취업
지방대 기계공학과	지방대생에 낮은 학점인데 대기업은 꿈도 못 꾸겠네. 장사나 해 볼까?	내가 활발하고 붙임성은 있으니 영업으로 승부를 보자.	00제화 영업부 취업

서울 중상위권 대학 경영학과 취미: 여행 특기: 음주 성격: 자유분방	나처럼 놀기 좋아하고 여행 좋아하는 놈은 조직생활이 힘들 거야. 여행사나 다른 곳 원서쓴 것도 다 떨어지고.	내가 진짜 좋아하는 와인과 관련된 일을 하면 잘 할 수 있을 것 같은데. 일단 회사를 다니면서 틈틈이 와인 관련된 비즈니스를 연구해 보아야겠다. 주말을 활용해서 소믈리에에 대해서 계획을 세워보자.	와인 샵 취업 근무 → 사업체 오픈
서울 중위권 대학 철학과 성격: 내성적	경영학과도 취업하기 힘든데, 철학과 졸업해서 면접기회나 있으려나…	악착같이 자격증을 따고 점수 만들어야겠다. 그리고 최근 인문학에 관해서 관심이 많던데 자기소개서와 면접에서 인문학, 철학과 경영학을 엮어서 이야기를 풀어 보도록 하자.	현재 00증권사 자산운용팀 펀드매니저로 근무
행정고시 2차 불합격	나는 운이 없는 것일까? 꼭 2차에서 떨어지네.	더 이상 나이를 먹기 전에 취업을 하는 편이 좋겠다. 행정고시를 공부했다는 것도 하나의 장점이 될 수 있다. 논리력, 상식 등의 장점을 살려 보자.	현재 00은행 팀장으로 근무
공대 출신. 전공이 적성과 맞지 않음	전공도 적성과 맞지 않고 취업을 한다면 일을 잘 할 수 있을 지 걱정	공대출신으로 장점을 살리면서 취업한 사례를 살펴보아야 겠다 시간이 걸리더라도 나의 적성과 잘 맞는 일을 찾아 보아야겠다.	현재 컨설팅 업체 근무

위의 사례처럼 힘든 상황에서도 발상의 전환과 긍정적인 사고를 통해서 자신의 운명을 개척해 나간 이들이 있다. '생각이 사고와 현실을 지배한다'는 이야기는 누구나 들어보았을 것이다. 그래서 성공학을 강의하는 많은 이들이 긍정적인 사고의 중요성을 이야기한다. 그러나 한 가지 간과하면 안 될 중요한 사실이 있다. '내가 하는 긍정적인 생각이 과연 현실성을 냉정하게 감안한 것인가' 라는 것이다. 현실성과 추진력이 가미된 긍정적인 사고는 성공으로 인도하지만, 무조건적인 긍정적인 생각은 실패의 지름길이다. 인생은 선택의 연속이다.

지금 진지하게 나 자신에게 물어 보자. "현재 상황에서 다양한 요소들을 고려한 최선의 선택을 하고 있는가?" 한 조사결과에 따르면 여학생들보다는 남학생들이, 부모님의 기대를 많이 받은 그룹(ex. 장손, 첫째)이 자존감이 지나치게 높은 경향이 있다고 한다. 즉, 자존감이 높다는 것은 자신에 대해 스스로 높게 평가하는 경향이 심하다는 말이며, 이 때문에 고시나 특정 기업의 취업, 유학에 집착하여 취업 시기를 놓치게 되는 경우가 종종 발생하게 된다. 자신을 너무 낮게 평가해서 자신감을 잃고 무기력함에 빠지는 것도 문제지만, 자신감이 자만함으로 이어져 기회를 놓치는 것도 문제다. 이를 방지 하기 위해서는 나를 철저하게 되돌아 보는 시간이 필요하다.

무모한 Positive	전략적인 Positive
자신의 조건과는 무관한 터무니없이 높은 이상을 추구	자신의 조건을 정확히 분석한 후 목표를 자신이 생각하는 현재 목표치 보다 약간 낮추어 잡는다.

상식을 깨는 생각을 하라

발상의 전환을 통해 성공을 거둔 사람들의 이야기를 늘어 보면 공통섬이 있다. 힝싱 그들에게는 본인의 경험들을 되새기고 거기에서 남들이 생각하지 못한 것들을 끌어내는 능력이 있었다. 발상의 전환과 상식을 깨는 생각은 하루 아침에 이루에 지지 않는다. 진지한 자아 성찰과 더불어 주변 상황 등에 대하여 끊임없이 생각하고 연구한 끝에 이루어 진다. 위 사례에 나와있는 선배들은 남들이 생각하거나 예측하지 못한 자신만의 길을 찾아 성공했다. 그들의 공통점은 자신에 대해 깊이있는 성찰과 더불어 수많은 사례들을 연구했다는 것이다. 주변의 이야기를 듣고 다양한 경로(지인, 책, 인터넷 까페 등)를 통하여 정보수집을 하여 성공을 도출해 냈다.

이러한 생각들, 결과적으로 보면 공감할 수 있는 발상의 전환들은 노력의 산물이고 누구나 실천해 볼 수 있다. 엄청난 돈이 들어가는 것도 아니며, 조금은 엉뚱해 보일 수 있는 생각을 한다고 해서 누가 비난하는 것도 아니다. 생각은 사람이 할 수 있는 행동 중에 돈이 들지 않으면서도 세상을 변화시킬 수 있는 가장 효과적인 도구임을 명심하자.

발상의 전환에는 경계가 없다. 취업을 준비하는 과정에서도 할 수 있고 취업 후에 부서업무를 하면서도 할 수 있다. 끊임없이 생각하고 도전하고 실행하는 사람만이 새로운 에너지를 만들 수 있다.

기업들도 마찬가지이다. 델 컴퓨터의 경우 유통마진을 줄이기 위해 단지 프로세스 하나를 줄인 발상의 전환을 통해 수많은 IT업계는 물론 다른 업종에까지 엄청난 파급효과를 미쳤다. 포드 자동차는 컨베이어 방식을 시작해서 지금의 자동생산시스템을 통한 대량생산이 가능하도록 하였다. 이것 역시 기업들이 직면한 문제를 개선한 발상의 전환이라고 볼 수 있다.

취업에서의 발상의 전환

취업에서의 발상의 전환 또한 자신에 대한 성찰과 수많은 사례 분석으로부터 시작할 수 있다. 즉, 한정된 시간에 어디를 집중적으로 지원해야 할까? 혹시 지금 이 시점에서 너무 한 가지 분야에만 집중하고 있어서 더 많은 기회를 놓치고 있지는 않은가? 예를 들어 본인 스스로는 사람들 만나기를 좋아하며 설득의 재능이 있는데 단지 연봉이나 전공 때문에 연구 또는 개발 직종에 원서를 쓰고 있는 것은 아닌가? 대학에서의 전공 선택을 후회하고 있는데 그쪽 길로 가고 있는 것은 아닌가? 라는 질문을 해 보고 주변의 사례와 이 책에 실린 사례들을 분석하여 발상의 전환을 경험해 보자.

그러다보면 내가 속하고 싶은 조직이 어디인지 그리고 가능성이 높은 분야가 어디인지 보이게 된다. 그것이 대기업이 될 수도 있고 중소기업이 될 수도 있다. 내가 전혀 생각하지 못한 분야일 수도 있으며 취업의 길이 아닐 수도 있다. 생각이 꼬리를 물다보면 그동안 간과했던 규모가 작은 기업이나 분야에서도 큰 기회를 발견할 수 있는 힘이 생긴다. 예를 들어 자기 스스로를 돌아 보았을 때 진취적인 사고와 도전정신이 뛰어난 성향이 강하다면 시스템이 제대로 갖춰져 있는 대기업에서는 오히려 별다른 역량을 발휘할 기회가 없을 수도 있다. 하지만 신생 기업이나 벤처기업들의 경우에는 신입사원들의 패기와 발상의 전환에 나름대로 큰 기대를 걸고 있는 경우를 발견할 수 있다.

회사와 함께 성장할 마음가짐과 도전정신을 확고히 가지고 있는 사람이라면 분명 취업 후 조직 안에서 발상의 전환, 인식의 변화를 이끌어 낼 수 있다. 그리고 이러한 행동들은 더 넓은 세상으로 나갈 수 있는 기반이 된다.

발상의 전환을 할 준비가 되어있다면, 만약 내가 원하지 않았거나 기대에 못 미치는 기업이나 업종에 취업을 하게 되었다 하더라도 그곳에서 또다른 기회를 발견하고 그 기회를 잡을 수도 있다. 일단 취업을 한 이후에는 업종전환, 직군전환을 하기 어렵다고 생각하는 경향이 많은데, 특별한 연결고리를 만들고 당위성만 갖춘다면 업종전환이나 직군전환이 어렵지 않다. 이 책에 나와있는 선배들의 사례들이 이를 증명해 주고 있다.

미국 H주립대를 졸업하고 국내 굴지의 철강회사에 입사한 박○용 씨의 경우, 2년간의 철강영업 경험을 뒤로 하고, 연구소의 철강업종분석파트로 이직하여 새로운 삶을 살고 있다. 이처럼 과거의 경험을 살리면서 새로운 분야로 이직을 할 수 있는 경우도 많다. 개인의 의지에 따라 달라질 수 있다는 것을 명심하자. 처음에는 기대에 미치지 못하는 곳에 취업했지만 업종전환과 이직에 성공한 사례들을 살펴보고 발상의 전환을 꿈꿔보자.

발상의 전환과 성공을 위한 팁

(1) 자신에 대한 성찰과 다양한 사례분석을 통해 전략을 도출한다.

→ 다양한 사례 분석을 통한 고민은 새로운 아디어와 발상의 전환을 가능하게 해준다.

(2) 틈새 시장 공략: 때론 남들이 간과한 분야를 탐색한다.

→ 수시채용, 취업 이외의 다른 분야, 창업 등의 사례도 조사한다.

(3) 상황에 따른 대처: 지원하는 분야에서 성과가 없다면 다른 분야를 재빨리 찾는다.

→ 속도는 또 다른 기회를 제공해준다.

(4) 계획과 전략을 세웠다면 실행하라. 실행이 없는 계획은 아무 것도 아니다.

→ 모든 성공은 실행으로부터 시작된다.

성명 : 백○영

직장 : 블리자드 코리아 대외 홍보팀 (고려대학교 언론홍보대학원 재학 중)

학교/ 전공 : 단국대학교 음대(대금전공) → 카톨릭 대학교 영어영미문화학과

커리어 패스 : CS(고객지원)부서 → 대외 홍보팀

음대생의 벽을 넘기 위해 노력하다

　백○영 씨는 공부를 좋아했던 학생은 아니었다. 게다가 음대를 다녔기 때문에 주변에 일반 기업에 취업 준비를 하는 사람도 없었다. 백○영 씨는 여자였지만 안정적이기 보다는 창의적이며 도전적인 일을 하고 싶었다. 음악전공자로서의 길이 아니라 사회생활을 통해 자신의 꿈을 펼치고 싶었다. 음대를 졸업할 때 취업을 위해 뛰어봤지만 쉽지는 않았고 마음 속에 답답함만 쌓여갔다. 서울 중위권 대학의 비경제,경영 전공자(그것도 예체능)로서 취업에 대한 막막한 마음이 들었다.

　취업시즌이 되자 나름의 준비를 거쳐 원서를 여러 군데 내보았지만 대한민국에서의 취업은 생각만큼 호락호락 하지 않았다. 수많은 실패와 고민끝에 이렇게 해서는 취업이 힘들겠다는 생각이 들었다. 결국 여러가지 방법을 찾던 중 카톨릭대학교 영어영미문화학과에 편입하기로 결정했다. '영문과'라는 타이틀을 갖추고 나서 취업 기회를 노려보자는 전략이었다. 당시 나이에 대한 부담도 있었지만 미래에 대한 희망이 더 컸다고 한다.

　편입 후 그녀는 음대시절과는 달리 취업을 염두에 두고 열심히 공부했다. 학교생활을 하면서 가장 중점을 두었던 것은 전공인 영어였다. 물론 자격증이나 다른 것들로 증명을 받고 싶은 생각도 있었지만, 특정 분야에서 사용할 수 있는 자격증 보다는 어떤 업종에 지원하든지 공통적으로 보여 줄 수 있는 확실한 무기 한 가지를 만들어 보고 싶었다. 특히 실무에서 바로 쓰일 수 있는 실질적인 회화 능력을 인정받고 싶었다.

　졸업 한 학기를 앞두고 어학 연수에 대한 고민을 했다. 주변의 부정적인 의견도 있었지만 그래도 스스로에게 투자해 보고 싶은 마음이 더 컸다고 한다. 어학연수에 대한 다양한 주변의 의견을 접한 후 그녀는 이제껏 살면서 자신에게 얼마나 투자를 했는가? 라고 반문해 보

았다. 그리고 투자하고 열심히 노력하면 분명히 성과가 있을 것이라는 믿음을 갖고 어학연수를 가기로 결심했다.

"그 당시 취업 연령이나 저의 재정 상황을 고려하면 어학연수를 간다는 것이 무리이긴 했습니다. 하지만 저는 부정적인 면보다는 긍정적인 면을 보았고 결론적으로 어학연수를 통한 새로운 경험은 제 인생의 터닝포인트가 되었던 것 같습니다. 취업자체에 도움이 되었다기 보다는 경험과 인식의 확장 측면에서요."

경쟁률이 낮은 부서로 입사하여 새로운 기회를 기다리다

어학 연수 이후에 그녀는 본격적으로 취업 준비에 매달렸다. 하지만 역시 이번에도 쉽지 않았다. 그러던 중 모 게임회사의 채용 공고를 보게 되었다. 면접을 보고 결과적으로 불합격하긴 했지만 이후 게임 업종에 대한 관심을 갖게 되었다. 일단 관심을 갖고 찾아보니 게임 업종, 엔터테인업종에서도 간간히 채용 공고가 올라왔다. 엔터테인먼트, 그 중에서 게임회사라는 기업의 특성상 뛰어난 스펙보다 해당 회사의 콘텐츠의 이해, 창의성, 상품에 대한 애착을 더 높게 평가한다는 생각이 들었고 본인이 갖고 있는 '끼'를 발휘할 수 있다는 생각이 들었다.

6개월 간의 지루한 채용공고 검색과 지원 끝에 블리자드 CS팀에서 채용한다는 공고를 보게 되었다. 외국계라 업무의 차이는 있지만, CS(Customer Service)팀이란 우리나라에서는 고객지원(만족) 센터에 속한다. 백O영 씨가 원했던 분야는 본인의 창의성을 살릴 수 있는 기획이나 마케팅, 홍보 분야였다. 원하는 업무와 직종은 아니였지만 일단 지원하기로 마음먹었다.

"사실 고객센터라고 그러면 사람들이 좀 꺼리는 경향이 있습니다. 저도 마찬가지였고요. 하지만 블리자드는 세계적인 게임회사였고 어쩌면 입사 후에 또 다른 기회가 있을지 모른다는 생각이 들었습니다. 고민되었지만 사실 그 당시 저에게는 그다지 선택할만한 대안이 없었습니다. (웃음) 일단 도전해보는 수밖에 없었죠."

다행히 백○영 씨는 영어 능력과 게임에 대한 이해, 열정을 인정받아 합격하게 되었다.

입사 후 외국계 기업의 자유로운 분위기와 복리후생에 만족하게 되었다. 개인의 기호와 프라이버시에 대한 보장은 한국기업의 그것과 달랐다. CS업무 자체는 비교적 단순했지만 회사에서 능력을 인정받기 위해 열심히 했고 원하던 홍보팀으로 직군전환 할 수 있는 기회를 잡을 수 있었다.

직종보다는 업종을 선택했다

사람들은 대체로 직업과 회사 이름만 듣고 평가하는 경향이 있다. 블리자드(Blizzard) 역시 게임업계에서는 구굴(google)이나 애플(Apple)과 비견될 수 있는 세계적인 회사이고 특히 게임에 대한 관심이 조금만 있는 사람이라면 선망하는 회사이다. 백○영 씨가 만족할 만큼 직원들에 대한 처우도 좋지만 그만큼 직원들 또한 조직에서 살아남기 위해 끊임 없이 자기 개발과 노력을 한다. 백○영 씨 또한 입사와 동시에 CS업무를 맡으면서 모든 열정을 쏟아 부었다고 말한다.

"CS 업무 자체는 단순할 수 있지만, 일과 게임을 통해 유저들과의 대화, 시스템 오류에 대한 고민은 스스로 나를 발전시키는 계기가 되었습니다. 정말 매순간 고민하고 행동했다고 말할 수 있어요. 왜냐하면 저는 제가 처한 상황에 안주하는 순간 미래의 계단은 하나씩 사라진다는 진리를 믿고 있었기 때문입니다. 외국계 회사 특유의 분위기 자체가 자유분방한 것도 있지만 그만큼 책임을 중시하거든요. 정규직이라고 할지라도 한국의 정규직이라는 개념과는 좀 다릅니다."

그렇게 그녀는 회사에 대한 관심을 키워나가고 발전 방향을 나름대로 구상하면서 새로운 기회를 잡을 수 있었다. 바로 직군전환이다. 블리자드는 수시로 직군전환 할 수 있는 기회를 제공한다. 채용의 우선순위도 내부직원들에 맞춰져 있다. 그래서 개인에 대한 평가, 개인적인 능력이 중요한 회사라고 한다. 하지만 그만큼 개인의 기호와 프라이버시에 대한 보장은 확실하다.

국내 기업에서도 직군전환의 기회가 있지만 (실제로 많은 사람들이 그 기회를 이용해 타 부서에 몸담게 되는 경우가 존재) 색안경을 끼고 바라보는 시선도 적지 않다. 예를 들어, 직군전환의 이유가 전 부서에서 적응하지 못해서라거나 또는 업무능력이 떨어지기 때문이라는 등, 안 좋은 소문을 피해가기 어려운 경우도 있기 때문이다. 하지만 외국계, 특히 엔터테인먼트 계열에서는 조금 다른 시선으로 바라보는 편이다.

어느 정도 부서의 업무에 적응이 되고 능력을 발휘하면 회사에서는 그 사람의 잠재력을 최대로 발휘할 수 있는 부서로 다시 배치하는 경우가 많다. 이런 인식과 과감한 직군전환은 외국기업의 중요한 경쟁력일 수 있다. 백○영 씨는 본인의 직군전환에 대해 다음과 같이 설명했다.

"일단 CS부서에서 최선을 다하면서 시간이 흐른 후 제가 일해 보고 싶은 부서를 어필했습니다. 나름대로의 열정과 성과를 보여주었고 회사의 조직 문화가 유연하고 부서간 이동이 가능한 분위기였기 때문에 홍보팀으로 발령이 날 수 있었던 것 같습니다."

입사의 비결? 학벌도 점수도 아닌 '경험'

백○영 씨는 어떤 업무든지 경험해보지 않고 해당 업무에 대한 문제점을 지적할 수는 없다고 말한다. 게임회사 역시 마찬가지이다. 게임 자체가 제품이자 업무이기 때문에 게임에 대한 관심과 창의적으로 사고하는 능력이 필요하다. 그러기 위해서는 해당 콘텐츠를 이용해 봐야 한다. 음악평론가들이 가수를 평가할 때 노래도 안 들어보고 평가할 수 없는 것과 마찬가지이다.

게임회사 역시 다르지 않다. 실제로 회사의 콘텐츠를 이용해주는 고객들이 느낄 수 있는 문제점을 사전에 파악하기 위해 직원들을 대상으로 먼저 오픈 베타 테스트를 진행한다. 취업 면접에서도 마찬가지다. 지원자가 '얼마나 우리회사의 제품과 서비스에 대해 생각해 보았는가' 또는 '제품과 서비스에 대한 지식을 바탕으로 문제해결 능력, 논리와 직관력, 열정이 있는가'를 자기소개서와 면접을 통해 끊임없이 검증한다. 여기서 중요하게 보는 것은 지원자의 경험과 그 경험을 통해 회사에 어떤 기여를 할 수 있는가이다.

백○영 씨는 여자임에도 어려서부터 게임에 재미를 느꼈었다고 한다. 시대나 트렌드에 뒤쳐지지 않는 게임을 접해오면서 항상 느꼈던 감정은 재미(fun)였다. 그런 감각을 어려서

부터 익혀 왔기에 게임 회사에 입사 지원을 할 때 어느 정도의 감각과 경험을 갖추고 있었다. 하지만 게임회사의 직원으로 지원한다는 것은 단순히 게임을 즐기는 것으로 끝나는 것이 아니라 제품(게임)과 서비스의 문제점에 대한 해결책, 관리방안, 마케팅 방안 등에 대해 고민이 필요하다고 생각했다.

"하고 싶은 일이 있다면 그 일에 대한 무한 관심이 첫번째 조건이겠죠? 토익점수, 학점 등의 스펙들이 모두 그러한 관심의 일부분이 될 수 있다고 생각합니다. 사전에 저는 블리자드(Blizzard)의 모든 게임에 대해 철저히 조사를 했고 나름대로의 분석 자료를 준비했습니다. 면접관들도 여자임에도 게임에 대한 열정과 지식이 남다르다는 점에 흥미를 보이는 것 같았습니다. 성별도 한 몫 했겠죠? (웃음). 예를 들어서 여자가 전통적으로 남자들의 업종이나 군대 등에 지원한다든지, 남자가 화장품회사에 지원한다면 희소성 때문에 약간의 가산점을 받을 수도 있으니 참고하시면 좋겠네요. 예를 들어서 같은 실력이라면 남자 헤어디자이너가 더 돋보이는 것과 같은 이치라고 할까요? 결론적으로 다시 말씀드리지만, 취업을 준비하시는 분들은 면접관에게 본인의 경험과 관심을 어떻게 보여 줄 것인지를 제 사례를 비롯한 다른 선배들의 사례를 참고해서 끊임없이 고민해 보시기 바랍니다."

성명 : 이○원

직장 : S스튜디오 총괄 PM

학교/ 전공 : H 대학교 기계공학과 중퇴

커리어 패스 : 온라인 게임 Dr**** ** 개발 → 넥슨 → S스튜디오

토익/토플 : 없음

　　이○원 PD는 E*** 이라는 온라인 게임회사에 근무했다. 리니지의 온라인 게임 인기가 절정일 무렵 이○원 PD는 게임에 대한 열정으로 작은 게임회사에 입사하였고 게임 개발에 참여하였다. 토익점수도, 자격증도 없었던 그는 면접 당시 자신이 직접 만든 기획서와 게임 트렌드에 관한 PT를 준비해서 면접을 보았다. 당시에 본인 나름대로의 패기로 승부를 본 것이다. 취업 당시 졸업을 위해서는 학점이 많이 남아있는 상태였는데, 쓸 수 있는 휴학기간을 다 채우고 그 이상 휴학이 안되자 그는 학교로 돌아가야 할지, 아니면 다른 길은 없는지 고민을 했다. 대학을 졸업 해야 할지, 회사에 있어야 할지. 요즘같으면 모를까 그 당시만 해도 두개를 병행할 수 없었다.

　　"많은 고민을 했죠. 그러나 저는 커리어가 단절되는 것보다 게임 업종에서 승부를 보기 원했습니다. 지금도 그렇지만 이쪽 업계 속설은 젊었을 때 승부를 보아야한다는 것이었습니다. 물론 꼭 그런 것은 아니지만, 30대 후반만 되어도 감각이 떨어지기 때문이죠. 저는 제가 하고 있는 일에 대한 분명한 목표의식이 있었습니다. 제가 취업할 당시에 저는 스펙으로는 별 볼일 없었지만, 게임에 대한 지식은 현업에 있는 어느 누구보다도 뛰어났습니다. 지금도 저는 면접관으로 면접에 들어 가면 이 사람이 주어진 목표를 위해 정진할 수 있는 사람인지 봅니다. 피상적으로, 암기해서 본인의 삶을 이야기하는 사람과 진정성이 있는 사람은 눈빛부터가 다릅니다."

　　그가 거쳐간 게임회사는 넥슨 등 소위말하는 Major로 부터 스튜디오 단위의 작은 회사까지 다양하다. 프로그래머나 디자이너, 기획자를 뽑는 면접에 들어갈 때 그가 물어 보는 말이 있다. '성공에 갈급해 보았는가?' 라는 것이다. 이PD는 신입을 뽑을 때 중요한 것으로 '집념

과 끈기'를 중요한 덕목으로 평가한다고 했다.

"입사 지원할 때 신입들이 착각하는 것이 쉽게 게임이 만들어 질 것 이라고 생각합니다. 게임을 개발하는 일은 생각하는 것보다 훨씬, 아주 많이 고된 작업입니다. 물론, 남다르고 훌륭한 크리에이티브와 번뜩이는 아이디어가 필요합니다. 그러나 더 중요한 것은 끈기와 집념입니다. 매일 수십 가지의 정말 창의적이고 남들이 생각하지 못한 아이디어가 쏟아져 나옵니다. 그러나 그 많고 좋은 아이디어 중에서 현실화되는 것. 즉, 게임으로 만들어져서 실제로 출시되는 것은 극소수입니다.

그 아이디어를 현실화 하는 작업은 아이디어를 내는 것보다 훨씬 어렵습니다. 이를 위해서는 지루한 단순작업을 수 개월 때로는 수 년동안 해야하며, 팀원들과 토론 그리고 부서와의 업무조율 등 갖은 난관들을 헤쳐나가야 합니다. 그러기 위해 필요한 것이 집념과 끈기입니다. 수많은 신입들은 이것을 이겨내지 못하고 낙오합니다. 우리는 프로젝트 개발 중간에 낙오하는 직원을 뽑길 원하지 않습니다. 그래서 때로는 압박면접 형식으로 하기도 하고, 많은 것을 묻기도 합니다. 저도 면접을 많이 보다 보니까 이제는 대화를 몇 마디만 해보면 이 지원자가 곧 그만 둘 사람인지 혹은 계속 붙어 있을 사람인지 정도의 감이 생겼답니다. 대략 쓰는 언어, 행동, 이력서를 보면 어떠한 마인드로 삶을 살아가고 있는가 어느 정도 윤곽이 잡히죠. 사실 요즘 신입들에게 업무를 시켜보면 스펙이 좋건 나쁘건 처음에는 그다지 큰 차이가 나지 않습니다. 중요한 것은 우리 회사, 팀과의 가치를 공유하며 끊기있고 악착같이 프로젝트에 매달릴 수 있는지 여부입니다. 그리고 그 사람이 더 성장할 수 있는지 여부는 본인의 의지에 달린 것이죠."

그렇다면 그가 말하는 끈기와 집념이란 무엇일까? 게임회사라면 면접에서 보여 줄 수 있는 것은 게임에 대한 지식이며 관심이다. 직접 만들어본 기획서, 타 게임 분석 보고서 그리고 스토리보드는 지원자의 열정을 보여 주는 하나의 증거가 된다. 또한 인문학, 예술 문화 등의 다양한 분야에 관심을 갖고 있다는 것은 큰 메리트가 될 수 있다. 중요한 점은 이러한 관심들을 어떻게 자신이 하게 될 미래의 '일'과 연결시킬 수 있냐는 것이다. 예를 들어서 인문학전공자에 기획쪽 지원자라면 인문학적인 소양이 어떻게 적용될 수 있는지 연구해 볼 필요가 있다. '타사의 어떤 게임을 보니 스토리가 약한데 이 부분은 이렇게 보충을 해 보면 될 것 같다, 혹은 어떤 부분에 어떤 반전을 삽입하면 좋겠다.' 등의 실무에서 활용가능한 아이디어 몇가지 정도는 준비할 필요가 있다.

[스펙을 뛰어넘어] 엔터테인먼트 업종 요약

1. 다른업종보다 경험이 중요

2. 학점과 학벌 보다는 관심과 열정이 필요

3. 면접 시 업무와 연관된 '나의 개성' 에 대해 어필할 것

4. 회사의 Product(게임, 음악, 산업)에 대한 이해가 중요

5. 인성(Personality)만큼 전문가적인 태도(Professional Attitude)가 중요

성명 : 박○준 대리

직장 : H증권

학교/ 전공 :

커리어 패스 : IT컨텐츠개발사 → H증권

Today is gift. "나는 현실에 충실했다"

박○준 대리는 작은 기업에서 묵묵히 현실에 충실하며 일하다가 더 큰 조직에 몸담게 된 케이스이다. 그는 대학 졸업 후 중소 IT기업에 입사를 했다. 취업 직후 종종 S사 등 대기업에 입사한 친구들과 자신이 비교되었다고 한다. 취업한 회사는 당장 연봉과 처우가 기대에 미치지 못했다. 회사를 그만두고 취업재수를 해야 할지 3개월 이상 고민했다. 그러나 IT 기획이라는 포지션이 본인의 적성과 맞았고 위험한 취업 재수보다는 회사에서 경력을 쌓고 일하면 기회가 올 것이라고 판단했다. 본인의 우직한 성격도 그런 결정에 한몫했다. 그는 항상 자기 자신을 객관적으로 평가 하려고 노력했다고 한다. 그는 취업 후 다른 회사에 취업을 하려고 노력하기 보다는 4년을 한결같이 회사의 업무를 익히며 최선을 다했다고 한다. 그리고 회사에서 기획력과 실력을 인정받았고, 결국 시스템 개발을 의뢰했던 H증권 팀장의 눈에 띄어 증권회사로 전직을 제의 받게 되었다.

"업무를 배우고 다양한 분야를 경험한다는 생각을 갖고 일했기 때문에 수년간 중소 IT업체에 있으면서 회사에 대해 큰 불만을 갖지 않았습니다. 그것이 지금 남들이 소위 대기업이라고 하는 곳에서 경쟁력을 갖추고 능력을 발휘하며 일 할 수 있는 계기가 되었습니다."

사실 현실에 충실하고 열심히 살다보면 좋은 기회가 있다는 것쯤은 누구나 알고 있다. 하지만 주변 사람들과의 비교로 인한 과도한 스트레스 때문에 실제로 그렇게 살아가기는 쉽지 않다. 작은 회사에 몸담고 있을 때에는 내가 맡은 부분만 하고 다른 업무는 모른체 할 수가 없다. 그만큼 잔 업무에도 손이 많이 가기 마련인데, 그는 귀찮다는 생각보다 업무를 배우는 하나의 과정으로 생각했다고 한다.

"처음 H증권에서 업무할 수 있는 기회가 찾아왔을 때 솔직히 연봉이 오른다는 기대감보다는 새로운 업무에 대한 설레임이 훨씬 컸어요. 동시에 내가 이 조직에서 잘 해낼 수 있을까 하는 두려움도 있었고요. 이직 후 알게 되었지만 성실한 자세와 끊임없는 자기개발은 어떤 조직, 어떤 사람들에게도 인정받을 수 있는 진리라는 사실을 깨닳았어요."

취업하기 어려운 것이 아니다

많은 사람들은 과거보다 취업에서 경쟁의 강도가 치열해졌다고 말하기도 한다. 하지만 박O준 대리는 예전에도 지금처럼 취업은 어려웠다고 말한다. 다만 지금 취업 준비생들의 평균적인 학력이 높아진 것 같다고 보았다.

"요즘 취업이 어렵다고들 하나 제 개인적인 생각으로는 오히려 예전보다 다양한 기회가 열려있다고 생각합니다. 단순히 겉으로 드러나는 스펙으로 걸러내는 것보다는 다양한 기준과 방법으로 채용하는 기업이 늘어났다고 느낍니다. 열린채용이나 사람을 뽑을 때 다양한 관점으로 바라본다는 것이 그 예라고 할까요? 저처럼 스펙이 좋지 않아도 다른 면들로 어필해서 입사할 수 있는 기회가 더 늘어나고 있는 추세인 것은 확실합니다. 오히려 이런 부분들이 더 큰 기회가 될 수 있다는 생각이 듭니다. 아마 요즘같이 다양한 채용 방법이 예전에도 있었다면 저도 처음부터 대기업에 취업할 수 있었을 것 같은데요? (웃음) 하지만 지나치게 기업이 원하는 스토리라는 기업의 옷에 맞추기 위해 이끌려가는 모습들은 조금은 안타깝다는 생각이 듭니다. 물론, 기업이 원하는 인재로 보이기 위해 노력하는 것은 중요하죠. 그러나 보다 더 중요한 것은 본인의 적성을 생각해 보고 내가 잘 할 수 있는 분야를 찾고 그 분야와 업종에 종사하기 위해 최선을 다 해 보는 것입니다. 인생은 취업이 끝이 아닙니다. 취업 후 10년, 20년 이상을 바라보아야 해요. 그래야 나중에 후회가 없다고 생각합니다."

실망할 것 없다. 터닝포인트는 수시로 나타난다

누구나 인생을 살면서 터닝포인트를 맞이하게 된다. 어떤 사람은 취업이 그 역할을 하기도 하고 어떤 사람은 오히려 취업을 하지 못해서 다른 길을 찾다가 전환점을 맞이 하게 된다. 군대가 그 역할을 하는 경우도 있다. 박O준 대리는 '과연 내 터닝포인트는 언제였고 앞으로 어떻게 찾아 올 것인가' 라는 생각을 끝없이 해 보았다고 한다.

"제가 생각하는 터닝포인트는 수시로 나타나고 지금 이 순간도 저에게는 터닝포인트 입니다. 많은 사람들이 매순간 의미를 부여하지 않고 지친 일상에 등떠밀려 살아가듯이 흘러가기 때문에 터닝포인트가 잘 보이지 않을 뿐입니다. 눈을 뜨고 있는 오늘이 가장 중요한 터닝포인트일 수도 있어요.

제 친구들은 S사에 가고 저는 사람들이 알아주지 않는 작은 IT업체에 취업했을 때에도 저는 크게 좌절하지 않았어요. 지금 결과적으로 남부럽지 않은 금융회사에 다니고 있잖아요. 하지만 이것이 큰 성공이라고 생각하지는 않아요. 인생에서 좋고 나쁜 일은 언제나 반복해서 일어나니깐요. 증권사에서 크게 성공해서 수백 억의 부를 축적한 경우도 봤지만 오히려 증권사에 취업한 것이 나중에는 '재앙'이 되는 경우도 봤습니다. 투자를 잘못해서 혹은 위험성 있는 상품 때문에 직원들이 큰 손실을 입는 경우도 종종 있어요.

중요한 것은 언젠가는 오게 될 '터닝포인트'를 염두에 두고 가능성을 믿고 정진하는 것이죠. 내가 살아있다는 말은 무엇이든 할 수 있다는 가능성을 갖고 있다는 말입니다. 그렇기 때문에 저는 지금도 어떤 상황이 되어서 다시 이직을 하거나 개인 사업을 해야 하는 상황이 온다고 해도 그 순간을 새로운 터닝포인트로 반갑게 맞이할 준비가 되어 있습니다."

성명 : 이○환 대리
직장 : 금강제화
학교 : J 대학 졸업
커리어 패스 : 금강제화 영등포 본점 → 명동점 → 법인영업팀 대리

면접 시 '근거 없는 자신감'이 도움이 될 때가 있다

"시험에서 한 문제라도 더 맞기 위해 시험지를 나눠주는 순간까지 책을 보며 외웠지만 막상 시험지를 받으면 백지처럼 머리가 하얗게 되어버리는 허무함을 느껴본 적이 있으신가요? 면접을 볼 때면 제가 항상 그랬어요. 4년간 뭔가 열심히 했는데, 면접만 들어가면 머리 속이 하얗게 되어 버리더라고요. 그렇게 수 개월을 반복하다보니 이젠 잃을 게 없다는 생각까지 들더군요. 잃을 게 없다고 생각하고 나니 두려움이 없어졌어요."

이○환 대리는 이제 더 이상 잃을 게 없다고 생각할 때에야 비로소 두려움이 없어졌다고 한다. 면접 때 대체 뭘 믿고 그렇게 당당했는지 지금도 의문이라고 했다. 하지만 분명한 사실 하나는 면접관이 던지는 질문에 대해서 한치의 가감없이 솔직하게 대답했다는 것이다. 영업직을 뽑는 케이스였기 때문에 이것이 통했던 게 아니었을까? 회사마다 약간의 차이는 있겠지만 일반적으로 영업직군은 특출난 지식이나 뛰어난 학벌 보다는 임기응변, 당당함 그리고 본인 고유의 '끼'가 더 중요한 평가포인트이기 때문이다.

영업직을 택한 것은 탁월한 선택이었다

이○환 대리는 공부를 잘 하는 학생은 아니였다. 하지만 단체활동을 하면서 본인의 역할을 소홀히 해 본 적은 없다고 한다. 대학시절에는 동기들과 시간을 보내면서 항상 추진력있게 모임을 형성하고 운영에 참가하는 학생이었다. 지금도 대학시절 선후배들과의 끈끈한 인연이 힘이 되곤 한다고 한다. 그 당시에 열정적으로 보냈던 시간들이 축적되면서 이제는 어떤 상황에서도 당황하지 않고 기죽지 않는 사람이 될 수 있었다고 한다.

"사실 주변을 보면 입이 벌어지는 학벌과 직장을 가졌음에도 불구하고 적응하지 못하는

친구들이 많아요. 지금 이 순간에도 회사에서 경쟁력을 가지지 못해 이직을 고민하는 동료들이 있고, 단두대에 목을 내놓고 있는 심정을 가진 사람들이 즐비합니다. 그들에게 부족한 게 무엇일까요? 오히려 화려한 스펙이 그들의 발목을 잡고 있는 건 아닌지요? 물론 스펙도 좋은 사람이 열심히 해서 성공 가도를 달리는 사람도 있지요.

영업은 노력한만큼 가져가는 것이라고 생각해요. 일의 결과가 바로 숫자로 드러납니다. 어떤 이들에게는 이런 사실이 무척이나 매력적인 무기가 될 수 있고, 또 어떤 이들에게는 삶을 압박하는 짐이 될 수도 있어요.

입사 후 처음 1년은 트레이닝 기간이었다고 생각해요. 그 이후 실적에 대한 압박을 받기 시작하면서 저는 만나는 모든 사람은 고객이라는 생각을 하게 되었어요. 무조건적인 구매를 강요했다면 지금의 저는 없었을 것입니다. 진심은 통하잖아요? 저는 최대한 많은 사람들을 만나고 이야기를 듣고 진심으로 다가섰습니다.

저의 경우에는 유독 신규거래처를 찾아다니고 발품파는 것을 중요하게 여기고 있습니다. 물론 기존거래처를 제대로 유지하기 위해서 들여야 할 노력은 말할 것도 없겠지만, 신규 거래처를 확보하는 것이야 말로 경쟁력을 갖출 수 있는 방법이라 생각해요.

저는 '사람이 하는 일은 반드시 답이 있다'라고 생각합니다. 처음에 어려웠던 일들도 고민해보고 실제로 부딪혀 보면 해결책이 생긴다는 것을 몸으로 깨닫게 되었어요. 영업은 몸으로 부딪혀 보고 터득하는 일인 것 같아요. 일년 이상 현장을 절박한 심정으로 경험하고 나니 이제는 어떤 상황에서도 당황하지 않고 매사에 도전정신을 가지고 살 수 있게 되었습니다.

이제는 이런 경험을 토대로 제 자신의 사업을 해도 성공할 수 있다는 자신감이 생겼어요. 제가 만약 제약회사에 연구원으로 취업을 했다면 퇴직 후 무엇을 할 수 있을지 막막할 것 같기도 하고 비즈니스 감각도 부족했을 것 같아요. ≪부자아빠 가난한 아빠≫의 저자 로버트 기요사키도 성공을 하기 위해서는 '영업을 반드시 해 보아야 한다'라고 했잖아요? 유수의 기업에서 CEO자리에 오른 사람들 중에도 영업맨 출신이 많다는 데서 저는 제가 하고 있는 일에 자부심을 갖고 최선을 다하고 있습니다."

'결과는 결코 노력을 배신하지 않는다' 라는 말을 체험하다

이O환 대리가 취업 후 비교적 단기간에 회사에서 인정받을 수 있었던 비결은 일단 취업이 결정되고 난 후에 다른 생각을 안 했다는 것이다. 다른 곳에 원서를 쓰거나 한눈을 팔지 않고 '여기서 인정 받지 못하면 다른 곳에서도 인정받지 못한다'는 마음가짐으로 현재 할 수 있는 일에 최선을 다했다고 한다. 기업에는 많은 부서가 존재하지만 고객을 직접 상대하는 영업만큼은 마케팅과 밀접한 연관이 있다. 이O환 대리는 회사뿐만 아니라 영업사원으로서 자신의 시장점유율을 높이기 위해 무조건 업체를 방문했다고 한다. 남들보다 한 걸음 빠르게 움직였고 더 많이 발로 뛰었다.

"처음 거래처를 찾아가서 물건을 주문해주면 너무나 좋겠지만, 그런 곳은 절대 없어요. 여러 번 문전박대를 당하면서 우여곡절 끝에 겨우 커피를 한잔 마실 수 있고 커피를 마시고 대화를 나누기 시작하면서 상품소개의 기회를 얻을 수 있었습니다. 그렇게 경험을 쌓아가다 보니 나름대로 일을 추진해 나가는 '뚝심'이 생겼고, 이는 매장근무 시에도 고객을 상대하는 저만의 무기가 되었습니다.

매장을 방문하는 고객의 경우 단발성 고객이 될 수도 있고 그렇지 않을 수도 있습니다. 이것은 서비스정신과 연결됩니다. 대부분의 고객은 구매해야겠다는 신발을 정하고 매장에 들어오는 경우가 드물죠. 고객에게 어울릴 것 같은 신발과 고객의 취향을 빠른 시간 안에 파악해서 솔루션을 제시해 주어야만 그 고객은 다시 우리 회사제품을 찾게 됩니다. 저는 이 원칙을 철두철미하게 지키고자 노력했어요. 예를 들어서 여성 패션잡지를 보며 진지하게 연구도 해보고 고객들의 머리색깔을 보면서 매치되는 롱부츠와 플랫슈즈 등을 추천해 보고 그들의 반응을 저만의 노트에 일일이 기록했습니다. 그런 데이터베이스가 쌓이다 보니 제 나름대로의 감각이 생겼어요. 체형과 옷입는 스타일, 느낌만으로도 고객의 성향을 빠르게 파악할 수 있게 되었죠. 어느 순간 제가 어울릴만한 상품을 찾아서 추천해주면 고객들이 열이면 열 모두 다 만족해 하셨습니다. 저를 기억하고 다시 찾아오시는 분들도 꽤 생겼고 일을 하면서 보람도 느끼게 되었어요. 그 결과 전 지점에서 영업실적이 매우 우수한 사원이 되었고 더불어 매장의 매출 역시 증가하여 마침내 본사에 입성할 수 있게 되었습니다. "

사실 요즘 취업을 준비하는 청년들은 영업보다는 관리직을 선호한다. 하지만 영업은 어떤 기업에서든지 가장 중요한 부서로 자리매김하고 있다는 사실을 잊지 말아야 한다. 관리직이 영업에 와서 성공을 하는 케이스는 드물지만, 영업 경력이 있는 직원은 필드경험과 더불어 유연한 인간관계라는 장점을 가지고 있기 때문에 타부서로 발령을 받아 근무해도 성공하는 경우가 많다. 이O환 대리와 같이 자기관리와 부지런함의 자세를 갖기 위해 노력할 수 있다면 영업 직군에의 도전은 인생의 전환점이 될 수 있을 것이다.

성명 : 김O진

직장 : K대학교 대외협력처 교직원

학교 : K대학교 화학과

커리어 패스 : K대학 졸업 → 5개월 취준생 생활 → L상사(2년) → K대학교 교직원

교직원 / 공기업 직원 : 안정적이고 여유롭다

모두들 대기업을 선호하고 지원할 때, 김O진 씨는 교직원을 채용하는 학교만을 검색했다고 한다. 야근과 고된 업무에 따른 스트레스 그리고 40대가 되면 퇴직을 걱정해야 하는 대기업 생활이 그다지 좋아 보이지 않았기 때문이다. 아무래도 교직원은 일반 기업의 직원보다 더 여유로울 수 있고 자기 자신에게 투자할 시간을 가질 수 있다. 김O진 씨는 직장과 삶에 대해서 개인의 행복과 가족의 가치를 더 높게 두며 평생 직장으로써 일과 여가의 조화를 항상 생각했다고 한다.

"일반적으로 기업에 취업한 사람들 대부분이 40~50대에 나옵니다. 그보다 더 심각한 것은 많은 사람들이 평생 본인의 일과 직장에 만족하지 못한다는 사실이고, 또 퇴직 후에도 무엇을 해야 할지 모른다는 점입니다. 제 개인적인 생각이지만 어느 회사에 들어가건 회사에서 일하는 것은 대개 비슷 비슷하다고 생각합니다. 대기업 S사에서 최첨단 제품을 개발하는 포지션에 있다고 대단한 일을 할까요? 아닙니다. 상당부분 반복적이고 생각했던 것과 다른 경우가 많아요. 스펙 괜찮은 친구들이 겉으로 멋져보이는 직업을 선택했다가 일에 치여서 괴로워하며 힘들게 회사생활을 하다가 그만두고 방황하는 경우를 많이 봤어요. 야근에 주말근무가 일상화된 회사가 많습니다. 과연 20년간 이런 생활을 한다면 미래에 내가 무엇을 얻을 수 있겠느냐는 생각을 했어요. 임원이나 사장을 하지 않는 이상 월급을 덜 받더라도 근로 규정을 지키는 좀 더 안정적인 직장에 다니는 경우랑 비교해 봤을 때 무슨 차이가 있을까요? 퇴직할 때 모은 자산이 2억정도 차이 날까요? 결국 35평 아파트에 사느냐 45평 아파트에 사느냐 정도의 차이겠죠. 월급을 조금 더 받으며 야근과 스트레스를 받는 환경에서 평생 직장생활을 한다는 것은 제가 가진 삶의 철학과 맞지 않았어요.

사실 제가 ○○기업에 근무하면서 해외출장을 다닐 때 주변에서 다들 부러워했습니다. 겉으로 보기엔 이름있는 기업에서 외국 출장을 다니며 뭔가 대단한 일을 할 것 같은 느낌? (웃음) 하지만 외국에 가도 놀러가는 것과 일 하러 가는 것은 차원이 다릅니다. 진짜 해외여행을 가고 싶다면 돈을 모아서 휴가를 여유롭게 쓸 수 있는 직장에서 일년에 한 두번씩 여행을 다니는 게 정답이란 생각을 했어요.

제가 취업할 때 사람들이 '겉으로 보기 좋은 직장'과 '입사 요건'에 대해서만 이야기 해주었지 상세한 업무환경 등에 대해서 말해주는 사람이 없었어요. 저도 무조건 남들보기 좋은 직장을 잡으려고 혈안이 되어 있었고요. 제가 지금 교직원으로서 아주 만족하고 있지만 차라리 좀 더 일찍 다양한 근무 환경이나 실제 업무에 대해 알려주었다면 아마 공무원이나 공기업을 준비했을 것 같아요.

저는 과중한 업무 스트레스, 그리고 재벌들의 소모품으로 인생의 대부분을 보내기는 싫었습니다. 진심으로 말씀드리는 것입니다. 저는 자신의 삶을 되돌아 볼 여유조차 없는 일부 기업의 임원들이 전혀 부럽지 않습니다. 학생들을 위해 일하며 캠퍼스의 낭만을 느낄 수 있는 마음의 여유, 그리고 일의 보람까지 느낄 수 있는 지금 직업에 매우 만족합니다."

일반적으로 교수나 교사 등이 안정적이고 명예로운 직업이라면, 교직원은 안정적이고 자기 시간을 제대로 활용할 수 있는 좋은 직업일 수 있다. 근무 지역과 기관(학교)에 따라 편차는 있겠지만 실적의 압박에 시달리는 일반 기업보다는 환경이 좋다.

교직원은 뽑는 인원이 그리 많지 않다. 그만큼 교직원이 되기는 어렵다. 정년이 보장되고 규모에 비해 T/O 자체가 적은 편이기 때문이다. 또한 자리가 생긴다고 해도 같이 근무했던 계약직 직원들, 학교출신 졸업자들을 위주로 선발하기 때문에 비집고 들어갈 수 있는 문이 좁다.

하지만 방법이 없는 것은 아니다. 교직원으로 채용된 사람들을 보면 단순히 대학교를 졸업하고 교직원을 준비해서 들어오는 사람들은 거의 없다. 처음에는 120만원 정도 받고 일하는 사무조교 등에 지원하여 열심히 근무한다. 그리고 주변사람들의 인정을 받은 후에 기회를 얻어 정규직으로 전환하는 경우가 많다.

그렇다면 교직원으로 채용되어 일하고 있는 사람들의 특성은 무엇일까? 과연 어떤 사람들이 적합할까? 실제로 교직원 채용을 담당하는 사람들의 말을 빌려보면 교직원에 가장 적합한 사람은 인성이 좋은 사람이라고 한다. 솔직히 '인성 좋은' 이라는 말에 수긍이 안 가기도 한다. 왜냐하면 모든 조직에 있는 채용담당자들이 한결같이 주장하는 내용이기 때문이다. 하지만 그 뒷이야기를 들어보면 공감할 수 있을 것이다.

일반적으로 교직원은 일반기업에 종사하는 사람들과는 다르게 별 다른 큰 잘못이 없으면 정년을 보장받는 사람들이다. 일정 근속연한이 되면 직무이동이 발생하기 때문에 부서 내는 물론 타 부서 교직원들과 좋은 유대관계를 오래 맺을 수 있는 사람들을 최우선순위로 생각하는 것이다. 그렇다면 교직원을 비롯한 비교적 안정적인 직종에 몸담게 되었을 때 단점은 무었일까? 김O진 씨는 교직원 및 공무원이 되기를 갈망하는 사람들에게 이런 조언을 했다.

"대다수 사람들이 안정적인 업무와 만족스러운 급여를 원하겠지만 그것보다 더 중요한 것은 본인의 꿈을 찾는 일이라고 생각해요. 안정적인 삶이나 직종에 몸담고 있다면 언젠가 무기력함이 찾아 올 수도 있어요. 저도 이런 부분이 염려되긴 합니다만 사람은 본능적으로 성장과 도전의 캐릭터를 가지고 있기 때문에, 무기력함을 상쇄시킬 수 있는 자기 개발을 하나 둘 준비할 필요가 있다는 생각을 해요. 그것이 무엇이 되든 자기 안에 열정의 주머니를 반드시 만들어 두길 바랍니다."

교직원 합격 노하우

1. 인맥, 동문회 등, 다양한 루트를 활용하라
2. 성실함과 학교에 대한 애정이 중요하다
   (ex) 학교 행사 참여, 동문회 활동 등
3. 수시채용 등 각 학교마다 채용 절차가 다르다
   → 채용공고를 열심히 모아두는 것이 중요

생명보험협회 채용공고 예시

모집부문	인원	지원자격
대졸 (정규직)	0명	– 4년제 정규대학 졸업자 및 2015년 2월 졸업예정자 – 지원서 제출 시까지 전 학기 평점이 평균 B학점 이상인 자 – 남자의 경우 병역필 또는 면제자 　※ 복무 중인 자는 2014. 12. 31. 이전 전역 가능한 자
고졸 (정규직)	0명	– 상업계열 특성화 고등학교 졸업자 및 졸업예정자 　※ 상업계열특성화 학과를 운영하는 일반고등학교 포함 – 우수졸업자로서 해당학교 동일 전공 학과 내 전 학년 종합 내신등급이 　3등급 이상인자

성명 : 강ㅇ석
직장 : S 그룹
학교/ 전공 : ㅇㅇ대학교 ㅇㅇ과
커리어 패스 : D대학 졸업 → 고시 생활 6개월 → S기업 합격
토플 / 토익 : 토익 810

고시생활의 끝에 찾아 온 한 줄기 빛

전문직은 예나 지금이나 정년이 없고 꽤 만족스러운 보수를 보장해주는 편이다. 그렇기 때문에 경쟁이 치열하고 합격하기가 어렵다. C대학교에서 회계를 전공한 강ㅇ석 씨는 대학교 시절 경영학과의 꽃이라고 불리는 회계사가 되기 위해 공부를 시작했다. 1년 정도 열정을 불태웠지만 수많은 경쟁자들 틈바구니에서 합격이라는 선물은 쉽사리 주어지지 않았다. 선택의 기로에서 강ㅇ석 씨는 시간을 더 투자해야 할 것인가 아니면 늦은 나이를 감안하여 취업전선에 뛰어들어야 할 것인가를 놓고 고민을 거듭했다. 결국 취업을 하기로 마음 먹게 된다.

그는 우선 기업을 정하기 이전에 본인이 강점을 가지고 있는 회계파트를 중심으로 지원서를 작성하였다. 회계사라는 타이틀을 거머쥐지는 못하였지만 1년 간의 집중적인 공부와 관련 자격증 획득 등의 옵션은 취업시장 경쟁자들 사이에서도 충분히 돋보일 수 있는 옵션이었다. 그렇게 원서를 쓰면서 공부할 때의 힘들었던 점과 본인이 가지고 있는 회계지식을 어떻게 사용할 것인지 조리있게 이야기함으로써 원하는 기업에 당당히 입사할 수 있게 되었다.

입사 후 2년정도 지나 강ㅇ석 씨에게 "당신한테 1년간 회계사를 준비했던 시간은 어떤 의미입니까?" 라고 물어보았다. 그러자 그는 "내가 무언가를 할 수 있게 만들어 준 고마운 시간이었다." 라고 이야기하였다. 인터뷰가 끝나고 강ㅇ석 씨는 전문직을 준비하는 학생들에게 다음과 같은 따뜻한 조언을 아끼지 않았다.

"대다수의 장수생들이 가지고 있는 두 가지의 환상이 있다. 첫째, 전문직에 대한 막연한

환상이다. 전문직이 되면 모든 게 끝나는 줄 굳게 믿고 있다. 사실 세무사에 합격을 해도 요즘에는 신입사원들이 받는 연봉 그대로 받고 입사하는 경우가 많기 때문에 기회비용이 너무나 크다. 둘째, 전문직을 준비하다 취업전선에 뛰어들면 패배하는 것으로 단정짓는다. 사실 전문직도 돈을 벌기 위한 수단인데 이러한 생각은 분명 오해이며, 본인은 물론 가족들까지 힘들게 할 수 있는 생각이다.

인생은 오기로 살아지는 것이 아니기 때문에 본인이 현재 위치에서 할 수 있는 것이 무엇인지 냉철하게 생각해 볼 필요가 있다. 내 인생을 남에게 보여주기 위한 인생이 되는 순간 미래를 위해 공부하는 것이 아니라 단순히 합격만을 위해 공부하는 것이 된다.”

성명 : 김ㅇ건
직장 : D그룹 IT영업 파트
학교/ 전공 : 서울 소재 중상위권 대학교
커리어 패스 : ㅇㅇ대학 졸업 → 2년 간 취준생 → D그룹의 IT영업 파트
토익 : 910
학점 : 3.84/4.3

"취업고시, 그야말로 고시생!"

김ㅇ건 씨의 생활을 단적으로 대변해 주는 말이다. 그만큼 김ㅇ건 씨한테 취업은 마치 고시처럼 굉장히 힘들고 지루한 싸움이었다. 학교도 서울 소재 4년제 대학을 나왔고 학점도 3점 대 후반, 토익도 900이 넘는데 무엇이 문제였을까? 인터뷰를 마치고 나서 필자가 느낀 점을 한마디로 요약하자면, 김ㅇ건 씨는 자신의 강점과 약점을 제대로 파악하지 못하고 있었다는 사실이었다.

누가 보아도 이 사람의 강점은 사람과의 효과적인 의사소통을 통해 사람의 마음을 움직이는 영업파트가 적격이라고 생각하는데, 정작 당사자는 인사나 전략 파트에 취업하기를 고집하고 있었던 것이다.

사실 이 세 파트 모두 영업활동을 통해 해당회사가 어떻게 수익을 창출하는지 그 과정에서 문제점은 없는지 어느 정도 파악을 한 후에 경험하는 것이 훨씬 효과적인데, 쉽게 말해서 그는 마치 외골수라는 생각마저 들었다. 많은 학생들이 이런 부분에 대해 잘못 생각하는 경향이 있다.

취준생들은 어느 기업이든 본사에 입사하는 것이 진정한 취업의 성공이라고 생각하는 경향이 있다. 사실 제약업계만 하더라도 본사의 관리파트로 신입사원이 입사하는 경우는 거의 드물다. 대부분 영업으로 채용되어 실무경험을 하게 하고, 직원들이 어떤 파트에 적합한지 판단한 후에 적합한 부서 및 보직으로 배치하는 경우가 일반적이다.

모든 기업이 그런 것은 아니지만 대부분 인사파트는 회사의 실정에 대해 어느 정도 아는

사람을 선호하고 그런 사람을 찾으려 하다 보니까 기업 내부에서 순환보직으로 돌리는 경우가 대부분이다. 하지만 김O건 씨는 이러한 정보 없이 본인이 추구하는 업종과 보직만 지원해 왔던 것이다. 결과는 자명했다. 그래도 '까짓 것 한 군데 안 되겠냐?'는 안일한 생각은 취업고시로 가는 지름길이다. 그렇다면 김O건 씨에게 가장 필요한 것이 무엇이었을까?

저자는 김O건 씨를 인터뷰 하면서 자신의 강점 및 성향을 가장 잘 어필할 수 있는 업종을 그룹핑한 후에 해당 기업에서 선호하는 인재상을 파악하고 어떻게 수익을 창출하는지에 대하여 공부해 보라고 조언하였다. 어떤 부서를 지원하던지 어차피 기업의 인재채용 포커스는 잠재적으로 기업의 성장에 도움이 될 만한 사람을 찾아내는 것이기 때문에, 결국에는 수익창출의 흐름을 알고 있는 사람일수록 더 유리하다. 그렇게 본인만의 기업분석노트를 작성해 나가면서 김O건 씨는 이런 이야기를 하게 된다.

"업종에 상관없이 자신이 관심을 가져왔던 인사나 전략파트도 기업이 어떻게 수익을 창출하고 유지하는지 파악하고 나니 어떤 방식으로 접근해야 할지 알게 되었어요. 예를 들어 3년째 주요 사업에서 매출적자를 경험하고 있는 기업에서, 면접을 보며 기업의 성장전략에 대해 원칙대로만 이야기 한다면 면접관들의 반감을 사서 탈락하고 말겠죠. 기업의 경영 전략에 대해 정리하면서 저에게 맞는 기업에 대해 깊이 있게 고민할 수 있는 기회를 갖게 되었어요."

김O건 씨는 작년 하반기 공채시즌이 끝나갈 무렵 어렵게 D그룹의 IT영업 파트로 취업에 성공하였다. 생각해 왔던 연봉보다는 약간 낮은 수준이지만 본인이 희망하던 기업 중 하나였고 직무순환이 비교적 자유로운 기업이기에 현재 만족하며 다니고 있다.

SNS활용 취업, 파워블로거, 페이스북 활용

얼마전 S기업 경제연구소에서 발간한 연구자료 중에 SNS를 활용해 인재채용을 하는 기업들에 대한 내용을 접한 적이 있다. 왜 이런 상황이 도래하게 되었을까? 과거 직접 이력서를 들고 뛰어다니던 시대에서, 이제는 인터넷이 발달하면서 취업에 있어서도 새로운 패러다임들이 나타나고 있다.

기업은 취업에 관련하여 어떻게 SNS를 활용할까? 가장 먼저 지원자의 인간관계에 대해서 파악할 수 있다는 장점이 있다. 물론 100% 신뢰할 수 있는 자료는 아니지만, SNS를 통해 지원자가 어떤 평판으로 살아가고 있는지 등을 살짝 엿볼 수 있다. 최근까지도 SNS는 기업의 홍보수단, 소통수단 그리고 뉴스를 발빠르게 얻는 최고의 특파원 역할을 하기 때문에 이 말은 설득력이 있다. 실제로 많은 기업에서 SNS에 능통한 인재를 선호하면서 관련 부서도 신설하는 등 재미있는 상황이 연출되기도 한다.

특히 요즘은 파워블로거들의 활동이 활발하다. 제각기 다루는 주제나 관심있는 분야는 다르지만 꽤 괜찮은 정보들이 오가는 가상공간이라 생각된다. 어쨌든 그런 파워블로거들 중에는 대학생들도 상당수 해당된다. 주로 책, 영화, 음악 등 엔터테인먼트 문화와 관련 분야에 관심이 많다는 특징이 있는데, 그들 중 많은 수는 실제로 관련업계의 취업에 성공하고 있다.

어떤 경쟁력이 있어서 그럴까? 위에서 언급한 책, 영화, 음악 등은 홍보가 굉장히 중요한 역할을 차지하고 있다. 그리고 파워블로거로 활동했던 사람들의 경우 소중한 정보를 가공해서 읽기 좋게 만들어 내는 능력을 가지고 있다. 그렇다면 기업과 파워블로거들의 이해관계는 쉽게 성립된다. 기업은 홍보에 능통한 파워블로거를 원하고, 대학생 파워블로거들은 안정적인 직장을 원하는 공생의 관계가 성립되는 것이다.

SNS 활용 취업 사례

D대학에 다니던 장O연 씨는 어려서부터 영화보기와 독서를 좋아했다. 대학에서 취업을 준비하면서 이왕이면 본인이 좋아하는 영화나 미디어 업종으로 갈 수 있었으면 좋겠다는 생각을 하였다. 그리고 꾸준히 자신이 보았던 영화와 책들을 블로깅하여 개인블로그에 포스팅하였다. 네이버 블로그에 조금씩 올리던 그녀의 글과 사진들은 그렇게 뛰어나게 눈에 띄거나 재미있는 것은 아니었지만 매일 매일 작은 분량들이 조금씩 누적되자 블로그 방문자도 늘어났다. 마침내 파워블로그까지는 아니더라도 일방문자 수가 80~200명을 꾸준히 넘나들게 되었고 운이 좋은 경우에는 1,000명 이상을 기록하기도 하였다. 이 정도면 상당한 영향력을 행사할 수 있는 파워블로거의 조건이 갖추어진 셈이다. 업무와 관련된 관심분야에 대한 글을 꾸준히 올리고 블로그를 관리했다는 점은 면접관에게 '열정있는 지원자' 라는 이미지를 심어주었고, 그 결과 인턴에 당당히 합격하여 지금은 국내 메이저급 영화잡지의 기자로 활동하고 있다.

파워 블로거가 되는 가장 쉬운 방법

1. 일일 방문자 200명 정도는 누구나 할 수 있다: 관건은 꾸준한 관리다

네이버나 다음 블로그를 활용하여 2~3일에 한 번 정도 글을 꾸준히 올리기만 한다면 2~3달 만에도 200명의 방문자는 달성가능하다. 특히 사회적 이슈가 되는 글과 검색어 상위에 올라온 것과 관련된 글을 올려주면 방문자는 금세 늘어난다. 그러나 문제는 지속성 여부이다. 즉, 특정 주제로 꾸준한 관리가 가능한가이다. 관심분야에 대해 간단하게나마 꾸준하게 글을 쓸 수 있고 블로그 관리(댓글달기, 꾸미기)가 가능하다면 누구나 명함을 내밀 수 있을 정도의 블로거는 될 수 있다.

일단 블로그를 시작하라. 어떤 글이라도 좋다. 네이버나 다음, 티스토리에서 '블로그 개설'을 클릭한 후 나에 대한 소개 그리고 짧은 글과 사진부터 올려보자. 그것이 파워블로거가 되는 첫 단계이다.

2. 진짜 나의 관심분야를 올려라

나의 관심분야가 아닌 분야(예를 들어 경제나 기업)에 대해서 단지 취업이나 어떤 단편적인 목적을 위해 블로그를 한다면 흥미를 잃기 쉽다. 진짜 나의 관심분야를 올려야 탄력이 생기고 지속적인 포스팅을 할 수 있다. 영화에 관심이 있다면 영화를, 혹은 맛집에 관심이 있다면 맛집을 올려라. 비록 한 관심분야에 있어서 파워블로그가 되었다고 해도 이를 적극적으로 활용할 수 있다.

일반 기업의 법인영업파트나 은행업종의 PB에 지원했다고 생각해보자. 면접관 앞에서 "영업(PB)에 있어서 성공을 위해서는 인간적인 유대와 매력이 바탕에 있어야 한다고 생각합니다. 저는 일 방문자 300명의 파워 블로거로서 고객에게 취향에 맞는 고급 맛집 정보를 제공해 줄 자신이 있습니다. 그리고 블로그 이웃을 통해 신규고객을 창출할 수도 있습니다. 이는 골프를 좋아하는 고객에게 골프를 통해 영업을 하는 것 이상의 영업적인 능력이 있는 것과 마찬가지 입니다." 라고 스스로 자신있게 말할 수 있는 자산을 갖게 되는 것이다.

3. 멀티는 필수다: 트위터, 페이스북 병행으로 날개를 달라

트위터와 페이스북을 동시에 병행해야 한다. 블로그 포스팅을 트위터와 페이스북에 연동되게 설정해 놓는 것은 내 글의 더 다양한 채널에서의 노출을 가능하게 해 준다. 페이스북은 인간관계를 확장시켜주는 좋은 툴이다. 여기에 깊이 있는 컨텐츠를 다룰 수 있는 블로그가 병행된다면 나의 관심분야와 전문분야에 인맥의 확장까지 가져올 수 있다.

4. 벤치마크를 지속하라

파워블로거들의 블로그와 포스팅 방법을 꾸준히 보는 것은 큰 도움이 된다. 패션과 마찬가지로 블로그나 SNS에서도 '유행'이라는 것이 있다. (ex. 블로그 대문을 꾸미는 방법 등)

5. 검색엔진에 최적화된 조합을 올려라

글이 너무 짧아서는 안 되며, 한 포스팅에 이미지가 2~3개 이상은 들어가야 검색에 걸릴 확률이 높아진다. 각 검색엔진마다 블로그를 검색하는 로직은 다르며 알기 어렵다. 하지만 경험상 이미지와 글의 적절한 조합, 그리고 빈출 검색어의 노출(포스팅 글에 최근 빈출 검색어를 포함시키는 것)을 병행하면 블로그 방문자 수를 증가시킬 수 있다.

성명 : 채정욱

직장 : TOEFL/GMAT강사

학교/ 전공 : K대학 경영학과 졸업

커리어 패스 : 삼성테스코 근무 → 학원강사

진정 나에게 어울리는 길을 찾아 가다

안정적인 길보다는 '학원'이라는 곳에서 자신의 능력에 따른 보상을 받는 이들이 있다. 어떻게 생각해 보면 '학원강사' 라는 직업만큼 불안한 직업도 없을 것이다. 오로지 본인의 능력, 지명도 그리고 학원의 규모 등에 의해 수입이 결정되는 것이다. 그렇기 때문에 더욱 치열하고 일정 위치에 올랐을 경우 보상 또한 크다.

학원강사들은 30대 초~중반에 최고의 정점을 달리는데 상위 1% 강사의 경우 연봉이 2~3억에서 경우에 따라서는 10억 이상 가는 스타강사도 있다. 이것은 마치 프로 운동 선수들의 세계와 같다. 끝없는 자기 계발과 노력으로 본인을 차별화시키고 경쟁력을 높인 결과이다.

다수의 학원 강사는 틀에 박힌 직장보다는 개인의 시간이 자유롭고 본인의 창의성을 발휘할 수 있는 길을 택한 사람들이다. 일반 직장을 다니다가 그만두고 학원강사의 길로 들어선 이들은 나름대로의 이유가 있고, 학원가에서 스타강사로 자리매김 하기까지 우여곡절이 있었을 것이다.

몇몇 스타 강사들과의 인터뷰를 통해 저자는 놀라운 사실을 알게 되었다. 그들 중 대다수가 국내 굴지의 대기업에서 근무한 경험이 있었다는 사실이다. 하지만 대기업에 들어간 이들은 인생에 대한 고민, 삶에 대한 고민에 빠졌다. 즉, 틀에 맞춰진 생활과 삶의 질에 대한 고민을 하기 시작한 것이다. 그들은 대기업의 부품으로써 정해진 틀 안에서 평생을 생활하기를 거부하고 자신만의 방식으로 성공했다. 이제 그런 길을 찾아 나서서 성공한 사람의 이야기를 들어 보자.

프로로서 자신의 한계를 뛰어넘어라!

　이제는 GMAT영어(미국 MBA 입학에 필요한 시험)의 대표강사로 자리매김한 채정욱 선생님(이하 야채샘)의 경우도 사회생활의 시작은 대기업이었다, 그것도 글로벌 기업의 젊은 과장으로 미래도 밝은 편이었다. 그렇게 직장생활을 해 오면서 경쟁력을 갖추기 위해 MBA에 도전하게 되었고, MBA의 입학에 필요한 스펙들을 갖추어 가기 시작했다. 여기에는 GMAT 혹은 GRE 점수, 에세이, 추천서, 성적표와 같은 준비자료가 많은 편이다.

　야채샘은 기본적인 입학조건인 영어점수를 만들기 위해 GMAT을 시작하게 되었고, GMAT영어를 공부했던 학생에서 선생님이 되었다. 하지만 학원강사 생활이 국내 대기업에서의 처우보다 좋았을까? 물론 처음에는 그렇지 못했다. 학원가는 몇몇 스타강사들에게만 학생들이 몰리는 경향을 보인다. 그렇기 때문에 희망찬 꿈을 안고 학원가에 무작정 입성한다면 이전 직장이 생각날 수밖에 없다. 그렇다면 야채샘은 어떻게 이러한 상황을 이겨내고 최고의 자리에 오를 수 있었을까?

　학원 강사는 개인 브랜드 이미지 구축이 굉장히 중요하고 그것이 개인의 벌이를 좌우하는 직업이다. 그렇기 때문에 단순히 지식 수준이 높다고 해서 성공할 수 있는 구조가 아니다. 나의 지식을 과시하는 것이 아니라 어떻게 하면 쉽게 설명하고 이해하게 만들것인가에 초점을 두는게 중요하다. 다시 말해, 배우는 학생의 관점에서 보는 것이 성공의 열쇠라는 말이다. 하지만 막상 학생들을 가르치면 왜 이걸 모르지? 라는 생각도 들기 마련이고, 자신의 관점에서 수업을 진행하게 된다.

　대한민국 20대라면 최소한 한두 번은 응시해보았던 토익을 사례로 들어보면, 사실 학원의 강의나 교재의 내용은 거의 다 비슷 비슷할 수 있다. 하지만 강사들이 가지고 있는 스킬과 고득점을 올리게 해주는 비법은 강사들마다 다르다. 학생들은 특별한 무엇인가를 가지고 있는 강사들에게 자연스레 몰릴 수밖에 없다. 그렇다면 야채샘은 어떻게 자신만의 영역을 구축했고 최고의 자리에 오를 수 있었을까?

　첫 번째로는 강의에 대한 열정이다. 일례로 그는 정규수업이 세 시간이라도 학생이 내용을 이해하기 전까지는 수업을 끝내는 경우가 없었다. 그 과정에서 지식을 전달하는 야채샘이나, 지식을 습득하는 학생 모두 보람을 느낄 수 있었다. 물론 이는 중고등학교나 대학교에서는 상상할 수도 없는 상황이다. 선생님이 가르치고자 하는 열정을 가진다면 공부를 하기 위해 모인 학생들은 플러스 알파의 능력을 발휘하게 된다. 그 과정에서 끈끈한 유대관계가 형성될 수 있고 결과적으로 WIN-WIN의 형태가 될 수 있다.

두 번째로는 빠른 피드백이었다. 그것은 야채샘이 GMAT을 공부하는 학생들을 돈을 버는 수단이 아닌 함께 발전하는 동반자로 여겨왔기 때문에 가능했다. 그는 수년 전부터 네이버에 GMAT 카페를 개설하여 본인의 학생이 아니더라도 GMAT을 공부하는 학생들에게 도움을 줄 수 있는 정보를 제공해 왔다. 물론 GMAT수험생들의 사소한 질문에도 성심 성의껏 답변해주는 열의를 보여왔다. 그 결과, 학생들은 온라인 상에서부터 야채샘을 신뢰하기 시작했고, 독학으로 한계에 부딪쳐 학원을 찾을 때에는 자연스럽게 야채샘을 찾게 되었다.

이러한 사례를 통해 야채샘은 뛰어난 강의실력과 더불어 학생들을 진심으로 위하는 자세를 통해 학원가에서 승승장구 할 수 있었다. 스펙을 뛰어넘는 차별화된 능력은 그가 발상의 전환에서부터 시작된다고 생각한다. 지금 이 순간에도 인생의 다양한 성공 루트에 대해 고민하는 사람이 있다면 본인만의 무기를 반드시 준비하기를 바란다.

> **Tip 억대 연봉은 기본인 스타 강사들의 공통점**
> 1. 강의를 통한 지식전달에 대한 욕구를 즐긴다.
> 2. 쇼맨쉽과 전달력 – 같은 말을 해도 재미있게!
> 3. 동기부여 : 학생들에게 끊임없이 동기부여를 하여 스스로 공부하게 만든다.
> 4. 세심함 : 학생들에 대한 애정과 보살핌.
> 5. 바쁘다 : 만나기 정말 힘들다.

> **Tip GMAT 이란?**
> 미국이나 전세계 유수의 경영 대학원(MBA) 입학을 위해 치르는 시험. 대부분의 학교에서는 GMAT으로 논리적인 사고를 평가한다. TOP 10 MBA School의 경우 일반적으로 700 이상의 성적을 요구한다.

발상의 전환: 경험하기

구체적으로 어떤 업무를 하는 부서인지는 알고 지원하자

적게는 수백 장, 많게는 수천 장의 천편일률적인 내용을 보며 지쳐있을 인사담당자들의 시선을 끌기 위해서는 과연 어떻게 해야 할까? 인사담당자는 지원자가 지원하는 회사와 업종에 대해서 얼마나 알고 고민했는지를 자기소개서의 첫 문단만 봐도 알 수 있다. 그렇게 때문에 가장 먼저 회사가 정확히 무엇을 하는지 알고 지원하는 것이 중요하다. 대학 시절 교수님의 출제의도와 전혀 다른 답을 나름대로 적어낸 학생들은 스스로는 뿌듯하지만, 그들이 받게 되는 학점을 보면 대개 절망적인 경우가 많고 그래서 그 결과를 납득하지 못하는 학생들이 많다.

입사지원서도 크게 다르지 않다. 지원하는 회사에 대하여 정확히 아는 부분을 제대로 적어내는 것이 중요하지, 틀린 정보를 가지고 여러 장 채워봤자 결과는 참혹할 뿐이다. 다시 한번 강조하지만, 회사에 입사지원을 할 때 내가 지원하는 곳이 도대체 무엇을 하는 회사인지 정확하게 알고 지원하는 것이 중요하다. 중요한 부분이지만 많은 지원자들이 간과한다. 미리 준비 못했다면 면접 전날이라도 찾아보고 최소 2시간 이상은 세심히 살펴보아야 한다. 심지어 회사의 주된 수익원(Cash cow)이 무엇인지, 그리고 중점 사업이 무엇인지 모르고 지원을 하는 경우도 있다. 그러한 태도와 지식은 자기소개서와 면접에서 여실히 드러난다.

지원하는 회사의 대표적인 제품 그리고 성공과 실패에 대한 기사 등, 최근 이 회사의 이슈가 되고 있는 모든 사항들에 대해 공부해야 한다. 그리고 여기서 한 걸음 더 나아가 내가 회사에 대해 관심이 있고 잘 알고 있다는 점을 자기소개서나 면접에서 드러낼 수 있다면 더욱 좋다. 그렇게 함으로써 최근 시장흐름에 대해 알고 있는 지원자라는 인상을 심어줄 수 있다.

직접경험이 힘든 환경에서 지원자들은 간접경험으로나마 경험을 해 보는 것이 중요하다. 내가 경험할 수 있는 가능한 모든 업종과 직군에 대해 연구하는 것은 당장 눈앞의 취업뿐만 아니라 인생에 있어서도 정말 중요한 부분이다. 전자업종이라도 많은 다른 업종들과 연관성을 가지고 있기 때문에 되도록 폭넓은 지식을 가지려고 노력하는 것이 중요하다.

지금의 1년이 앞으로의 40년을 결정할 수 있다. 당장 원서를 마구 쓰는 것도 중요하지만 모든 가능성을 열어두고 내 자신에 대해 탐색하며 선배들에게 조언을 구하고 간접적으로나마 경험을 해 보는 것이 중요하다.

경험은 또 다른 기회를 제공한다

경험이라는 것은 커다란 가치를 지닌 시간의 산물이다. 예를 들어, 대기업에 몸담고 있는 사람들은 보다 앞선 프로세스를 익히고 큰 시장과의 거래에서 노하우를 습득할 수 있다. 이를 한마디로 경험이라고 할 수 있는데, 중견기업과 중소기업에서는 경력직을 채용하고자 할 때 유사 직종의 규모가 큰 기업에서 근무한 사람들을 선호한다. 정확히 말하면 그들의 경험과 노하우를 선호한다고 볼 수 있다. 그리고 그들의 그런 자산에 엄청난 금액을 베팅하곤 한다.

이는 금전이 회전하고 있는 모든 곳에서 통용되는 원칙이다. 하지만 여기서 말하는 경험은 단순히 산술적으로 계산되는 시간을 말하는 것은 아니다. 우리 사회에서는 널리 통용되는 경험을 인정하는 기간이 있다. 그 기간이 대략 3년이다. 그 3년이라는 기간을 채우면 어느 정도 해당업무에 대해 기본적인 경험을 하였다고 인정한다는 말이다. 그렇다고 그것이 절대적인 기준은 아니다. 그렇다면 사내 혹은 사외에서 경험과 노하우가 풍부한 사람이라는 말을 듣고자 한다면 어떻게 행동해야 될까?

첫째, 업무에 대해 연구하는 자세가 필요하다. 대부분의 사람들은 할당된 업무를 채우기 급급하다. 그리고 하나의 업무를 완료하는 것 자체에 큰 만족을 느끼는 경향이 있다. 하지만 업무를 단순히 진행하는 것은 진짜 경험이라고 보기에는 무리가 있다. 누구나 보편적으로 똑 같은 경험을 가지고 있는 것이나 마찬가지이기 때문이다. 진짜 경험을 얻고자 한다면 본인의 업무에 대해 연구해 볼 필요가 있다. 불필요한 업무는 통폐합시키고자 하는 노력과 프로세스를 최대한 단순화시키고자 하는 노력이 일차적으로 필요하다. 물론 이 과정에서 많은 난관에 부딪칠 수 있다. 예를 들어 기존 체제에 익숙해져 있는 직원들의 반발이 그런 것이다. 하지만 그런 생각을 가진 사람들을 설득할 수 있는 자세까지도 소중한 업무경험이므로 정말 중요하게 생각해야 한다.

둘째, 자기계발을 철저히 하자. 사실 대학교 전공은 일단 입사 후에는 본인의 입지를 크게 좌우하지는 못한다고 볼 수 있다. 실제로 전공과 유사한 근무를 하고 있다고 하더라도 학교에서 공부한 지식과 기업에서 경험하게 되는 업무와는 다른 경우가 허다하다. 그렇기 때문에 입사 후 업무를 경험해보고 자기계발을 하는 것이 정말 중요하다. 영업업무를 수행하는 경우에는 정확한 정보분석능력, 제품과 시장에 대한 폭넓은 이해력 등이 필요할 것이다. 그리고 이런 능력들은 유사업종 종사자들과의 커뮤니티, 관련 세미나 참석, 제품에 대한 자발적인 공부 등을 통해 지속적으로 개선할 수 있다. 인사업무를 수행하는 경우에는 본인의 기업이 가용할 수 있는 자금의 규모, 유사업종의 인사정책, 기업과 임직원의 특성 등을 명확하게 꿰뚫고 있어야 한다. 그러기 위해서는 업종에 대한 연구가 먼저 필요하다. 3조 규모의 회사와 3천억 규모의 회사의 인사정책이 같을 가능성이 희박하기 때문에, 참고는 하되 본인의 소속회사에 적합한 정책으로 바꿀 수 있는 능력이 필요하다. 전문지식만큼 회사에 대한 이해도 중요하다. 그렇기 때문에 어떤 회사이든지 인사업무를 담당하는 사람들의 경우 타 부서 사람들과 억지로라도 술자리에 동석하고자 하는 노력을 보이고 있는 것이다.

이외에도 다양한 부서들이 있겠지만, 실질적인 자기계발이 필요하다. 점수에 얽매이기보다 실질적인 실력에 목숨을 걸자는 얘기다. 물론 입사를 위해서는 구체화된 점수, 학점, 학벌, 봉사 경력 등 자신을 구체적으로 어필할 수 있는 증거자료들이 필요하겠지만, 일단 입사 후에는 그 기준 자체가 달라진다. 자신이 실제 어떤 사람이라는 점을 어필 할 수 있어야 한다. 시스템에 필요한 것이 무엇인지 발 빠르게 캐치하는 사람이야 말로 회사에서 필요로 하는 사람임과 동시에 시장에서 인정받는 사람이라는 사실을 명심하자.

영업 직군 제대로 이해하기

❖ 기업의 꽃 영업, 붙임성 좋은 사람에겐 기회의 땅이 될 수 있다

기업을 존재할 수 있게 해주는 원동력은 영업에 있다. 물론 관리부서와 생산부서를 포함한 기타부서들 모두 중요하지만, 영업은 그 모든 기업의 프로세스의 일선에 위치하고 있다고 볼 수 있다. 그만큼 기업에서 영업부서에 대한 지원과 거기에 거는 기대는 높은 것이 당연하다. 하지만 취업을 준비하는 학생들 사이에서만큼은 다른 파트에 비해 경쟁이 수월하며 응시자들이 지원하는 데도 차선책 정도이다. 그렇기 때문에 실제 영업직에 합격한 취업준비생들 대다수는 1년이 채 안 되어 퇴사하는 경우가 다반사이다. 왜 이런 상황이 발생할까?

정답은 간단하다. 영업에 적합한 특성을 가진 사람이 아니기 때문이다. 기업은 다양한 특성을 가진 부서와 사람들로 채워져 있다. 똑 같은 기업에 몸담고 있음에도 불구하고, 부서마다 구성원들이 가진 특성들이 다르고, 하는 업무와 요구하는 능력 또한 다르다. 하지만 기업에 지원하는 사람들은 자신이 무엇을 잘 하는지 어디에 강점을 가지고 있는지 생각하지 않고 일반적인 기준에 맞춰서 지원하고 있다. 그렇기 때문에 맞지 않는 옷을 입게 되는 직원들이 많아 지세 되고 이는 직장을 포기하는 원인이 되고 있다. 영업이라는 옷에 적합한 사람은 어떤 사람일까?

대다수의 지원자들의 지원서에서 볼 수 있는 단어인 활발하고 인간관계에 탁월한 사람 그리고 인내심이 강한 사람이 영업에 적합한 사람이다. 그리고 다양한 조직의 일원으로서 경험이 많은 사람이면 더 좋을 것이다. 물론 여기서 말하는 다양한 조직은 빈번한 이직을 말하는 것은 아니다. 영업에서도 B2B(법인영업), B2C(일반소매영업)에 따라 선호하는 인재유형이 다소 차이가 있을 수 있다. B2B의 경우 다루는 금액의 단위가 B2C에 비해 큰 편이기 때문에 위에서 언급한 영업사원으로서 가져야 할 특성에 신중한 업무처리능력이 더해져야 한다.

대부분의 B2B영업은 거래처별로 담당자가 지정된다. 거래처 중에는 고정거래처가 많기 때문에 비교적 안정적인 영업업무활동이 가능하다. B2C는 개인의 노력 그리고 역량에 의해 새로운 거래처를 확보할 수 있는 여지가 많다. 하지만 그만큼 실적압박이 큰 편이고 상대적으로 불안정하다는 단점이 있다.

대표적으로 상품권 영업의 경우, 명절시즌만 되면 실적압박이 상당한 편이다. 개인의 목표치를 정해놓고 그에 대한 실적을 평가하기 때문에 공격적인 영업업무활동이 빈번하게 발생한다.

일례로 직원 개인이 가용할 수 있는 할인 범위가 있는데, 실적을 위해 같은 회사의 직원 거래처에서도 경쟁하는 사례가 발생하기도 한다.

영업직 지원 시 알아야 할 것

영업직을 채용하는 면접에서 심심치 않게 나오던 이슈가 있다. 바로 특정한 물건을 제시하고 그것을 면접관들에게 팔아보라는 미션이다. 대다수의 지원자들은 위의 내용을 미션으로 받았을 경우 굉장히 당황하게 된다. 하지만 정답은 없다. 지원자의 대답에 면접관이 공감할 수 있다면 좋은 점수를 얻을 수 있다. 그렇다면 면접관들은 어떤 기준에 의거하여 지원자들을 바라볼까? 아래 보편적인 선발기준에 대한 프레임이 있으니, 선발기준과 평가내용을 읽어보고 본인에게 부족한 부분이 무엇인지 살펴 보자.

직원 선발기준 Framework

선발기준	평가내용	평가척도
고객지향 측면	자발적으로 고객의 입장에서 생각하고 방안을 찾아내는가?	상 중 하
문제해결 측면	잘 드러나지 않은 핵심이슈를 포착하여 신속, 정확히 응대하는가?	상 중 하
업무정확도 측면	업무에 대한 이해도와 업무처리가 정확한가?	상 중 하
책임의식 측면	고객의 문의에 끝까지 책임지고 응대하는가?	상 중 하
스트레스관리 측면	고객의 불만에도 감정의 기복이 없이 긍정적 태도로 대처하는가?	상 중 하
학습역량 측면	새로운 정보, 지침 등을 신속하게 활용하는가?	상 중 하
학습소통능력 측면	고객의 요구를 정확히 이해하고 알아듣기 쉽게 설명 하는가?	상 중 하

영업직 지원 시 주의점

정규직으로 입사해서 배치받는 경우 외에도 일부 영업직의 경우 월급이 기본급과 성과급 체계로 구성된 경우가 있다. 예를 들어서 일부 자동차나 보험영업의 경우 기본급 100만원에 성과에 따라서 성과급을 받는다. 내가 정말 영업에 소질이 있고 꿈이 있어서 지원하지 않은 경우라면 100만원 이하의 월급을 받고 회사를 수개월 이상 다녀야 하는 경우가 있다. 물론 경우에 따라서는 수천만원의 성과급이 가능한지만 많은 경우 버티지 못하고 퇴사를 하게 된다. 내가 지원한 회사와 직군의 기본급이 얼마인지 그리고 성과급 비율이 어떻게 되는지 꼼꼼히 살펴보자.

영업의 시작은 내부영업이다

개인의 노력여하에 따라 엄청난 성취감을 맛볼 수 있는 직무가 바로 영업이지만, 표면적으로 보여지는 그저 상품을 판매하는 것은 영업의 결과이지 정작 중요한 것은 판매하기 전까지의 영업의 과정이다. 수많은 부서로 구성되어 있는 기업에서 영업은 분명히 가장 우선시 된다. 그렇다고 모든 부서가 효율적인 영업환경을 구축하기 위해 배려하는 것은 아니다. 그렇기 때문에 효과적인 영업활동을 영위하기 위해서는 내부영업이 필요하다.

철강회사에 다니는 김○환 씨의 일화를 들어본다면 왜 내부영업이 필요한 활동인지 조금은 이해할 수 있을 것이다.

2009년도 미국 발 경제위기로 수출이 위축되고, 내수 시장 부진이 지속되던 시기에 김○환 씨는 국내 굴지 철강회사의 영업사원으로 사회에 첫발을 내딛게 되었다. 업무에 필요한 서류를 체크하고 기업이 생산하는 제품에 대한 공부를 하던 중 김○환 씨는 중요한 사실을 알게 된다. 철강업계의 영업사원으로서 갖추어야 할 기본적이고 공통적인 역량이 자사제품과 업무프로세스에 대한 이해라면, 개인의 역량에서 중요한 것은 거래처와의 관계와 동종업계 직원들과의 소통보다도 오히려 사내에서의 본인의 이미지라는 사실이었다.

이때부터 김○환 씨는 영업사원으로서 사내에서 해야 할 기본적인 태도는 물론, 협력부서(생산, 회계 등)와의 원만한 관계를 위해 남들보다 더 많이 움직이기 시작했다. 협력부서에서 요청하는 자료는 남들보다 빠른 시간 안에 피드백 해 주고, 때로는 타 부서의 회식자리에도 참석하여 인간적으로 다가가는 모습을 꾸준히 보인 것이다. 그러자 김○환 씨는 시간이 지나면서 타 부서 사람들에게 긍정적인 이미지를 심어주게 되었고 그의 영업역량은 빛을 발하게 되었다.

거래처를 맡기 시작하면서 발생하는 다양한 문제점들에 대해 협력부서 직원들은 김○환 씨의 일이라면 어떤 방법으로든 도움을 주려고 달려들었다. 예를 들어, 납기가 급한 물량이면 야근을 하면서까지 기한을 맞춰주어 그의 영업에 도움을 주는 것이었다. 결과적으로 자신의 능력과 다른 동료들의 자발적인 영업상의 모든 문제들을 해결할 수 있는 위치에 올라 선 것이다.

그만큼 사내에서의 협조는 대외적으로도 굉장히 중요하게 작용할 수 있다. 관리부서에 근무하고 있는 사람들도 마찬가지이지만, 특히 영업사원의 경우 반드시 회사에서 없으면 안 되는 존재가 되어야만 한다. 동료들조차도 없으면 그만인 존재에게는 협조하지 않는다. 결국 그런 사람은 자기 발로 회사를 박차고 나갈 수 밖에 없는 환경에 직면하는 것이다.

결국 기업도 사람들로 구성되어 있다. 똑 같은 일이라면 내가 호감을 느끼는 사람에게 더 신경써 주는 것은 어찌보면 당연한 일이다. 이는 비단 B2B 영업에서만 발생하는 상황은 아니다. 그렇다면 실제 소비자들에게 직접적으로 영업을 하는 사람들은 어떤 문제점들에 직면하고 있을까?

섬세한 사람이 되는 지름길: B2C 영업사원에 도전!

업종이나 상품의 종류에 상관없이 소비자들에게 물건을 팔고자 하는 사람들이 하는 공통적인 말이 있다. 바로, '고객님에게 잘 어울리는 제품' 이라는 멘트이다. 속된 말로 아무에게나 아무 디자인이 잘 어울린다고 말하는 것이 아니냐? 라고 반문하는 사람들도 많을 것이다. 하지만, 그러한 질문이 무색할 정도로 B2C 영업을 하는 사람들은 소비자들이 좋아할 만한 특징을 포착하고 거짓말처럼 적절한 아이템을 제공해준다.

그렇다면 물건을 사러 오는 직원이 아니고 거래처 등에 방문판매를 하러 가는 영업사원들의 경우는 어떨까? 그런 영업사원들의 경우에는 거래처 사장과 직원들의 취향을 파악하고 본인이 세일즈하고자 하는 제품과는 별도로 기분을 좋게 할 수 있는 무언가를 반드시 제공한다. 심지어는 거래처 업무에 직접적으로 도움을 주고자 노력하는 경우도 있다. 그게 바로 B2C영업을 담당하는 사람들이 반드시 가져야할 특성이다.

과거 '쩐의전쟁'이라는 드라마에서 배우 박신양은 노숙자들 사이에서 돌고 있는 정보를 얻기 위해 실제로 노숙생활을 경험하였다고 한다. 여기저기 귀동냥을 통해 얻은 정보를 통해 연기의 깊이와 방향을 선택할 수 있었지만, 박신양은 상대방의 입장에서 생각하고 행동해야 진심이 통하는 연기가 가능할 것이라고 믿었고 이를 몸으로 실천했다.

영업사원이 되고자 한다면, 또 성공하길 원한다면 이 사례를 가슴속 깊이 담아두고 실천할 필요가 있다. 고객은 직원의 배려에 한번 더 그곳을 찾게 된다. 배려를 하기 위해서는 상대방에 대한 관심이 필요하고 상대방을 관찰하는 것에서부터 시작된다. 또한, 눈 앞에 보이는 고객이 전부가 아니라는 사실을 알아야 한다. 서비스에 감동받은 고객은 다른 고객유치로 이어질 가능성이 매우 높다. 신규고객을 유치했을 때의 그 감동은 직접 경험해보지 못하고서는 말로 설명할 길이 없다. 다른 사람의 지갑이 나에 의해 열리게 된 것이 아닌가 말이다.

위의 사례들은 영업업무에 대한 인식 전환의 계기가 될 수 있을 것이다. 영업업무를 하려면 무조건 술을 잘 먹어야 한다는 편견 등이 그것인데, 1970~80년대 술로 영업하던 시절과 지금의 영업환경은 다르다.

또한 '영업업무는 간이며 쓸개며 다 거래처에 내 주어야 한다?'라며 걱정하는 지원자들이 있다. 하지만 21세기의 영업은 객관적인 데이터와 회사의 강점 등과 같은 정확한 정보를 바탕으로 고객을 설득시키는 형태로 변화하고 있으며, 그 수단이나 방법은 점점 체계적으로 발전하고 있다. 영업의 수단과 질은 시대가 바뀜과 동시에 점점 진화해 나가는데 그럼에도 불구하고 변하지 않는 확실한 한 가지는 바로 '영업은 기업의 꽃'이라는 진리이다.

휴대폰 시장을 예로 들면, 대리점이 없이 휴대폰의 판매가 제대로 이루어 질 수 없다. 인터넷으로 구매가 진행되는 경우도 많지만 아직도 직원들의 설명과 도움에 의해 많은 판매가 이루어지고 있다. 국내 휴대폰 시장이 존재한지 20년이 지났지만, 오히려 고객을 마주하는 영업대리점의 수는 점점 증가하고 있다는 점은 무엇을 말하는가? 기술이 발전하더라도 현장감있는 영업은 여전히 중요한 요소라는 반증이다.

이러한 추세를 반영하듯 최근에는 공학도 출신 CEO들의 증가와 더불어 영업출신 CEO들의 숫자가 점점 증가하고 있다. 그들이 승승장구 할 수 있는 중요한 요인은 바로 현장에 초점을 맞춘 경영을 추구하기 때문이다. 현장을 모르면 어느 타이밍에 어떻게 투자를 진행해야 하는지, 관리와 영업이 봉착할 수 있는 애로사항 등에 대해 적절한 대처를 하기 힘들다. 순간의 선택과 발빠른 대처가 기업의 존폐에 얼마나 지대한 영향을 미치는 지는 실무에 몸을 담고 있는 사람이라면 누구나 공감할 것이다.

일례로 삼성전자의 최지성 부회장은 자동차에 반도체를 싣고 다니며 거래처 사람들을 만나 '디지털 보부상'이라는 수식어도 갖게 되었는데, 그의 이런 현장경험들은 삼성전자가 글로벌 금융위기와 애플과의 특허소송이라는 악재 속에서도 최대실적을 달성할 수 있게 만든 요인 중 하나가 되었다고 볼 수 있다. 만약 최 부회장이 현장경험이 없는 선장이었다면, 과연 그가 여러 가지 악재 속에서 삼성전자가 나아가야 할 방향을 정확히 볼 수 있었을까?

영업은 노크와 벨로 대변된다

"영업은 노크, 벨로 대변된다."

처음 들으면 전혀 이해가 안 갈 수 있지만 실제로 되새겨 보아야 할 말이다. B2B, B2C에 상관없이 결국 고객을 찾아가는 것에서부터 시작하고 끝나기 때문이다. 신규거래처에서 수소문을 통해 우리업체에 견적의뢰를 했다고 생각해보자.

"거기 ○○제약이죠? 제가 지인을 통해서 이번에 남성 기력에 좋은 제품이 출시되었다고 들었는데요. 해당 제품에 대한 세부스펙을 좀 알 수 있을까요? 아! 가격도요."

당신이라면 어떻게 할 것인가? 해당 제품에 대한 스펙, 가격 등을 정성스럽게 기재하여 보내드릴 것인가? 아마 대부분의 사람들이 그렇게 생각할 것이다. 현업에 있는 영업사원들도 비슷한 생각을 할 수 있다.

정답에 가장 가까운 행동은 해당 제품을 가지고 견적의뢰를 한 업체를 '직접' 방문하는 것이다. 영업사원의 행동대처에 따라 고객은 이 기업이 거래를 할 수 있는 기업인지, 단순히 비교견적용 기업인지 나름대로 판단해 버린다. 만약 단 한번의 견적의뢰를 받았는데 직접 찾아가서 해당제품을 보여주고 눈 앞에서 설명해준다면 설득력과 호감도 그리고 신뢰도는 급상승할 수 밖에 없다. 당연히 신규거래처를 획득할 수 있는 가능성이 높아질 것이다. 자신감은 가지되 자존심은 잠깐 내려놓자.

소문으로만 듣던 제약영업: 실상을 들어 본다

- 前 안국약품 윤○민 대리의 사례

제약영업은 취업준비생들 사이에서도 호불호가 명확히 갈리는 직무이다. 그만큼 명확한 장점과 단점이 혼재되어 있다. 가장 큰 장점은 괜찮은 연봉을 들 수 있다. 제약영업의 경우 기본급도 타 업종대비 높은 편이지만 매일 지급되는 영업비용과 직장인들의 로망이라고 할 수 있는 법인카드 등이 지급된다. 그만큼 또래친구들이 부러워할 정도의 수익이 보장된다. 하지만 업무가 힘들다는 단점과 버는 만큼 지출할 수 밖에 없는 다소 벅찬 생활패턴이 있으므로 웬만한 뚝심과 업무에 대한 애착을 가지지 않고서는 힘들다.

대부분의 제약회사는 병원, 약국 등에 회사의 제품을 입점시켜야 하기 때문에 때로는 의사, 약사들에게 소위 '영혼을 파는?' 영업활동을 해야 하는 경우도 존재한다. 하지만 실적을 내는 만큼 많은 보수가 추가로 지급되기 때문에 젊은 나이에 도전해 볼만한 업종이라고 볼 수 있다. 끈끈한 동료애는 제약업종, 특히 제약 영업의 특징이다. 윤○민 대리의 경우 결혼을 준비하면서 결혼식장을 섭외하는 것은 물론 자가를 구하는 과정에서도 회사 동료들에게 큰 도움을 받았다고 한다. 이러한 특성은 같은 업종에서 이직을 하는 경우에도 적용된다.

윤○민 대리의 경우에는 안국약품에서 모시던 팀장님과의 긍정적인 관계를 바탕으로 의원, 병원, 약국 등 다양한 분야를 짧은 시간에 경험해 볼 수 있었고 현재 몸담고 있는 대한약사회에 입사할 수 있는 중요한 기회도 얻을 수 있었다. 영업은 단점만큼 장점도 굉장히 많다. 치열한 시장에서 살아남았을 때의 성취감, 비교적 괜찮은 보수, 광범위한 인간관계 등을 대표적인 장점으로 들 수 있다. 하지만 모든 영업사원이 영업업무의 장점을 느끼지 못하는 현실에서 윤재민 대리는 짧은 기간동안 영업업무의 장점을 두루 경험해 본 케이스이다.

지금은 대한약사회에서 제약회사들과 공동마케팅 방법도 협의하고 제약업계의 발전을 위해 헌신하는 멋진 마케터로 활동하고 있는 윤○민 대리는 앞으로도 고객의 관점에서 생각하는 자세로 업무에 임할 것이라고 당찬 포부를 밝혔다.

기업의 영혼을 파는 세일즈: B2B영업

일반적인 사람들이 영업이라는 단어를 떠올렸을 때 생각하는 것이 대부분 B2C영업이라면, B2B영업은 비교적 안정적인 영업업무를 진행하는 장점이 있다. 모 제약회사에서 3년 정도 B2C 영업업무를 수행하던 김O욱 사원은 작년 초 이직을 통해 B2B영업업무를 수행하게 되었다. 김O욱 사원이 업무를 수행하는 과정에서 가장 놀라웠던 것은 바로 지정된 거래처만 관리를 하면 된다는 사실과, 실적압박이 생각보다 적었다는 점이었다. 물론 실적압박이 적다는 것이지 없다는 것은 아니므로 오해하지 않길 바란다. 특히 B2B는 담당자만 바뀔 뿐 기존 거래처들과의 유대관계는 지속적으로 유지되므로 개인의 잘못에 의해 거래처를 경쟁업체에 뺏기게 되는 경우 회사에서 바로 사안에 대해 확인하게 된다. 그리고 이는 굉장히 큰 문제로 발전할 수 있다.

하지만 B2C는 개인고객들을 주로 상대하기에 거래처를 뺏기더라도 개인의 역량에 의해 컨트롤 할 수 있다는 장점이 있다. 다시 김O욱사원의 사례로 넘어가면, 평상시 사람을 만나는 것을 굉장히 좋아하고 진취적인 업무를 수행하고 싶다는 생각을 가지고 영업에 지원한 김O욱 사원이지만 사실 실적압박의 무게를 견디기는 힘들었다고 한다. 하지만 새로 옮긴 직장에서는 개인별로 관리할 거래처를 할당해주었고 신규거래처를 개척하는 것보다 기존 거래처와의 신뢰를 견고하게 가져가는 것을 중요하게 생각하였다.

우선 실적의 압박이 줄어들었기에 업무 강도에 상관없이 일할 맛이 생겼고 그렇게 2년 정도 시간을 보냈다. 그렇게 시간을 보내던 중 안일한 생각을 했던 것일까? 김O욱 사원에게 위기가 찾아왔다. 고정거래처 A에 넣어야 할 물량을 B업체에 할당하는 큰 잘못을 저지른 것이다. 그로 인해 A업체와의 거래물량이 절반으로 줄어들었고, 회사에서는 안일한 업무태도로 근무에 임한 김O욱 사원의 능력을 의심하기 시작하였다.

B2B영업은 실적압박이 B2C에 비해 적은 편이지만, 담당자의 업무미숙으로 인한 실수는 기업 전체에 치명적인 타격을 줄 수 있다는 점을 김O욱 사원은 간과했던 것이다. 어느 업종이나 마찬가지이지만 기존거래처를 경쟁업체에 빼앗긴다는 것은 아주 큰 의미를 지닌다. 특히 진입장벽이 높은 철강, 조선, 건설 등의 업종들은 진입장벽이 높기 때문에 신규거래처에 대한 공격적인 투자보다는 기존거래처와의 견고한 관계를 우선으로 여기는 편이다.

결국 이 일이 있은 후 김O욱 사원은 달라진 시선에 적응하지 못하고, 아무런 대책없이 사직

서를 제출하기까지 이른다. 여기서 얻을 수 있는 가장 큰 교훈은 어떤 직무에 몸을 담고 있던지 간에 직무 특성을 명확히 이해하고 있어야 한다는 사실이다. 이전 직무의 단점의 무게를 견디기 힘들어 타 직무로 전환하는 경우에는 반드시 사전에 해당 업무의 특성을 이해하고 더욱 신중하게 대처해야 한다.

관리파트는 기업의 실적에 직접적으로 연관이 있는 영업파트와는 달리 단기적으로는 잘하든 못하든 크게 표시가 나지 않는다. 그렇다고 직무의 특성을 파악하지 않고 그저 현실에 안주하려 한다면 이 분야에서도 역시 성공하기는 어렵다.

★스펙을 뛰어넘어★ 선배들의 TALK about 영업

읽어봐야 할 책 ≪배려 : 마음을 움직이는 힘≫ – 한상복
≪잘 나가는 영업사원의 남다른 다이어리≫ – 한서보라

선배들의 변 "내성적인 사람은 하지마."
"진정한 회사의 핵심이지."
"생각보다 돈 많이 벌 수 있어."
"을의 고뇌를 아느냐?"
"술 좋아하면 할만하다."
"몸 축난다."
"어떤 영업이냐가 중요하지."
"다시 태어나면 '갑' 할래."
"난 사무실에 박혀있는 것 보다 돌아다니는 게 좋아."
"진상고객 만나면 욕나온다."
"리테일 보다 법인 영업이 더 좋다."
"법인 영업이 더 힘들던데?"

"빛나는 것이 모두 금은 아니다."
— 라 퐁테느

Part III

스펙을 뛰어넘어,
올바른 업종 선택하기

"All that glitters is not gold."
- La Fontaine

왜 업종을 생각하고
입사원서를 써야 하는가?

앞선 내용들에서 업종이라는 단어를 많이 사용했었던 것 같다. 그렇다면 업종은 무엇일까? 업종은 일반적으로 수익을 창출하기 위해 어떤 수단을 이용하는 지에 따라 구분된다고 생각하면 된다. 돈을 가지고 돈을 버는 업종의 경우에는 금융권, 무언가를 제조하여 수익을 창출하는 업종은 큰 범주안에서 모두 제조업에 속한다. 철로 돈을 버는 업종의 경우 일반적으로 철강업이라고 부르며, 외식사업을 통해 수익을 창출하는 업종은 외식업이라고 칭한다. 이외에도 정말 다양한 업종이 존재한다.

그 수많은 업종 중에서 나한테 맞는 업종을 선택하는 것이 가장 중요하다. 한번 업종을 선택하면 평생 관련된 분야에서 근무하는 경우가 많으니 그만큼 선택에 있어 신중해야 한다. 그렇다면 업종 선택에 있어 가장 폭넓은 전공은 어떤 것일까? 바로 경영학이다. 선택의 폭이 넓다는 것은 좀처럼 전문성을 갖추기 어렵다는 뜻으로도 받아들일 수 있는데, 우스갯소리로 경영학과에 왜 들어갔냐고 물어보면 특기가 없어서 들어갔다고 대답하는 사람들도 더러 있다. 그만큼 무난한 전공이 경영학이다.

그렇다면 경영학을 전공한 사람들에게는 어떤 업종이 잘 맞을까? 업종보다는 업무부서의 선택이 더 중요한 편이다. 경영학도들은 일반적으로 마케팅, 인사, 전략 등을 선호한다. 왜냐하면, 대학생활 내내 수업시간에 들어왔던 내용들이 마케팅, 인사, 전략 등에 관련된 내용들이기 때문이다. 하지만, 이러한 파트는 뽑는 인원이 굉장히 제한적이기 때문에 경쟁률이 엄청나다.

그렇다면 공대출신들은 어떨까? 언젠가 고려대학교 기계과를 졸업한 친구한테, 선배들이나 주변친구들은 주로 어떤 업종, 어떤 업무에 종사하고 있느냐고 물어본 적이 있다. 공대생들에 대한 진로의 방향은 생각보다 심플했다. 취업을 준비한 사람들은 대부분 중공업, 조선, 철강, 건설 등의 분야에 종사하는 사람들이 많다는 것이었다. 그 외에 사람들은 대학원에서 전문적인 기술을 공부하고 난 후 비슷한 분야의 연구개발 쪽으로 진출한 경우가 많았다.

왜 업종을 생각하고 입사원서를 써야 하는가?

취업시즌에 정신없이 원서를 쓰다보면 여기가 무슨 회사이며 무슨 일을 하는지 그리고 이 부서가 어떤 부서인지 어렴풋이는 알 것 같지만 정확히 모르고 그냥 쓰는 경우가 생긴다. 원서를 써놓고 아무 생각없이 결과를 기다리지만 인사부 직원은 알고있다. 이력서와 자기소개서를 보면 지원자가 회사와 업종에 대해 '알고' 쓴 것인지 '모르고' 쓴 것인지를. 그리고 알고 쓴 것과 그렇지 않은 것의 차이는 결과로 나타난다. 또한 현란한 글빨과 훌륭한 스펙으로 서류 심사를 통과 했다고 할지라도 나의 지식과 관심은 '면접'에서 들통나게 되어있다. 내가 쓰기에 잘 쓴 이력서와 자기소개서라 할지라도, 혹은 내가 보기에 완벽한 면접이라 할지라도 합격/불합격은 인사담당자들과 임원들의 기준에 의해 결정된다. 그렇다면 그들의 기준이란 무엇일까?

재야에 숨은 히든인재를 골라내는 능력자들

일전에 화제가 되고 있는 '히든싱어' 라는 프로그램이 있었다. 마치 전설이 된 가수들의 성대를 복사해 놓은 듯한 목소리와 창법으로 듣는이들의 손에 땀을 쥐게 하는 프로그램인데, 여기서도 능력자들은 미세한 차이로 숨어있는 전설들을 정확하게 찾아내고 있었다.

본선에 올라온 모창능력자들은 저마다 원조가수들의 창법, 습관 등을 아주 비슷하게 묘사한다. 하지만, 매회 모창능력자들은 각기 다르다. 원조가수들을 업종이라고 가정하면, 그 업종에 들어 맞는 사람들이 지원했기 때문이다.

　　트로트를 기가막히게 부르는 참가자가 흑인소울이 짙은 가수의 모창을 제대로 하기 힘든 것처럼, 무조건적인 지원은 하는 사람과 보는 사람 모두를 지치게 만든다. 누가보아도 원조 가수와 다른 사람이 부스안에 들어가 있다면, 시청자들은 흥미롭게 히든싱어를 볼 수 있었을까?

　　기업에서도 인사담당자와 임원들은 수많은 면접자들 사이에서 숨어있는 인재들을 정확히 찾아내는 능력을 가지고 있다. 도대체 그들은 어떤 기준과 특징을 통해 정확하게 적합한 인재들을 찾아내는 것일까?

　　첫째, 면접자들의 경험과 습관에서 비롯된다.

　　히든싱어를 잘 보다보면 대부분 숨어있는 가수들을 찾아내는데 있어 꾸준히 해오던 습관들을 통해 판단하는 모습을 볼 수 있다. 사람들의 귀에 익숙해진 가수들의 습관처럼, 개인의 자기소개서와 말투에 드러난 습관들이 짧은 순간에 인사담당자와 임원들의 눈에는 스캔되는 것이다. 습관은 며칠동안 연습한다고 생기는 것이 아니다. 무의식 속에서 나타나는 행동이므로 반복해서 행동해야 자연스럽게 나타난다. 이런 모습들이 신뢰를 주고 그 사람의 글과 말에 귀를 기울이게 되는 계기가 되는 것이다.

　　둘째, 현직자들의 특성에서 비롯된다.

　　현재 해당회사에서 두각을 나타내는 실무자들은 공통적인 특성들을 가지고 있는 경우가 많다. 그것은 업종마다 다르며 일 잘하는 선배와 비슷한 성향을 가진 사람들을 인사담당자와 임원들은 선호한다. 이러한 부분은 인재상과 기업의 비전과도 어느 정도 일치하고 있다. 그렇기 때문에 많은 선배들의 조언을 통해서 그리고 취업에 관련된 자료에서 기업의 비전과 인재상에 대해 꼭 살펴보라고 하는 것이다.

나에게 맞는 업종을 찾아보자

　　내가 마케팅쪽으로 특화된 커리어를 쌓고 싶다면 SKT나 KT등 통신업종에서 마케팅을 할 수도 있고, POSCO와 같은 철강업종에서 할 수도 있고, 은행에서 할 수도 있다. 그러나 내가 그곳에 입사해서 일할 수 있는 환경, 배울 수 있는 마케팅의 영역은 다르다. 다루는 상품군 자체가 다를뿐더러 각 회사의 조직문화와 일하는 방식에 엄청난 차이가 있기 때문이다. 경우에 따라서는 한 회사에서는 '날고 기는' 인재가 될 수 있는 사람이 또 다른 조직에서는 '바보'가 되기도 한다.

따라서 먼저 나를 아는 것이 중요하고 그리고 나와 맞는, 그리고 내가 맞출 수 있는 영역의 업종과 회사가 어디인지를 파악하고 지원을 하는 것이 중요하다. 목적이 있는 취업준비와 목적이 없는 취업준비는 그 출발 부터 다르다. 목적을 갖고 준비를 하다보면 비록 내가 처음에 목적한 바와는 다른 결과(다른업종, 다른 회사)가 나왔다 할지라도, 그 다른 결과는 처음에 내가 목적한 바 보다 좋은 결과가 될 확률이 높다. 준비과정에서 끊임없이 생각하고 고민했기 때문이다. 그 고민과 생각들이 나에 대해 객관적으로 볼 수 있게 만들어 주고, 나아가 스스로 최적화된 회사와 업종에 합격할 수 있게끔 유도하기 때문이다. 그렇다면 업종의 특징이라는 것을 알아야 할 것이고, 우선적으로 내가 가고자 하는 분야와 업종을 명확히 해두고 끊임없이 연구하고 생각해 볼 필요가 있다.

 돈을 다루는 직업

▶Pros : 연봉이 높은 편이다

전문가로 성장 가능하다

▶Cons : 경쟁이 치열하다

돈을 다루는 Risk가 있다

❖금융권에 들어가려면 이렇게 해라

'돈'을 만지는 업종이니만큼 업계 전반적으로 보수적인 분위기가 흐른다. 따라서 자기소개서, 그리고 면접을 대비한 나만의 '스토리'를 짤 때에도 이러한 점을 염두에 두자. 하지만 기업문화, 마케팅 홍보 전략 등은 전 업종에서 가장 진보적인 편이기도 하다. 즉, 보수적인 모습 속에서 꽉 막히지 않고 꼼꼼하지만 시야가 좁지는 않은 면을 어필 할 수 있다면 좋다. 특히 경제와 밀접한 연관이 있는 만큼 '논리'가 중요하다. 나의 전공이 전혀 관계없는 전공일지라도 (Ex.농축산학과) 내가 이곳에서 업무를 잘 수행할 수 있는 자신감있는 나만의 '논리'가 있다면 입사에 성공할 수 있다. (실제로 다수의 사례 존재)

경영학과 전공생이건 아니건 내가 얼마만큼 금융에 관심이 있고 열정이 있는지가 우선이다. 그렇다면 그것을 어떻게 면접과 자기소개서에 표현할 것인가? 그것을 알아내기 위해서는 무엇보다도 금융권에서는 어떠한 방식으로 인력을 뽑고, 운용하고 배치하는가를 이해하는 것이 필요하다. 그래야만 인사담당자들의 입맛에 맞는 자기소개서를 쓰고 면접을 진행할 수 있기 때문이다.

많은 오해 중 하나가 금융권 취업에 있어서 엄청난 경제적 지식이나 기획능력이 있어야 할 것이라는 오해이다. 물론 일부 직군, 예를 들어 리서치나 펀드 운용 쪽에서는 기본적인 지식이나 학벌을 요하겠지만, 일반 신입 공채의 경우에는 최근의 상향평준화되고 있는 지원자들의 구성을 고려할 때 조직원으로서 얼마나 조직의 경쟁력을 키워줄 것인가를 중점적으로 본다. 특히 금융권이라 할지라도 업무의 기본은 영업임을 잊지 말자. 즉, 대학을 졸업하고 은행이나 증권사에 취업하면 80%는 지점에서 근무를 하게 된다. 하지만 불행하게도 금융권 취업을 꿈꾸는 학생들 중 많은 수는 지점영업을 달가워하지 않는다. 그러나 지점 영업은 고객과의 대면접촉을 통해 세일즈 노하우를 습득하고, 후일 본사 발령시 고객을 끌어당길 수 있는 좋은 기회라고 생각한다. 모든 직원은 고객과 대면의 채널이 됨과 동시에 고객들에게 금융상품을 세일즈 하는 역할을 하게 된다.

지점에 방문하는 사람들만이 고객이 아니다. 마케팅업무를 하더라도, 타 회사와 미팅을 하더라도 모두가 고객이다. 이는 회사의 수익에 직결되는 중요한 케시카우가 된다. 일반적으로 본사의 핵심 부서로 배치를 받았을지라도 수년 후 지점근무를 경험하게 하는 경우가 대부분이다. 또한 정기인사 때마다 지점과 본사의 인력을 효율적으로 순환시킨다.

그렇다면 금융권에 지원할 때에는 금융적인 지식을 기반으로 고객 오리엔티드 된 마인드로 접근하는 것이 옳다. 그렇게 된다면 내가 경험했던 모든 일들이 나의 경쟁력으로 작용할 수 있다. 일례로 금융권에서는 '캠페인'이라는 것을 주기적으로 한다. 펀드나 신용카드 캠페인이 그것이다. 인사고과에도 반영되며, 내가 얼마나 많은 지인들과 좋은 관계를 맺고 있는지를 확인해 볼 수 있는 좋은 기회이다. 의외로 캠페인 실적은 지연, 혈연, 학연과 그다지 큰 관계가 없다. 행여라도, 학벌이 안된다고? 그래서 힘들다고? 그런 생각은 집어치워라. 금융권에서 당당하게 근무하고 있는 선배들이 있다.

경기권 대학교에서 수학을 전공한 강0수 군은 학창시절 학점도 낮은 편이었다. 하지만 학벌과 학점도 무색하게 만드는 강0수 군만의 장점이 있었으니, 그것은 바로 서글서글한 친화력과 영업에 임하는 마인드였다. 수학과를 졸업하면서 아무래도 수를 다루는 금융권에서는 나름대로의 경쟁력이 있었다. 그렇게 들어간 H생명에서 그는 지점에 배치를 받고 근무를 하게 되었다.

지점에 배치를 받으면 기본적인 업무와 함께 기업상품에 대한 매매 할당량이 있다. 결과는 어떻게 되었을까? 강0수 군은 낮은 자세로 고객을 대면하되, 설명하는 데 있어서 만큼은 꼼꼼한 모습을 보였다. 고객의 입장에서 상품에 대한 장단점을 설명한 결과 고객은 해당상품의 단점을 고려하고 본인에게 가장 득이 되는 상품을 선택할 수 있게 되었다. 이러한 자세는 자연스럽게 매출신장으로 이어졌고, 개인적으로도 강0수 군은 회사로 부터 인정을 받게 되었다. 그러한 결과가 한두 해 경력이 쌓여가면서, 지금은 본사 전략팀에서 새로운 고객을 유치하고 기존고객을 유지하기 위한 전략을 세우는 파트의 핵심 멤버가 되었다.

리서치등 연구관련 직군도 '영업'과 관련된 요소가 많다. 자격증과 학점은 성실성을 측정하는 하나의 척도가 될 뿐이다. 금융권 입사 전략 메트릭스

- 금융에 대한 관심을 보여줄 수 있는 지표 : 자격증,활동, 경제관련 지식
- 영업력을 보여줄 수 있는 지표 : PT능력, 스피치 능력, 대인관계
- 사고력을 보여줄 수 있는 지표 : 자기소개서의 논리적인 전개 능력
- 성실성을 보여줄 수 있는 지표 : 학점, 외국어점수, 지속적인 봉사활동경험, 교수님의 평가

❖금융권에 적합한 사람

꼼꼼한 사람, 논리적인 사람, 숫자에 강한 사람, 영업력이 있는 사람

❖금융권, 이런 장점이 있더라

입사하고 싶은 업종 상위권에 뽑히는 업종이 금융권이다. 그 이유는 전통적으로 연봉을 많이 주고 깔끔한 이미지 때문일 것이다. 하지만 최근의 금융위기와 함께 금융의 위상도 많이 흔들리고 있다. 많은 회사들이 위기를 외치며 인력감축 및 비용절감을 하고 있는 실정이다. 그럼에도 불구하고 아직도 많은 지원자들이 몰리는 곳이 금융권이다.

> ◐ **돌려서 지원하기** ◐ 금융권에 관심이 있었다면, 이런 분야도 생각해 보자.
> 일반 기업체 재무팀, 학교나 공공기관의 재무팀, 금융 관련 협회

❖금융권 직무 요약

은행권: 경영관리, 지원, 영업(법일/리테일)상품개발/설계, 지점영업, 마케팅/홍보

증권: 경영관리, 지원, 영업(법인/리테일), 리서치, 딜링, 마케팅/홍보

보험: 경영관리, 지원, 영업, 리서치, 딜링, 마케팅/홍보

 전문직의 꽃

▶ Pros : 경험이 많이 쌓인다

　　　　고액연봉은 기본이다

▶ Cons : 두뇌와 체력이 뒷바침 돼야 한다

컨설턴트! 세계적인 컨설팅 기업인 BCG나 맥킨지에서 멋지게 프리젠테이션을 하는 모습을 상상해 보았는가? 공부 좀 하고, 스펙이 좋다고 자부하는 사람들은 컨설팅 업종에 대한 고려를 한 번쯤 해 보았을 것이다. 고액연봉을 받는 대표적인 직종이기 때문이다. 하지만 반드시 기억해야 할 것은 컨설팅 업종에 일하려면 뛰어난 두뇌 회전도 필요하지만, 그것보다 중요한 것이 바로 '체력'이라는 사실이다. 거의 모든 컨설팅 업종이 일반적으로 야근은 기본으로 하며 10시 ~11시 퇴근은 다반사다. 그렇기 때문에 장미빛 희망을 보고 입사를 한 이들 중 상당수는 다른 회사로 이직을 하는 경우가 많다. '젊었을 때 고생하자'라고 생각하고 입사를 준비한다고 하더라도 본인이 야근과 높은 업무강도를 견뎌낼 수 있을지 냉정하게 따져봐야 한다.

일반적으로 컨설턴트로 근무하게 되면 어린 나이에 핵심 실무진, 임원, 사장 등 회사의 중요 포지션을 맡은 사람들과 접촉할 기회를 갖게 된다. 또한 컨설팅 업무를 통해서 얻은 네트워크는 큰 자산이 된다. 컨설팅은 조직관리, IT 컨설팅 등 분야가 다양하다. 컨설팅 쪽에 지원하고자 한다면 해당 분야에 대한 전문성은 물론 논리적인 사고와 문제해결 능력을 갖추어야 한다. 이러한 능력과 준비된 지원자를 가려내기 위해 컨설팅 업체는 내부적으로 PT면접, 압박면접, 영어면접 등 다양한 시도를 한다. 또한, 유수의 컨설팅 기업은 학벌과 스펙을 중요하게 보는 경향이 있으며 MBA를 따로 뽑는 경우도 많다.

컨설팅 업무는 업무 강도가 비교적 강한 만큼 컨설턴트 이후의 삶을 선택할 수 있는 폭이 넓은 편이다. 컨설턴트는 분석을 전문으로 하고 그 결과를 고객에게 알기 쉽게 제공하는 역할을 하는 직종이기 때문에, 기업의 미래를 다루는 전략실 혹은 금융권 본사 등에서의 근무가 가능하다. 실제로 헤드헌팅을 통해 추천도 많이 들어오는 편이다.

일반적으로 대학생들의 경우 컨설팅 회사에 바로 취업하기에는 무리가 있다. 물론 입사 할 수는 있지만, 주도적으로 컨설팅 업무를 수행하기 위해서는 어느 정도의 경험이 필요하다. 컨설팅

업체는 분석력이 굉장히 중요하다. 뻔한 현상을 토대로 나름대로 의미 있는 결론을 이끌어 내어 기업에게 유용한 시그널을 줄 수 있는 역할을 해야 하기 때문이다. 그러나 대학생들은 아직 심도있는 분석을 하기에 무리가 있다. 대부분의 컨설팅 회사에 대학원졸업 이상의 직원이 많은 이유이다.

대학시절 경영학도로서, 혹은 어떠한 이유에서든지 컨설팅 업종에 관해 환상을 가져본 적이 있는가? 소개팅을 나가도 "컨설턴트로 근무하고 있습니다." 라고 하면 전문성도 있어 보이고 좋은 느낌을 줄 수 있을 것 같아서? 그러나 냉정하게 생각해 보자. 정작 인턴쉽 등의 경험을 해 본다면 결코 만만치 않은 일이라는 사실을 느끼게 될 것이다. 그래도 정말 내가 꼭 이 길을 가야 한다고 하면 체계적인 전략을 세워보자.

 안정적이고 길게 간다

▶Pros : 영원한 '갑'인 경우가 많다

　　　　안정적이다

▶Cons : 현실에 안주할 수밖에 없는 구조이다

영원한 철밥통 공기업이 변하고 있다!

과거 공기업은 입사 후 중대한 범죄를 저지르지 않는 한 정년이 보장되는, 소위 말하는 철밥통이었다. 그만큼 근무환경은 편안했었고, 수익에 목매는 일반기업들과는 전혀 다른 형태의 조직문화를 가지고 있었다. 이런 공기업이 최근에는 계속 변화하는 추세이다. 철밥통도 이제는 옛말이 되어버렸다. 성과제도를 도입하고 있고 꾸준히 공기업의 민영화가 추진되고 있는 실정이다.

이는 과거 안정적인 조직구조로부터의 개혁을 의미하는 것이다. 따라서 최근 공기업에서 선호하는 인재상도 과거에 비해 더욱 까다로워지고 있는 것이 현실이다. 이 모든 조건들을 다 지워버리고 난 후 공기업에 대해 생각해보더라도 공기업은 장점이 많은 조직이다.

공기업은 영원한 갑에 속하는 조직이다. 갑의 위치와 힘에 대해 사회초년생들은 잘 모르고 있겠지만, 이직을 준비하는 사람들에게 갑의 위치와 힘은 절대적으로 매력적이다. 왜냐하면 갑은 구매자의 입장인 경우가 많기 때문에 비교적 편안한 상황에서 업무를 진행할 수 있기 때문이다. 조직에 적응하지 못하는 많은 사람들의 공통점이 을의 역할로 살아가는 스트레스를 견디지 못하는 데서 비롯되는 경우가 굉장히 많다고 보면 이해가 쉬울 것이다.

❖**안정성 높은 공기업에 입사하고 싶다면**

공기업 입사에서는 기본 스펙은 갖출 필요가 있다. 아직까지 스펙에서 가장 자유롭지 못한 업종 중의 하나가 바로 공기업이다. 토익 900점대, 토익스피킹 최소 LV6 이상은 물론 한국사검정능력까지 두루두루 스펙을 갖추고 있어야 기초경쟁력을 가질 수 있다. 물론, 상대적으로 채용절차가 간단한 고졸채용, 기술직채용 등, 채용의 스펙트럼이 꽤 넓은 편이다.

공기업의 세부전형과정은 다음과 같다.

먼저 1차서류전형이다. 여기에서 필요한 것은 기초스펙 + 자신의 특성을 최대한 빛나게 해
줄 수 있는 정성스러운 자기소개서가 필요하다.

2차는 필기시험이다. 공기업의 필기시험은 아시다시피 일반기업의 단순 직무능력평가와는
차원이 다른 시험이다. 전공시험 + 일반상식 + 직무능력평가 + 논술까지 다양한 시험이 기다리
고 있다. 최근에는 출제의 범위가 점차 넓어지고 있는 추세이기 때문에 신문을 읽는 습관을 가
져보는 것도 좋은 방법이 될 수 있다.

마지막으로 3차는 면접이다. 주로 면접은 인성, 토론, PT, 영어 등 일반기업에서 실시하고 있
는 면접패턴과 유사하다. 하지만, 질문의 범위는 일반기업들에 비해 넓은 편이다. 한가지 팁을
더 이야기하자면, 영어면접의 경우 본인이 작성한 자기소개서를 기반으로 준비하는 것이 시간
대비 효율을 높일 수 있는 방법이다. 직원채용의 프로세스만 보더라도 공기업에 입사하는 것이
얼마나 힘든 일인지 느낄 수 있을 것이다.

❖입사 필승 전략

적절한 인맥을 활용할 필요가 있다. 특히 대학교를 졸업한 사람이라면 교수들과의 유대관계
를 통해 공기업의 문을 두드려보는 것도 하나의 방법이다. 일반기업과 달리 관내 공기업들은 근
처 대학교들과 산학협력을 맺는 등 다양한 교류 활동을 이어나가고 있는 편이며, 실제 공기업들
이 인근 대학교 교수들에게 자문을 요청하는 경우가 굉장히 많은 편이다.

공기업은 보수적인 성격을 가진 집단이기 때문에 교수님의 추천을 통해 접근해 본다면 오히
려 쉽게 문이 열릴 수도 있다. 취업 역시 영업이라는 것을 절대 잊지 말자. 시간이 임박해서 지
푸라기 붙잡는 심정으로 주변인들에게 매달리기보다, 시간을 두고 가랑비 옷 젖듯이 천천히 본
인의 희망진로에 대해 어필하는 모습은 어떨까? 소나기 같은 열정보다 가랑비 같은 꾸준함으로
자신의 장점을 키워나가고 단점을 수정해나가는 모습이 중요하다.

❖뜻밖에 찾아온 평생직장 (사례)

대학교 시절 한 교수님을 잘 따르던 이O연 학생이 있었다. 학교생활의 충실도, 학과원으로서
의 기여도, 학점 모두 상당한 수준이었기에 교수님 역시 이O연 학생을 신뢰하고 있었다. 졸업을

앞 둔 어느 날 이O연 학생은 진로에 대한 상담을 하던 중 본인이 희망하는 진로가 공기업 취업이라는 것을 고백하게 된다. 사실 교수님은 이O연 학생의 성품, 학습태도 등을 고려해볼 때, 대학원에 진학해서 차분하게 공부하기를 내심 원했지만, 자신이 애제자로 생각하는 학생의 미래를 위해 같이 뛰어보기로 했다.

공기업에 입사하기 위한 준비과정(기본스펙쌓기), 해당 공기업이 선호하는 인재상, 해당 공기업의 조직특성 등에 대해 열심히 공부하는 모습이 교수님에게 드러났고, 마침 해당 공기업에서 자문위원을 하고 있던 교수님은 이O연 학생을 해당 공기업에 추천하게 된다. 그렇게 면접기회를 얻게 되었고, 이O연 학생은 면접장에서 그동안 본인이 준비했던 모든 관심을 유창한 언변으로 드러내는데 성공하였다. 그 결과 이O연 학생은 현재 시의 전반적인 시설의 설치 및 개보수 등을 담당하는 공기업 회계팀에 입사하여 당당히 근무하고 있다.

물론 혼자서 준비를 했다고 무조건 떨어진다는 말은 아니다. 하지만, 이O연 학생의 경우 장시간을 통해 이루어진 유연한 인간관계와 열정적인 준비자세가 있었기에 보다 수월하게 기회를 잡을 수 있었다. 교수님의 추천은 입사 후에도 굉장히 긍정적으로 작용하였다. 어떠한 지표보다도 인간적으로 괜찮은 사람이라는 인정을 받았기 때문에, 이O연 학생을 대하는 기존 직원들의 시선도 굉장히 따뜻했다. 이러한 점은 아직 대학교에서 열심히 공부하는 학생들에게는 큰 시사점을 제공해 준다. 사람과의 만남을 두려워 하지말자. 대부분의 학생들은 교수님을 어려워할 줄만 알지, 다가갈 줄은 모른다.

 탄탄한 수익 구조

▶Pros : 높은 연봉

　　　　큰 규모 회사로의 이직이 비교적 수월

▶Cons : 업무강도가 강한 편

통신업종은 대한민국이 세계최고라고 자부할 수 있는 업종으로 손꼽힌다. 그만큼 업계에 몸담고 있는 사람들의 프라이드 또한 강하다. 특히 기술우선적인 업종이기 때문에 1인 브랜드화를 실현하기에 가장 좋은 업종이기도 하다.

평균연봉 역시 상당한 수준을 이루고 있다. 특히 S사의 연봉은 2015년 현재 사원 연봉이 1억 원을 육박하는 수준이 되었기에 '직장인을 가장한 사업가' 라는 신조어까지도 나왔을 정도이다. 통신업종은 과거와 현재에도 그랬고 앞으로도 계속 발전해나가야 하는 분야이기 때문에 전자업계와 더불어 전망도 밝은 편이다. 이토록 매력적인 통신업종의 일원이 되기 위해서는 어떻게 해야 할까?

좋은 스펙, 다양한 활동과 경험, 입상경력 등도 물론 중요한 요소들이지만, 통신업종에 몸담기 위해서는 조금 다른 전략을 수립하는 것이 나아보인다.

❖네트워크에 대한 이해가 가장 우선시 되어야 한다

통신서비스회사에 입사하기 위해 준비해야 할 가장 중요한 사항은 기본적인 통신이론과 네트워크에 대한 이해이다. 회사의 근간이 통신서비스 제공을 통한 이익 창출이기 때문에 업무 시작의 가장 바탕이 되는 것은 제공되는 통신서비스에 대한 폭넓은 이해이다. 혹자들은 '영업이나 관리쪽에 지원할 건데 이런 것이 뭐가 필요해?' 라는 생각 할 수도 있다. 하지만, 영업은 이러한 기술들이 집약되어 있는 완성품을 고객에게 설명하고 판매하는 역할이기 때문에 거기에 대한 전반적인 지식이 필요하다.

오늘날 통신장비의 발전은 빛의 속도만큼 빨라지고 있다. 하지만 속도와 처리 용량의 증가일 뿐 기본이 되는 통신이론에는 변함이 없다. 그 중 가장 중요한 것이 라우터에 대한 이해이다. 통신서비스업종에서 소위 '루이뷔통'으로 통하는 라우터 장비는 단연 시스코에서 생산되는 제품이다. 시스코에서는 자사 제품에 대한 이해와 장비 운용에 대한 능력 검증을 위해 CCNA, CCNP, CCIE의 3단계 자격과정을 개설하여 운영하고 있다. 물론 취업 준비생이 고급과정인 CCIE까지 취득하면 더할 나위 없이 좋겠지만, 여기까지는 비용부담이 너무 크므로 초급과정인 CCNA라도 취득하는 것이 좋다. 통신서비스회사에서는 기술인력의 역량강화를 위해 CCNP과정까지는 사내교육으로 제공해주는 경우가 많으므로 향후 과정은 입사 후에 준비해도 늦지 않다. 또한 통신 이론을 이해하고 습득하기 위해서는 산업인력공단에서 주관하는 정보통신기사 자격증을 취득하는 것이 도움이 된다.

통신서비스회사의 업무는 크게 Staff 업무를 제외하면 통신망을 운용하는 업무와 기술지원 업무 그리고 가입자 유치를 담당하는 영업업무로 나뉘며 지역본부 별로 구분되어 조직이 운영되고 있다. 사내에는 일정기간 동일업무를 수행하면 자율적으로 업무를 전환 할 수 있는 직군 전환제도가 있기 때문에 다양한 업무를 경험하며 자신의 경력을 설계하는 것이 유용하다.

❖ 이런 사람이라면 통신업종에 도전해보자

첫째, 어린 시절부터 인터넷, 전자기기에 특별한 관심을 가져온 사람이다. 사람이 기술을 습득하기 위해서 가장 중요한 것이 무엇일까? 바로, 관심이다. 게임을 좋아하는 사람이 게임을 잘 하듯이 어려서부터 인터넷에 대한 관심이 많았고 PC가 고장났을 때 일단 본인이 본체를 분리해 보았다면, 기본적인 자격요건은 된다고 볼 수 있다.

통신에 대한 관심을 가지고 있는 사람은 어떤 장점이 있는지 보다 어떤 점을 이용하는 데 불편한지를 생각한다. 기업의 입장에서 자사 제품의 장점은 당연히 인지하고 있다. 하지만, 단점은 잘 모른다. 설령 안다고 하여도 제품을 출시하고 서비스를 제공하기 위한 출발선에 서있을 때에는 모두 보완을 해서 시장에 선보인다. 그럼에도 불구하고, 다른 문제점들을 제시하고 그에 대한 해결책도 나름대로 가지고 있다면 이런 사람을 거절할 수 있을까?

둘째, 매력적인 자격증을 보유하고 있는 사람이다. 이 부분은 우리 책과는 모순이 있는 부분일 수도 있다. 하지만, 통신업계는 좀 예외를 적용하고 싶다. 업종 자체가 기술지향적이기 때문에 그것을 객관적으로 증명해 줄 수 있는 지표가 필요하다. 그리고 그게 바로 자격증이다. 앞서 언급했던 시스코에서 주관하는 자격증과 정보처리기능사 등 통신업종에 관련된 자격증이 많을

수록 분명히 유리하다.

　마지막으로, 기술지향적인 사고를 가진 사람이다. 통신업종은 기술만 확실하다면 소규모에서 대규모기업으로의 이직이 비교적 수월하다. 개인이 기업규모에 상관없이 차근차근 본인만의 기술력을 키워나갈 의지가 있다면 도전해보라고 권유하고 싶다.

▶ Pros : 세계 트렌드를 선도한다는 자부심

비교적 높은 인센티브

▶ Cons : 업무강도가 세다

❖ 대한민국이 낳은 세계최고의 업종, 전자업종

2015년 4월 2일 모든 매스컴을 떠들썩하게 했던 국내 대기업 임원들의 연봉 중, 단연 세상 사람들을 놀라게 한 것은 삼성전자 신종균 사장의 연봉이었다. 2014년 기준 신사장은 145억 원을 받았다고 보도되었다. 삼성전자를 비롯한 LG전자, SK하이닉스 등의 선도 기업들도 높은 연봉을 지급하는 것으로 알려져 있다.

이처럼 평균연봉이 높고 미래가 유망한 전기전자 업종에는 많은 인재들이 몰리며 경쟁 또한 치열하다. 높은 스펙의 지원자들이 몰리는 만큼 자기소개서와 면접을 대비해 업종과 지원하고자 하는 업무에 대해 철저한 조사가 필요한 업종이 바로 전기전자 업종이기도 하다. 실제로 유수의 전기전자업종에 근무하고 있는 직원들이 하는 이야기는 '경쟁의 강도'가 생각보다 만만치 않다는 것이다. 그리고 회사에서도 그러한 '치열한 경쟁' 환경에서 버텨낼 인재를 원한다는 것이다.

현재 삼성전자 무선사업부에서 과장으로 근무하고 있는 김O정 과장과 동종업계 직원들의 이야기를 정리하여 전자업종에 지원하기 위한 중요한 팁들을 얻을 수 있었다.

우선 일반화시키기는 어려움이 있을지 모르나, 삼성이나 LG전자 등의 기업에 다니는 직원들이 의외로 근속년수가 짧은 경우가 많다고 한다. 개인적으로 업무부담을 견디지 못하고 나가는 경우, 기업문화에 적응하지 못해 나가는 경우 등, 그 원인은 다양하다. 인사담당자들도 어렵게 뽑아놓은 직원이 금방 퇴사해 버리는 경우를 상당히 우려하기 때문에 무엇보다도 스펙이 대동소이한 신입 지원자들은 우선 회사에 잘 '적응'할 수 있는 역량을 보여주어야 한다.

그 다음은 입사 후 성향이 바뀌는 사람들에 대한 이야기였다. 긍정적으로 생각하면 직원들이 삼성맨으로 자연스럽게 성장해 나간다는 뜻일 수도 있고, 다른 측면에서 보면 도태되지 않기 위해서는 자신의 성향을 바꿀 수 있는 노력과 결단이 있었다는 것이다.

따라서 입사 지원 시 회사 내에서 잘 버텨내고 좋은 평가를 받을 수 있다는 역량을 보여주는 것이 좋은 점수를 딸 수 있는 한가지 방법이라고 충고해 주었다. 그렇다면 회사에서 좋은 평가를 받은 직원들은 어떤 공통점이 있었을까? 그들의 공통점을 살펴본다면 인사담당자들이 원하는 인재에 대한 힌트를 얻을 수 있을 것이다.

첫째, 그들은 성과를 달성하기 위해 자신을 조직에 바친다. 어쩌면 당연한 이야기이지만 사실 가장 어려운 일이다. 신입사원으로 입사하면 정신 없이 2~3년을 보내고 자연스럽게 가정을 꾸리는 시점이 온다. 그리고 자녀가 태어나면 가정과 일의 균형점을 찾기는 벅찬 것이 현실이다. 그럼에도 불구하고 회사에서 인정받는 사람들은 내부영업은 물론 거래처와의 관계를 위해 자신의 휴식 시간도 기꺼이 반납을 하곤 한다. 사회에 발을 들여놓는 새내기들의 경우 자신을 조직에 바친다는 마인드로 무장한다면 성과와 상관없이 사람으로서 먼저 인정을 받을 수 있다.

둘째, 상황판단력이다. I사에서 국내영업의 달인이라고 소문난 김0찬 부장은 어떤 상황에서도 당황한 티를 내지 않는 것으로 유명하다. 사실 그는 뛰어난 학벌의 소유자도 아니고 집안 배경도 평범하다. 그럼에도 불구하고 그가 인정 받을 수 있었던 가장 큰 비결은 상황에 따른 적절한 대처능력이 뛰어났기 때문이다.

하루는 일본에서 바이어가 방문하여 큰 미팅을 가졌던 적이 있었다. 김0찬 부장은 일본어의 '일'자도 모르는 사람이었지만 A4용지에 빽빽하게 기본적인 인사와 자신의 의사표현을 일본어로 준비했다. 한글로 일본어 발음을 적어 놓을 정도로 일본어 실력이 부족했지만 그는 일본 바이어들에게 강렬한 인상을 심어주었다. 이러한 김0찬 부장의 진심어린 노력은 보수적이고 고지식한 일본 바이어들의 마음을 움직이기에 충분했다.

위의 전기전자 업종에서 좋은 평판을 유지하는 직원들의 사례는 취업을 준비하는 입장에서 여러 시사점을 제공해 준다. 그렇다면 과연 치열한 경쟁의 환경 하에서 생존할 준비가 된 지원자라는 것을 어떻게 보여줄 수 있을까? 무조건 주말 근무와 야근도 불사하겠다는 다짐을 보여주어야 하는가? 무조건적인 다짐과 선언은 오히려 역효과를 낼 수 있으니 지양하자. 역효과를 최소화 하면서 나의 의지를 피력하는 방법은 구체적인 사례를 은연 중에 제시하는 것이다. 자기소개서에서도 '미래의 포부를 쓰라'는 섹션 등을 활용해서 면접까지 이어질 수 있게 활용해 보자. 포부만을 쓰지 말고 반드시 구체적인 사례(일화, 에피소드)를 제시하면 설득력이 커지며 궁금증이 유발된다. 그러한 궁금증을 토대로 업종, 직종에 맞춘 질문과 답변 데이터를 구축해 놓자.

그리고 높은 경쟁률, 치열한 토론면접 등을 뚫고 대한민국 최고의 업종과 기업에서 최종 면접까지 갔다면 이제 보여주어야 할 것은 의외로 간단하다. 조직에서의 융화와 화합에 기여하고 끝까지 근무할 직원임을 각인시켜 주는 것이다. 마지막으로 '착하게만 굴어서는 오래 버티기가 힘든 곳이다'는 선배의 조언도 잊지 말자.

▶Pros : 자유분방하다

　　　　창조적이다

▶Cons : 나이먹어서까지 일하기가 어렵다

이 업종 종사자들이 가져야 할 마인드는, 서비스를 이용하는 사람들이 최대한 즐거움을 느끼고, 서비스 혹은 제품을 계속 이용하게끔 만드는 것이다. 그렇기 때문에 엔터테인먼트 회사의 경우 타업종에 비해 창의적인 기업문화를 가지고 있는 편이다. 일례로 게임업체 B사의 경우, 획일화된 사무실을 지양하고 개인별 기호를 적극 반영하여 사무실 레이아웃을 구성하고 있다. 이곳에서는 서서 근무하는 것이 편한 직원들의 경우 책상의 높이를 허리 위까지 높임으로써 개인이 가장 편한 자세로 근무할 수 있도록 배려하고 있다.

또한 직원을 채용하는 방식 역시 일반업종과 다르다. B사의 경우 획일화된 질문을 통해 진행되는 일반적인 면접형식이 아닌 지원자 본인의 특성을 파악하기 위한 면접 형태로 진행된다. 여기서 스펙이 합격에 중요한 요소로 작용할까? 결론부터 말하자면, 아니다. 자연스러운 분위기에서 토론형식으로 진행되는 이 면접의 특징은 본인 본연의 모습을 솔직하게 내보이지 못한다면 아무리 구미가 당기는 스펙을 갖추었다고 하더라도 입사할 수 있는 기회를 얻기 힘들다.

운이 좋게 입사에 성공했다 하더라도 그저 막연한 기대를 가지고 입사하고자 하는 사람들에게 엔터테인먼트 업종은 넘기 힘든 산이다. 남들이 부러워하는 곳에 합격한 몇몇 이들에게 물어보면 대부분 '운이 좋아서' 라고 하는 경우가 있지만, 실직적으로는 운이 좋아서 되는 경우는 없다. 엔터테인먼트 업종에 합격한 사람들의 경우 다양한 특성이 있다.

첫째, 관심이다. 해당회사는 물론 경쟁회사들의 제품이나 서비스에 대해 실제 이용해보고 고객의 입장에서 느끼는 문제점을 자기소개서, 더 나아가 면접에서 이야기하기 때문에 당연히 설득력이 있을 수 밖에 없다. 고객이 느끼는 직접적인 애로사항에 대한 해결점을 제안하고 있는데 채용하지 않을 면접관이 어디있을까?

둘째, 색다른 전공이다. 실제 엔터테인먼트 회사 구성원들의 면면을 보면 다양한 전공을 한 사람들이 모여있는 것을 알 수 있다. 이는 기업의 특성상 다양한 생각을 가진 사람들이 브레인 스토밍을 하면서 CREATIVE를 해 나가야 하기 때문이다. 편협한 사고를 가진 사람들은 당연히 떨어질 수밖에 없다. 예를 들어 유명한 가수가 TV에 나와 노래를 한다고 치자. 음악을 전공한 사람 30명이 모여있다면 당연히 노래에 관련된 내용에만 FOCUS를 맞추게 된다. 하지만 음악, 의상, 경영, 시각디자인 등 다양한 전공자들이 모여있다면 노래는 물론, 조명, 가수의 패션에 이르기까지 다양한 부분에 대해 체크를 할 수 있다. 자신의 전공을 통해 회사에 이런 점을 기여할 수 있다는 장점을 계속 어필해야 한다.

셋째, 특이한 경력이다. 엔터테인먼트 업종에는 다양한 경력을 가진 사람들이 많다. 영국에서 유명인을 LIFE MANGING 해 본 사람, 독일에서 트럼본을 불다 온 사람, 삼성전자에서 LED 연구를 하다 온 사람, 패러글라이딩 전문가 등, 다양한 경험을 가진 사람들이 즐비하다. 이 사람들이 공통적으로 하는 말이 있다. 비록 특이한 것은 아니더라도 새로운 것에 자꾸 도전해보고 경험해 보는 것이 중요하다는 말이다. 그 속에서 목표를 못 이룰지언정 최소한 새로운 생각을 가질 수 있다는 것이다.

결과에 너무 올인 하는 생각을 가진다면 즐기기도 힘들고 새로운 생각을 하기도 힘들다. 예를 들어 게임회사의 일원이 되었다면, 기본적으로 회사가 제공하는 서비스에 대해 경험을 해 보아야 한다. 경험해 본 사람만이 서비스의 문제점에 대해 피부로 느낄 수 있고 그 속에서 창의적인 사고가 가능하다. 회사 역시 자사 제품 및 서비스에 대한 로열티가 굉장히 강하다. 심지어 직원들 선물로도 회사의 제품을 제공하고 있다는 것은 자사에 대한 프라이드가 얼마나 강한지 잘 알 수 있는 대목이다.

하지만 세상의 모든 일은 동전의 양면과 같듯이, 엔터테인먼트 업종 역시 단점이 존재한다. 세계적으로 유명한 B게임회사에 재직 중인 B양은 엔터테인먼트 업종의 단점에 대해 묻자 망설임 없이 '불안정성'이라고 대답하였다.

엔터테인먼트 업종은 전통적인 산업이 아니고 디지털이 발달된 2000년대 초반부터 부각된 분야이기 때문에, 그 업종의 안정성에 대해서는 솔직히 물음표라고 볼 수 있다. 1990년대 말부터 국내를 충격의 도가니에 빠트린 게임들을 열거해보아도 지금까지 명맥을 유지하고 있는 게임이 많지는 않다. 게임업체의 매출 수단인 게임이 유저들의 외면을 받는 순간 기업의 매출은 급감하게 된다. 그러면 회사는 입맛이 변한 소비자들의 욕구를 충족시키기 위해서 엄청난 노력을 통해 새로운 게임을 만들어내야 한다. 하지만, 그 중에서 성공하는 게임이 과연 몇 퍼센트나 될까? 그리 많지 않은 것이 현실이다.

그리고 엔터테인먼트업종은 근속할 수 있는 기간이 타 업종에 비해 짧은 편이다. 이는 엔터테인먼트 업종 임원들의 나이와 전통적인 산업을 이끌고 있는 기업 임원들의 연령대만 비교해 보아도 쉽게 알 수 있다. 엔터테인먼트 업종은 또래보다 빠른 시간 안에 승진할 수 있다는 장점도 있겠지만, 여러 가지 이유로 40대를 넘기기가 쉽지 않다는 단점이 있다. 이는 업종의 특성상 젊은 사람의 감각에 의존하는 경향이 크기 때문이다. 중년의 머리와 생각에서 10대 청소년들이 열광하는 아이템을 창조해내기란 불가능에 가까울 정도로 어렵기 때문이다.

지금까지 엔터테인먼트 업종의 어두운 면만 너무 부각시킨 것 같지만, 장점도 많은 업종임에는 틀림없다. 먼저, 엔터테인먼트 업종은 재미있다. 일하는 데 있어 사소한 농담도 아이디어가 될 수 있는 특성을 가지고 있다.

둘째, 엔터테인먼트 업종은 상대적으로 업무에 대한 권한이 많은 편이다. 그렇기 때문에, 휴가를 사용함에 있어서도 자유로운 편이다. 물론 여기에 따르는 책임은 본인이 지고 가야 한다는 문제가 있기는 하지만, 연차 하루 때문에 전전긍긍하는 상황은 겪지 않을 수 있다. S전자에서 1억 원 가까운 연봉을 받던 직원이 높은 연봉을 포기하고 게임업계로 이직을 하게 된 배경에는 유연한 근무 분위기가 큰 이유였다고 한다.

셋째, 타 업종과 전략적 제휴를 맺을 수 있는 여지가 많다. 이는 다양한 필드의 종사자들과 돈독한 관계를 형성할 수 있는 기반이 될 수 있으며, 이러한 인맥은 추후 무엇을 하던지 상관없이 개인의 자산이 된다는 것을 명심해야 한다.

마지막으로, 타업종에 비해 개인의 브랜드 파워를 많이 높일 수 있는 업종이다. 엔터테인먼트 업종의 베이스는 창의적인 사고와 고객에 대한 면밀한 관찰력이라고 볼 수 있다. 틀에 박히지 않은 생각을 해야 하는 업종이기 때문에 전통적인 제조업, 여타 금융권에서도 창의적인 사고를 지니고 있는 엔터테인먼트 업종 종사자들에 대해 비교적 긍정적인 이미지를 가지고 있는 편이다.

여러 가지 특성을 가지고 있는 엔터테인먼트 업종은 스펙을 뛰어넘는 무언가를 선호한다. 그것이 회사에 대한 관심, 제품 및 서비스에 대한 관심, 때로는 개인의 특이한 경력 들이 여기에 속한다.

넷째, 여성의 비율이 높은 편이다. 국내의 대표적인 엔터테인먼트 기업인 N사는 여성의 비율이 40% 정도된다. 일반적인 제조업에서 여성비율을 생각해보면 굉장히 높은 수치이다. 즉, 사내 분위기가 비교적 부드러운 편이라는 말이다. 여성의 비율이 높은 만큼 복지도 높기 때문에 업무하기에 안성맞춤이다. 부드러운 분위기 속에서 본인의 크리에이티브를 터트리고 싶은 사람이라면 적극 추천해주고 싶다.

★스펙을 뛰어넘어★ 선배들의 TALK about 엔터테인먼트 업종

선배들의 변　"야근과 열정은 기본"

"개 노가다 하고 싶냐?"

"일하는 것이 재밌어요."

"적성에 맞다면야 좋지."

"우리팀 잘 나갈 때 성과급 개인당 1억까지 받아봤다."

"회사 망해봤냐? 망하면 난감하다."

"겉으로 보면 멋있지? 다시 태어나면 이짓 안한다."

"갈 수있으면 공기업을 가라, 몸 축난다."

"대세는 모바일 게임"

일해보고 싶은 엔터테인먼트 업종

-네이버

-네오위즈 게임즈

-블리자드

-SM엔터테인먼트

-YG엔터테인먼트

 머나먼 Creative의 길

▶Pros : 창의성을 발휘할 수 있다

전문성을 갖출 수 있다

새로운 것을 만들어내는 게 좋다면 적성에 맞다

▶Cons : 이직이 잦은 편이다

경기에 민감한 업종이다

야근에 몸이 상할 수도 있다

❖ 광고 · 홍보 업종에 들어가려면 이렇게 해라

크리에이티브가 중요하다. 많은 광고회사들은 그래서 복장도 자율이고 무언가 창의적이고 남들과 다르게 생각할 줄 아는 사람을 원한다. 자격증도 필요없고, 학점이 좋아야 하는 것도 아니다. 이 사람이 어떻게 신선한 생각과 아이디어로 크리에이티브를 자극해 줄 수 있는가? 가장 중요한 것은 감각과 열정, 센스, 즉, 광고인으로서의 자질이 있느냐 이다.

광고대행사에는 언론정보(신문방송), 국문과 전공자들이 포진해 있기는 하지만 입사요건은 대략 '전공불문'이다. 광고전 출전경력이나 수상경력이 있다면 좋다. 동아리활동, 학생회활동을 통해 이벤트 기획 등을 맡아보았다면 어느 정도 경쟁력을 갖추었다고 할 수 있다.

광고회사에 입사하는 많은이들이 근무하게 되는 포지션은 AE와 카피라이터이다. AE는 광고의 총괄적인 부분을, 그리고 카피라이터는 광고의 카피를 전담한다. 물론 인사, 재무 등 그 외의 포지션도 있다. 일반적인 기업에 근무하려면 인사나 기획쪽을 잘 살펴보는 것도 좋은 전략이다.

제일기획, 대홍기획, 웰콤, TBWA등이 전통적인 메이저로 통하나 처음부터 메이저에 입사할 필요는 없다. 전직이 잦고 어차피 이직을 해야 하는 경우가 생기기 때문에 처음에 규모나 광고 수주물량이 작아도 입사하여 경력을 쌓는다면 충분히 타사로 이동할 수 있는 기회가 생기기 때문이다. 중요한 것은 어떤 광고를 만들었고 나의 역할이 무엇이었는가이다.

광고업종은 특이한 이력을 가진 사람들도 선호할 수 있다. 다양한 분야에서 근무한 사람들이 모여 완전히 새로운 아이디어를 만들어낼 수 있다고 믿고 행동하는 업종이 바로 광고업종이기 때문이다.

❖ 이런 사람이라면 광고 · 홍보업종에 도전하라

선견지명이 있는 사람이나 시대의 트렌드를 앞서가는 사람은 광고업종에 적합하다. 왜냐하면 광고 자체가 시대의 트렌드를 앞서가려 하고 있기 때문이다. 수년 전부터 열풍이 불고 있는 오디션 프로그램과 광고에 대해 살펴보자. 오디션 프로가 예선을 거쳐 생방송에 들어가는 시점에서 광고회사는 어떤 사람이 우리 회사 광고 컨셉트에 적합할 지, 아직 스타가 되지도 않은 사람들을 대상으로 연구를 한다. 칼같은 예측능력과 발빠른 대처는 스타가 탄생하는 과정에서 드러나는 광고로 강력한 효과를 주고 있다. 소위 뜰 줄 아는 것이 무엇인지 예측하는 것에 흥미를 느낀다면 주저하지 말고 도전해보자.

❖ 광고 · 홍보 업종에 적합한 사람

- 남들과 다르게 생각하는 사람, 창의적인 사람, 기발한 아이디어를 내는 사람, 특이한 경험이 많은 사람
- 자신을 잘 포장할 줄 아는 사람, 나를 꾸밀 줄 아는 사람이 다른 사람도 꾸밀 줄 안다. 쉬운 예로 패션을 선도하는 디자이너들 중에서 자신의 스타일을 추구할 줄 모르는 사람이 있는가?
- 기업 홍보대사 출신의 경우, 기업의 이미지를 개선하기 위해 선발된 사람들이므로 그 경험을 무시하지 못한다.

❖ 광고 · 홍보 업종, 이런 장점이 있더라

생각하는 직업이다. 사람을 만나는 직업이다. 나의 생각이 제작된다. 나의 개성을 표출할 수 있다. 광고/홍보 업종은 본인의 성과가 미디어를 통해 나타나기 때문에, 굉장한 보람을 느낄 수 있다.

읽어봐야 할 책 《책은 도끼다》 박웅현

《광고천재 이제석》 이제석

선배들의 변 "광고는 생각하는 직업이다."

"무조건 야근이다."

"내가 유일하게 사랑할 수 있는 직업"

"광고는 예술과 상업의 경계"

"재밌는것도 하루 이틀이지 몸이 축난다."

"나의 성격과 딱 맞는 직업"

"똥이다."

지원해보고 싶은 광고회사

-제일기획

-TBWA코리아

-웰콤퍼블리시스와이드

-오리콤, 이노션, SK마케팅앤컴퍼니, 덴츠미디어코리아, 대홍기획, 제이더블
유티어드벤쳐, 농심기획, 비비디오코리아

◑ **돌려서 지원하기** ◑ 광고/홍보 업종에 관심이 있다면 이런 분야도 생각해 보자
일반 기업체 홍보실, 게임회사(넥슨, 네오위즈, 블리자드 등), 엔터테인먼트 업체(JYP, SM,
YG 등) 포탈업체(네이버, 다음, 네이트, 구글 외), SNS관련 마케팅 회사, 일반 기업체 중 마
케팅을 중시하는 회사(ex.현대카드, SKT), 파티플래너

 꿈에 그리던 호텔리어

▶Pros : 다양한 사람을 사귈 수 있다

　　　　서비스 업종이 성격상 잘 맞다면 Good

▶Cons : 기대치보다는 연봉이 적다

　　　　경쟁이 치열하다

❖호텔업종에 들어가고 싶다면 이렇게 해라

　호텔경영학과나 관광관련 학과를 졸업하면 유리하다. 하지만, 호텔업종의 입사 요건은 '전공 무관'이라는 것을 기억하자. 일단 어떠한 사람을 원하는지를 파악하자. 중요한 것은 입사 지원자가 어떠한 정신으로 얼마만큼 무장되어 있는가이다. 외국어는 영어가 기본 그리고 일본어와 중국어를 할 수 있다면 좋다. 외국어는 잘 할수록, 다양하게 할수록, 네이티브급이면 좋겠지만 국내에서도 기본적인 비즈니스 커뮤니케이션이 가능한 정도의 회화실력을 연마했다면 면접시 자세와 태도, 마인드, 매너, 표정 등의 기본을 갖추고 어필하는 점이 중요하다. 특히, 외국어는 네이티브가 아니더라도 자유롭게 의사소통이 가능하다는 것을 어필해야 한다. 어두운 표정의 A급의 능력자보다는 밝고 생기있는 느낌의 B급 능력자가 취업에 성공할 가능성이 높기 때문이다.

　일반적으로 호텔은 인턴을 거친다. 인턴기간은 위기이자 기회이다. 인턴기간을 거쳐 정직원으로 들어가 새로운 기회가 펼쳐진다면 기회가 될 수 있겠지만, 인턴에 그친다면 시간은 시간대로 허비하고 그야말로 멘붕이 찾아 올 수 있다. 이러한 인턴제도가 있기 때문에 경쟁이 더욱 치열하고 자칫잘못하면 힘든 업종이 될 수도 있다.

　일단 호텔쪽으로 취업 하기를 원한다면 여행 경력과 타문화에 대한 이해도가 높다면 좋다. 대학시절 어느 정도의 경험과 호텔리어에 대한 꿈을 꾼 사람이라면 여행, 어학연수, 알바, 인턴의 경험이 있을 것이다. 그렇다면, 입사의 핵심은 '나의 잠재력을 어떻게 자기소개서와 면접, 그리고 인턴 기간 동안 어필할 수 있는가?' 이다. 남들 다 하는 어학연수와 아르바이트 경험 그리고 학교생활만으로 어떻게 나만의 경쟁력을 끌어 낼 수 있을까? 그러기 위해서는 나의 모든 경험과 삶의 과정들을 서비스와 호텔에 포커스를 맞추어야 한다. 자기소개서에서는 내가 왜 이곳을 들어와야 하는지, 나의 아르바이트 경험이 어떻게 도움이 될 수 있는지, 나의 성격과 가치관이 호텔업종에 왜 들어맞는지가 표현되어야 한다.

한 가지 전략은 호텔업종에서 업무를 하면서 있을 법한 어려운 상황을 나는 어떻게 잘 극복할 수 있는지를 보여주는 것이다. 실제로 호텔에서 근무하다 보면 소위말하는 '진상'고객들을 접하게 되는 경우가 있다. 서비스가 아무리 좋아도 불만인 고객은 존재하며 그 불평의 정도가 도를 넘어서는 경우도 있다. 따라서 자기소개서나 면접시 인턴, 아르바이트, 어학연수를 가서 인종차별을 겪었던 경험, 이와 비슷한 경험을 했던 사례, 그리고 이를 어떠한 방식으로 극복했는지를 나만의 스토리로 승화시켜 준다면 보다 짜임새 있고 준비된 지원자라는 이미지를 심어 줄 수 있다.

면접시에는 첫인상과 매너가 중요한 만큼 복장과 이미지에도 신경을 써야한다. 하지만, 이미지는 어느 한 순간에 만들어 지는 것이 아니다. 한 평생을 살아오면서 형성된 것이 그 사람의 이미지이고 분위기이다. 따라서 호텔취업을 준비하고 있다면 일찍부터 본인의 이미지와 면접준비를 스터디 그룹등을 통해 점검받는 것이 필요하다. 그렇게 해서 끊임없는 교정과 연습을 해야만 한다.

신라호텔, 롯데호텔, 워커힐 등의 대기업호텔은 일년에 한두차례씩 신입직원 모집을 한다. 그 외의 호텔은 수시채용을 진행하기 때문에 수시로 원하는 호텔 홈페이지나 취업정보 사이트에서 정보를 얻는다. 그리고 쉽지는 않지만 두바이 등의 해외 호텔에서도 한국인 직원을 뽑는 경우가 있으니 해외취업에 관심이 있다면 관련 인터넷 카페나 전문 업체를 이용해 보는 것도 한가지 방법이다.

❖호텔업종에 적합한 사람

호텔업종에 지원하면서 럭셔리한 호텔로비에서 일상, 업무 그리고 비즈니스 미팅과 국제회의를 꿈꾸었는가? 그렇다면 실망할지도 모른다. 일은 일이다. 서비스업 특유의 고충이 호텔업종에도 그대로 적용되기 때문이다. 호텔업종에 적합한 인재상의 키워드는 '배려'다. 사람 만나는 것을 즐거워하는 사람, 본인의 이미지 관리를 잘 하는 사람, 서비스 의식으로 무장된 사람, 센스가 있는 사람, 세계의 다양한 문화를 이해 할 줄 아는 사람, 호텔과 관광 산업에 대한 비전이 있는 사람, 그리고 끈기와 열정을 갖고 있는 사람이 호텔업종에 적합하다.

직원으로서 고객들을 얼마나 잘 케어하고 세심하게 배려할 줄 아는가가 중요하다. 그렇기 때문에 면접시 기본적인 외국어 능력은 물론 자세와 태도를 중점적으로 본다.

- 직급체계 : 사원-슈퍼바이저-캡틴-매니저-지배인-부총지배인-총지배인
- 초봉 2,000대 후반 ~ 3,000대 후반

❖ 호텔업종, 이런 장점이 있더라

연차가 차면 비교적 시간을 자유롭게 조절할 수 있다. 본인의 근무시간을 채우면 추가근무 등은 적은 편이므로 남는 시간을 자유롭게 활용할 수 있다. 외국계인 경우 (Hyatt, Hilton, Embassador, etc.) 해외 여행시 혜택을 받을 수 있다. 국내 호텔의 경우 체인이 있으면 일정부분 혜택이 주어진다. 복지혜택도 좋은 편이며 향후 레저와 리조트 업종으로의 비즈니스를 생각하고 있다면 인맥을 넓힐 기회가 많다.

◗ **돌려서 지원하기** ◖ 호텔업종에 관심이 있다면 이런 분야도 생각해 보자
스튜어디스, 아나운서, 한국관광공사, 여행사, 카지노, 요식업종, 리조트

★스펙을 뛰어넘어★ **선배들의 TALK about 호텔**

봐야 할 영화, 동영상 ≪호텔리어(드라마)≫

선배들의 변 "연예인이나 유명인사들도 종종 본다."
　　　　　　　 "식음료, 객실할인은 기본."
　　　　　　　 "외국서 1/5 가격에 호텔을 이용할 수 있다는 것. ㅋㅋㅋ"
　　　　　　　 "힘든 점도 많지만 보람도 느낍니다."
　　　　　　　 "인턴시절이 가장 고달프다. 인턴부터가 경쟁이다."
　　　　　　　 "외국인에게 무시당할 때 그만두고 싶다."
　　　　　　　 "아랍인이 바닥에 떨어진 휴지 주우라고 해서 화장실에서 울고 온 적 있다."
　　　　　　　 "유학까지 다녀와서 이런 취급 당하고 싶어?"

▶ Pros : 경기에 크게 민감하지 않다

타업종에 비해 스펙제한이 낮다

업무배치가 다양하다

▶ Cons : 업종이 포화상태이다

연봉의 안정적인 상승이 쉽지 않을 수도 있다

여러분은 식품업종에 대해 얼마나 알고 있는가? 어린 아이들에게 친숙한 기업을 이야기해 보라. 그러면 대부분의 아이들이 식품을 주사업으로 하는 기업을 많이 언급할 것이다. 농심, 롯데, 한국야쿠르트, 오뚜기 등, 입 속으로 들어가는 맛있는 사업을 영위하는 기업이기 때문에 그런 것이 아닐까 라는 생각을 해본다.

그렇다면 취업의 대상으로 식품업계를 바라보면 어떤 생각이 들까? 우선 시장이 잘 형성되어 있다. 반대로 말하면 시장이 포화상태라 발전을 위한 동력이 필요한 업계가 바로 식품업계이다. 그만큼 취업과정에서도 식품업계의 발전을 위한 노력은 자기소개서 질문항목들과 면접시 질문 등에서 잘 나타난다. 해당회사의 제품을 대상으로 광고표어를 제시해보라는 질문이 대표적이다. 해당회사 제품의 문제점 및 나아가야 할 방향들을 신선한 신입병아리들의 관점에서는 어떻게 생각하는지 궁금해 하는 경향이 크다. 특히, 대부분의 식품기업이 건강함과 깨끗함을 추구하고 있다는 점을 주목할 필요가 있다.

최근 소비자들은 조금 가격이 비싸더라도 유기농 식품을 선호하고 있다. 이런 고객들을 만족시킬 수 있는 인재, 즉, 평소에 녹색식품에 대한 관심이 많은 사람들이라면 자신있게 도전해보아도 좋다.

❖식품업종 준비 시 주의점 : 브랜드명 헷갈리지 않기!

식품업체에 지원하면서 해당회사에서 어떤 제품을 생산하는지도 모르는 경우가 있다. 하지만 모를 수 있다. 어설프게 아는 척했다가 낭패보는 행동은 절대 금물이다.

과거 타이어 전문기업 N사의 인사 담당자 K씨가 했던 말이 정말 웃겼지만, 지금 생각해보면 시사하는 바가 있다. 국내 유수 타이어 기업인 N사는 공교롭게도 게임업체 N사와 기업명이 유사하다. 하루는 K씨가 자기소개서를 살펴보면서 한 지원자의 자기소개서에 크게 걸린 소개글을 보고 경악을 금치 못했다고 한다. "대한민국 최고의 게임업체 넥슨의 일원이 되고 싶습니다!"

K씨는 쓸쓸한 표정으로 딱 한마디를 했다.

"가장 기본적인 준비조차 돼 있지 않군요.."

아무리 구미가 당기는 능력을 갖춘 지원자라도 이런 실수는 치명적이라는 뜻이다. 특히 식품업종은 상품의 종류가 많은 편이기 때문에 경쟁사의 브랜드를 기재하는 실수는 절대로 피해야 한다.

▶Pros : 조직문화가 유연한 편이다

　　　　복지가 타 업종에 비해 좋은편이다(특히 여성)

▶Cons : 연봉수준이 그리 높은 편은 아니다

　　　　보다 세심한 일처리 능력을 요한다

❖인턴쉽을 적극적으로 활용하고 능동적으로 행동하라

뷰티나 패션 업종의 유명 회사들은 대다수 여성들에게 로망인 직장 중 하나이다. 하지만 늘 현실과 이상은 괴리가 존재한다. 외국계 유명 화장품 회사 인사담당자와 인터뷰를 통해 성공적인 취업과 경력설계 과정을 알아보았다.

취업의 시작은 입사지원에서부터 시작된다. 인사담당자의 시선을 한 눈에 사로잡기 위해서는 취업공고에 제시된 지원요령을 숙지하고 정결하고 깔끔하게 지원서와 이메일을 작성하는 것이 중요하다. 그렇다고 이메일 작성 시 지나친 오버는 오히려 인사담당자에게 거부감을 줄 수 있으니 이점은 반드시 고려하길 바란다.

인사담당자가 이력서를 검토할 때 물론 기본적인 스펙을 점검한다. 하지만 스펙은 기본적인 자질을 판단하는 요소일 뿐 당락을 좌우하는 요소는 아니다. 가장 중요하게 여기는 사항은 유관 업종 인턴경력이다. 또한 공모전 입상이나 다양한 사회경험 및 아르바이트 경력도 유심히 살펴봐야 할 요소 중 하나이다.

면접에서는 지원자의 태도와 센스를 가장 우선적으로 평가한다. 전문적 지식을 가지고 업무에 임하는 것도 중요하지만, 보다 효율적인 성과창출에 있어서는 팀워크와 동료들 간 조화로운 융화가 가장 중요하기 때문이다.

회사에 정직원이나 인턴으로 채용이 되면 능동적으로 매사에 임해야 한다. 회사의 특성상 여성이 많기 때문에, 남성의 경우 카트로 화장품 박스를 옮기는 등 험한 일을 할 경우가 많다. 이럴 때도 적극적으로 임해야 한다는 말이다. 집에서는 대접 받았겠지만 똑같은 행동을 회사에서도 한다면 곤란하다. 얼마만큼 '헝그리 정신'을 가지고 매사에 파이팅 넘치게 행동하며 팀에 융화하는지 늘 인사담당자에게는 주시의 대상이다. 간혹 자신이 속한 팀의 동료나 선배에게만 잘

하는 경우가 있다. 물론 잘못된 행동은 아니지만 다른 부서 직원들과 융화도 조직에서 구성원이 가져야 할 중요한 요소이기 때문에 재계약 혹은 채용 시 이러한 요소도 적극 반영한다.

또한 소위 '업계가 좁다'고 한다. 그렇기에 인사담당자들간 유대관계가 형성되어 있다. 아까운 인재인데 회사의 사정상 채용이 불가한 경우는 타사에 추천을 해 주는 경우도 종종 있다. 그렇기에 상황에 상관없이 늘 최선을 다해 업무에 임하고 주변사람과 유대관계를 돈독히 하기 바란다. 본인이 원하면 조직 내 이동도 꽤 자유로운 편이다. 포지션에 공백이 생겼을 경우 내부에서 가장 먼저 적임자를 물색한다. 내부자는 조직의 문화와 특성을 잘 이해하고 있기 때문에 업무가 다르다고 할지라도 적응이 무척 빠르고 성과 또한 우수하다. 최근에 비서업무를 보던 담당자가 홍보부서로 옮겨 훌륭히 업무를 수행해 나가는 경우도 보았다.

그렇기에 입사해서 부여 받은 업무가 적성에 맞지 않다고 해서 섣부른 속단이나 결정을 해서는 안 된다. 차근히 준비하고 기회를 기다리면 늘 행운은 오기 마련이다.

마지막으로 신입사원들은 연봉에 대한 환상을 버려야 한다. 업종마다 평균적으로 지급되는 월급은 정말 천지 차이다. 그렇기 때문에 누군 은행에서, 누군 증권에서, 그리고 누군 통신회사에서 얼마를 받고 입사했는데 나는 이게 무언가? 나도 그만큼은 받아야 하지 않을까? 이런 생각이라면 급여에 맞는 업종과 회사를 선택하는 것이 바람직하다.

❖이런 사람이라면 뷰티, 패션 업종이 딱이다!

뷰티나 패션업종의 주요 타겟은 까다로운 여성구매자들이다. 물론 최근에는 남성용 화장품 시장도 굉장히 넓어졌지만, 아직까지 뷰티에서 만큼은 여성들의 기호가 절대적으로 반영되고 있다. 그렇다면 어떻게 해야 까다로운 뷰티업종의 고객들을 만족시킬 수 있을까?

먼저, 적극적인 서비스 정신으로 중무장된 사람이 성공할 가능성이 높다. 대한민국 사람들의 부정할 수 없는 특성 중 하나가 본인의 몸에 투자하는 돈 만큼은 아끼지 않는다는 것이다. 그렇기 때문에 서비스 정신이 투철한 사람들의 경우 특유의 관심과 친근함 그리고 제품에 대한 적극적인 설명을 토대로 추가 매출을 올릴 수 있는 가능성이 높다.

서비스 정신이 투철한 사람의 얼굴은 대부분 자연스러운 미소가 묻어나오는 특징이 있다. 특히, 아르바이트 경험으로 서비스 업종을 경험해보았다면 유리한 부분이 분명히 있다. 본인이 남들에게 서비스를 제공하면서 보람을 느끼고 항상 미소를 짓고 있었다면, 자신있게 도전해보자.

남자의 경우에는 여성들과 허물없이 잘 어울리는 사람, 평소에 자신을 가꾸는데 관심이 있는 사람이면 좋다. 뷰티, 패션 업종은 앞서 언급했던 것처럼 여성의 비율이 높은 업종이다. 그렇기 때문에 여성들과 원만한 관계를 유지하지 못한다면, 회사생활이 힘들 수밖에 없다. 평소에 여성들의 취향과 패션 등에 대해 관심을 가져왔다면 자신있게 도전해보자.

남자의 세심한 배려는 여성 소비자의 마음을 움직이는 열쇠가 될 수 있고, 사내에서도 동료들에게 중요한 사람으로 각인 될 수 있는 조건을 갖추었다고 볼 수 있다. 뷰티, 패션 업종에 몸담고 싶은 꿈을 가지고 있다면 당장 오늘부터라도 그대들의 어머니, 누나, 동생 그리고 사랑하는 연인에게 조금 더 배려해보자.

★스펙을 뛰어넘어★ 선배들의 TALK about 뷰티업종

봐야 할 영화, 동영상 《악마는 프라다를 입는다》

선배들의 변 "여자가 박스도 나른다."
"여자들 틈에서 살아남기 쉽지 않습니다."
"뒷얘기하고 미묘한 스트레스가 많아요."
"화장품은 싸게 살 수 있다."
"한류열풍 때문에 중국이나 동남아에서 매출이 늘고 있습니다."
"한국 회사도 미래가 밝다고 생각하고 근무하고 있습니다."

일해 보고 싶은 회사

- 아모레 퍼시픽
- 버버리 코리아
- 엘카코리아 (에스티 로더, 클리니크, 바비브라운)
- 제일모직
- 한국화장품
- 참존

 한국 경제의 기반 산업

▶ Pros : 연봉이 높은 편이다

　　　　고용이 비교적 안정적이다

▶ Cons : 경기에 민감하다

　　　　회사분위기가 엄격한 편이다

　　　　여성의 비율이 낮다

여러분들은 철강업종에 대해 어떤 생각을 가지고 있는가? 남자들의 직장? 규율이 비교적 엄격한 곳이라고 생각하는가? 어느 정도 일리가 있는 말이다. 하지만 그 이면에는 엄청나게 많은 특징과 변수들이 존재한다.

사실 철강업종이 없었다면 지금 우리나라가 선진국 대열에 올라서는 것은 불가능했을지도 모른다. 지금은 고인이 되신 철강왕 박태준 전 포스코 회장님의 도전정신, 현재 철강업계를 이끌고 계신 분들의 경영 노하우, 철강업계 종사자들의 피나는 노력과 기업에 대한 충성심이 있었기에 지금의 대한민국은 보릿고개를 넘어 전 세계에서 가장 선박을 잘 만드는 나라, 전 세계에서 자동차가 가장 많이 다니는 나라 중 하나로 부상할 수 있었다. 물론, 이러한 타이틀들은 철이 없었다면 불가능했을 것이다.

철강업종은 제품이 쓰이는 곳이 건설, 자동차, 조선 등 소위 말해 비싼 제품의 원료로 쓰이기 때문에 거래단위가 타 업종에 비해 큰 규모이다. 물론 거래규모가 더 큰 업종들도 존재한다. 하지만 단일품목으로 제품을 생산하는데 있어 투입되는 원가의 비중이 굉장히 높은 편이고, 그로 인한 수익성은 그리 높지 않기 때문에 비교적 경기의 변화에 민감하다. 게다가 업무강도가 강한 편이고 내수보다는 수출 수입으로 인한 리스크 등이 큰 편이다.

지금의 철강 불황도 경기의 불황과 맞물려 있다는 것을 보면 조금 더 쉽게 이해가 갈 것이다. 게다가 수년 전부터 풍부한 자원, 넓은 영토를 보유하고 있는 중국의 철강기업들이 전세계적으로 맹위를 떨치고 있어 국내의 철강산업은 더더욱 큰 도전에 직면해 있다. 철강업종의 범위 안에 들어가는 종류는 많다. 이 책에서는 세부적으로 구분하지 않고, 보편적인 관점에서 이야기를 하겠다.

❖ 철강업종 들어가고 싶다면 이렇게 하자

철강업종은 보수적인 조직특성을 가지고 있다. 채용을 하는 부서의 특성에 따라 조금씩 차이가 있기는 하지만, 너무 튀는 사람, 끼가 많은 사람보다는 상대적으로 묵묵히 자기일을 소화하고 한 조직에 오랫동안 충성할 사람을 선호한다. 그렇기 때문에 자기소개서, 면접시에 비교적 차분한 톤으로 또박또박 자신의 생각을 어필할 줄 아는 능력이 필요하다. 특히, 마구잡이식으로 지원한다면 백발백중 낙방하는 곳이 바로 철강업종이다.

따라서, 개인이 어떤 파트에 적합한 사람인지, 특히 주변 사람들이 바라보는 당신은 어떤 사람인지 자신에게 스스로 물어볼 필요가 있다. 다른 사람들이 바라보는 당신이 어떤 면에서는 더욱 정확할 수 있기 때문이다. 사람들이 보는 관점은 대체로 비슷한 편이기 때문에, '너는 영업에 잘 어울리는 것 같아.' 라는 평을 듣는다면 본인의 성격이 영업업무를 수행하는데 비교적 적합한 성격이라는 생각을 가지고 자신감있게 지원하면 될 것 같다. 어떤 업무이든 시켜만 주시면 열심히 하겠다는 이야기는 통하지 않으니 명심하길 바란다.

업종의 보수적인 성격은 이직 시에도 크게 작용한다. 대개는 규모가 작은 업체로 이직을 하는 경우가 많으며, 다른 업종들에 비해 상대적으로 타업종으로의 커리어 전환이 쉽지 않다. 그러나 이러한 특성은, 반대로 생각해 본다면, 철밥을 먹기 시작하면 큰 문제가 없는 한 지속해서 커리어를 발전시켜나갈 수 있다는 장점으로 볼 수도 있다. 분명히 매력이 있는 업종이다.

❖ 이런 사람이라면 철강업종에 도전해보라.

태어나면서부터 특정 업종에 적합한 사람이 얼마나 있을까? 하지만 이런 사람이라면 철강업종에 도전해 볼 필요가 있다.

첫째, 군대식 생활에 익숙한 사람이다. 철강업종은 상하관계가 엄격한 편이기 때문에, 조직 적응력이 부족한 사람들은 웃으면서 생활하기 어렵다. 때로는 선배의 엄한 질책에도 웃어넘길 수 있는 배짱을 가진 사람이라면 도전해 볼 만 하다. 그런 측면에서 군대식 생활에 익숙한 장교나 부사관 출신들이 도전을 많이 하는 편이고, 실제로 입사 후에도 고참과 후배들 사이의 연결고리 역할을 훌륭히 수행하는 편이다. 마치 군대처럼 선 후배간의 위계질서와 업무의 강도가 강한 편이라는 것을 절대 간과해서는 안된다.

둘째, 끈기 있는 사람이다. 철강업종은 비교적 근속년수가 긴 편이다. 그리고 정년퇴임을 하더라도, 계약직으로 전환하여 계속 근무할 수 있는 환경을 만들어 주고 있다. 일례로 포스코의 경우에는 명예퇴직을 한 직원들의 노고를 배려해 주는 측면에서, 포스코 산하 자회사, 혹은 거래기업 등에서 일할 수 있도록 배려해주고 있다. 그렇기 때문에 한 직장에서 오랫동안 몸담고 있을 끈기와 의지를 가진 사람이라면 망설임없이 지원해보라고 추천하고 싶다.

셋째, 영어를 포함하여 외국어 능력이 출중한 사람이다. 아시다시피 우리나라는 자체적으로 철을 수급하는데 문제가 있고, 매출 역시 대부분 수출에 의존하고 있다. 여기서 몇몇 독자들은 포스코, 현대와 같은 몇 군데의 대기업에만 해당되는 것이 아니냐 라는 생각을 가질 수 있는데, 포스코, 현대 등 대기업이 해외수주에 성공하면, 시공에 필요한 기자재를 공급하는 업체들을 포함하여 관련된 모든 기업들이 해외바이어들이 의뢰한 기준에 맞추어 물품을 생산하고 제공해야 한다. 그렇기 때문에, 기업규모에 상관없이 철강업종에 종사하는 사람들에게는 외국어 능력이 필요하다고 생각하면 된다. 그렇다고 특출나게 원어민 같은 언어능력을 구사할 필요는 없으니 지레 겁먹을 필요는 없을 것 같다.

마지막으로, 이직을 하더라도 평생 철을 다루면서 살고 싶은 사람이다. 철강업종은 특정부서를 제외한다면 타업종으로 이직하기 쉽지 않은 직종이다. 다루는 제품자체가 특수성이 있기 때문에 그런지 몰라도, 비슷한 업종이 아니면 커리어 전환을 하기 어려운 편이다. 그렇기 때문에 동종업계 혹은 유사업계에서 근무를 할지라도 계속 철과 함께 살고 싶은 사람이라면 추천하고 싶다.

❖철강업종, 이런 장점이 있다

철강업종에 종사하면 어떤 점이 좋을까? 라는 생각을 하다가, 실제 철강업종 종사자들에게 장점을 조사해 보았더니 이런 결과가 나왔다.

첫째, 높은 연봉이다. 비교적 철강업종은 연봉수준이 높은 편이다. 일례로 H사의 경우에는 신입의 연봉이 6천만원을 훌쩍 넘을 정도이니 말이다. 그 외의 기업들도 평균적으로 4천만원 이상은 되는 것으로 나타났다.

둘째, 철강을 원료로 사용하는 건설업, 에너지업 등 연관된 업종이 많기 때문에 이직시에 경력을 살릴 수 있다는 장점이 있다. 물론 모든 직무에 적용되는 것은 아니다.

셋째, 퇴직 후 사업을 할 수 있는 여건이 많다. 물론, 어떤 업종이든지 퇴직 후 관련사업에 뛰어들 수 있는 여지는 있다. 하지만 철강업종의 경우에는 퇴직 후에도 관련 사업을 한다면 몸담고 있던 조직과 상생하면서 사업을 운영할 수 있다. 제품의 가격형성대가 높은 편이기 때문에 적은 마진에도 꽤 괜찮은 수입을 보장한다. 1%의 마진에도 한달의 수입이 보장된다고 하면 믿겠는가?

★스펙을 뛰어넘어★ **선배들의 TALK about 철강업**

읽어봐야 할 책 ≪철강왕 박태준≫ 박태준

≪나보다 나은 사람이 되시오≫ 박태준

≪철강왕 카네기 자서전≫ 앤드루 카네기

선배들의 변 "보수적이기 때문에 오히려 회사생활에 적응하기 쉬운 점도 있다."

"또래보다 비교적 높은 연봉을 받을 수 있어요."

"보수적이기 때문에 신규거래처를 확보하는 게 어려운 편이다."

"철강업계는 대부분 이직 후에도 바로 정규직으로 채용을 하는 편 같아요."

"아쉽지만 여성이 정규직으로 근무하는 비율은 낮습니다."

 경기를 많이 타는 업종

▶Pros : 커다란 성취감 호황기

　　　　두둑한 보너스

　　　　해외 경험 등 다양한 기회

▶Cons : 경기에 민감하다

　　　　상위업체를 제외하고 리스크가 크다

　　　　조직내 생활이 쉽지 않다

❖건설업종 트렌드에 관해 알고 가자

건설시장에 모처럼 훈풍이 불고 있다. 국내에서는 기준금리 인하에 힘을 얻은 주택시장이 살아나고 있고, 이 여파는 국내 건설시장 전반으로 번질 것 같다. 사실 건설업은 다른 여타 업종보다 고용효과가 큰 업종이다. 예를 들어 반도체를 1조 원어치 수출한다고 해 보아야 거기에서 추가로 고용할 수 있는 사람은 몇백 명이 되질 않는다. 모든 공정이 자동화되어 있기 때문이다. 반면에 건설업에서 1조 원짜리 거대한 프로젝트를 착공한다면 거기에는 수천 명의 추가인력이 필요하다. 그런 이유로 예로부터 건설업은 고용에 제일 영향을 많이 주는 업종으로 분류되어 왔다.

그동안 침체기에 있던 건설업종이 바야흐로 본격적인 비상을 할 단계에 와 있다. 최근의 보도를 보면 지난 30년 간 금단의 땅으로 여겨졌던 이란건설시장이 서방국가들의 제재가 풀리면서 다시 열릴 조짐을 보이고 있고, 중동과 아프리카 아시아 등지의 해외건설시장에서도 본격적인 발주 러시가 예상되고 있다. 2015년 4월에만도 현대 대우 SK 등이 합작으로 쿠웨이트에서 15조 원의 정유공장 프로젝트를 수주했으며, 두산중공업이 베트남에서 단독으로 2조원 대의 발전소를 수주하였다는 보도가 있었다.

❖섬세한 사람보다는 선이 굵은 사람에게 적합

건설업은 한마디로 선이 굵은 업종이다. 즉, 어느 개개인 한 사람의 손으로 사업수주가 이루어지거나 공사가 끝나는 업종이 아니라는 말이다. 이 말은 단점만으로 놓고 보면 한 개인이 조직에 크게 기여할 수 없다는 말도 되지만, 그 반대로 장점을 생각해 보면 구성원 한 사람이 거대한 톱니바퀴의 하나로 제 역할만 잘 해주면 된다는 역설도 가능하다. 건설업은 특성상 엔지니어들이 많이 필요한 것은 물론 인문사회계열의 모든 졸업생들이 필요한 '전 방위적'인 업종이기도 하다. 취준생들의 입장에서 보면 그만큼 진입의 폭이 넓다고도 하겠다. 또 거대한 조직을 운영해야 하는 관계로 건설업종에서 최고경영자의 자리에 오른다면 국가를 운영할 수 있는 능력까지도 생기게 된다. 그 대표적인 예가 현대건설 CEO 출신인 이명박 전임 대통령이다.

그래도 건설업은 무작정 열정 하나만 가지고 덤비기에는 시장 상황이나 조직의 문화가 녹록치 않은 업종이다. 아직까지도 남성적인 조직문화가 많이 남아있기 때문이다. 그 단적인 예로 일반기업체에서는 들어보기 힘든 '돌관작업(연속철야)' 같은 것이 남아 있기도 하다. 그래도 요즘은 건설업의 분위기도 많이 바뀌어서 여성들도 현장관리직에까지 진출하고 있는 상황이다.

★스펙을 뛰어넘어★ **선배들의 TALK**

"너 노가다 될래?"
"해외현장에 나가면 200% 연봉은 기본"
"큰 현장은 그야말로 또다른 하나의 회사이다."
"저거 내가 놓은 다리다. 저거 내가 세운 건물이다."
"한마디로 통이 크다."
"자기자본 대비 프로젝트의 규모가 크기 때문에 쉽게 망하기도 한다."

언론사! 어떤 이들에게는 말만 들어도 설레이는 직종이고, 정치적, 사회적으로 유명인사들에게는 무서운 존재이기도 하다. 그만큼 언론계에 종사한다는 건 사회적으로 어느 정도의 영향력 있는 사람이 된다는 느낌이 들기까지 한다. 우리가 소위 말하는 방송 3사(SBS, KBS, MBC)를 포함하여 최근에는 종편방송, 그외에 다양한 신문사 등, 굉장히 많은 언론사들이 존재하고 있다. 그렇지만 사실 언론사의 직원으로 일 할 수 있는 기회를 잡기란 굉장히 힘들다. 입사 단계에서부터 굉장한 지식을 요구하며 까다로운 채용절차가 기다리고 있기 때문이다. 그렇기 때문에 언론고시라는 말이 생겨난 것이 아닐까? 사회적으로 촉망받는 PD, 아나운서 등, 겉으로 드러나는 것처럼 누구나 언론사에 취업하면 그런 사람들처럼 화려한 조명을 받지 않을까 라는 생각을 한다. 하지만 그건 아주 위험한 상상이다.

❖진정한 CRITIC, 언론인으로서 갖추어야 할 필수덕목

언론사 직원들에게 많은 지식을 요하는 것은 어쩌보면 당연한 결과이다. 수많은 사회인사들을 인터뷰하고 그들과 토론하는 과정에서 기본적인 지식, 해당인에 대한 조사, 그들을 더 깊숙히 파헤쳐보기 위해 언론사 직원들에게는 세상 사람들이 생각하고 있는 지식 이상으로 해박한 지식이 필요하다. 그러한 지식들은 수많은 사회인사들의 진실과 거짓사이에서 끊임없는 줄다리기를 하는 데 유익한 힘으로 작용하게 된다. 이게 바로 CRITIC이다. 언론사 직원들은 상대방의 이야기에 무조건 동조해서는 절대 발전할 수 없다. 그렇기 때문에 언론사에 몸담고자 하는 사람들은 토론에 소질이 있고, 어려서부터 정답보다는 왜 그것이 정답인지 궁금해 했던 친구들, 즉, 호기심이 많은 친구들이 적합하다.

궁금함을 가진다는 말은 문제를 해결할 가능성이 높다는 것이고, 그 궁금증이 해박한 지식과 연결되었을 때 비로소 양질의 정보가 탄생하는 것이다. 필자의 고등학교 시절, 싸움을 그리 잘 하는 친구는 아니었지만, 꼭 자기 할말은 다 하는 친구가 있었다. 하루는 친구와 치고받고 싸우면서도 싸움이 끝났을 때는 왜 그 친구가 잘못했는지, 자신이 왜 싸워야 하는지를 조목조목 설명하는 장면을 목격했다. 극단적인 상황에서도 똑부러지게 말하는 것을 보고 참 신기해 했었는데, 그 친구는 결국 현재 모 방송국의 PD가 되어 시청자들과 소통하고 자신의 의견을 프로그램을 통해 전달하고 있다.

❖경청에 능통한 사람

말을 잘하면 다인가? 아니다. 말 하는 것보다 듣는 것이 더 중요할 수도 있다. 왜 그럴까? 두 귀를 닫고 자신의 의지에 따라 움직이는 사람은 사람들과 원만한 소통을 할 가능성이 적다. 이는 자신이 쓰는 기사, 자신이 만드는 프로그램 완성 자체에 의미를 둘 가능성이 높다는 것을 뜻한다. 하지만 언론사 근무자는 무엇보다 국민들의 소리에 귀를 기울여야 한다. 국민들이 민감해 할 기사, 국민들이 좋아하는 프로그램 들은 국민들의 소리에 귀를 기울인 뒤에야 들리고, 보이는 것이다. 그렇기 때문에 남의 이야기를 잘 들어줄 줄 아는 사람이야 말로 언론사에 적합한 사람이다. 물론, 채용과정에서 면접관의 이야기에만 경청하면 일할 기회는 아마 잡기 힘들 것이다.

❖끼가 다분한 사람

언론사의 특성에 따라 조금씩 차이는 있겠지만, 끼가 있는 사람이라면 언론 쪽에서 성공할 가능성이 많다. 끼가 다분한 사람들은 트렌드에 대해 뜨겁게 반응하는 편이고, 사람들을 잘 이끄는 묘한 능력들을 가지고 있기 때문이다. 실제로 이런 사람들은 사람들이 좋아할 만한 것을 잘 끄집어 내는 편이다.

❖글 쓰기를 좋아하는 사람

어떤 언론사에서 근무를 하든지 글을 쓰고 읽는 것을 좋아하는 사람이 필요하다. 똑같은 내용의 글도 쓰는 사람에 따라 독자들이 느끼는 감정은 다르다. 글쓰는 기술수준에 따라 상대방이 반박할 여지가 없이 기사를 작성하는 사람들이 있다. 그리고 기사의 성격에 따라 글 쓰는 기법도 자유자재로 바꾼다. 한 마디로 글에 혼을 담는 사람들이다. 단지 딱딱하게만 보일 수 있는 글에 마치 생명을 불어 넣어 독자로 하여금 나름대로의 상상을 가능하게 하고, 공감할 수 있게 만드는 능력을 갖춘 사람이다. 이런 사람이야말로 꼭 언론사의 문을 두드려야 할 사람이다.

 대학원 갔다가 취업하는 게 좋을까?

불과 몇 년 전까지만 해도 대학원은 순수하게 학업에 뜻이 있어 교수, 연구원 등이 되고 싶은 사람들이 심도있게 공부하기 위해 가던 곳이었다. 그러나 최근들어 대학원은 막막한 현실의 도피처로 인식되기에 이르렀다. 과거에 대학원 설립의 본질이 학자를 양성하기 위함이었다면 지금은 조금 그 의미가 다양해졌다고 볼 수 있다. 그렇다면 기업에서는 대학원 졸업자들을 어떻게 생각하며, 내가 지금 대학원 진학에 관해 고민을 하고 있다면 어떻게 활용하는 것이 좋을까?

❖올바른 대학원 사용법

첫째, 목적을 분명히 해야 한다. 시대가 바뀌었다고 하지만 대학원은 여전히 학문에 정진하는 것이 최우선적인 목적을 가진 기관이다. 그렇기 때문에, 그저 현실을 도피하기 위해 또는 단지 스펙을 한 단계 업그레이드 하기 위해 진학을 희망하는 사람들은 말리고 싶다.

둘째, 교수님이나 동문들과의 끈끈한 유대관계를 제안한다. 사람은 나이가 들면서 타인에게 먼저 다가가기를 두려워한다. 하지만 대학원에 진학하기로 마음을 먹었다면 적극적으로 교수님들이나 동문들과의 유대관계에 신경써야 한다. 어떤 조직이건 마찬가지이지만, 한번 겪어본 사람들, 그 중에서도 자신에게 긍정적인 영향을 준 사람과 함께 일해 보고 싶다는 생각이 들기 마련이다. 이게 바로 인맥관리고, 이게 바로 빽이다. 아마도 이 시기부터 스스로 인맥을 관리할 수 있는 여건이 마련되는 게 아닌가 라는 생각이 든다.

셋째, 진학목적이 어떤 것이든지 본인이 전문성을 갖추고 싶은 분야를 정하길 권한다. 즉, 확실한 목표의식을 가지고 진학하라는 말이다. 예를 들어, 현재 인사파트에 재직중인 실무자가 대학원을 진학하려고 아무런 목적없이 마케팅 인사 전략 회계 등 모든 파트에 투자를 한다면 얻는 것보다 헷갈리는 것이 분명 더 많을 수 있다. 본인이 전략적인 안목을 갖춘 인재양성 전문가가 되고 싶다면 전략을 공부할 필요가 있고, 향후 재무전문가로 도전하고 싶다면 회계 또는 재무파트에 승부를 볼 필요가 있다. 과유불급이라는 말을 되새겨보자.

넷째, 발표를 두려워 하지 말아야 한다. 실무에서 성공한 사람들의 공통점은 설득력을 가지고 있다는 것이다. 그리고 남을 설득할 수 있는 능력이 곧 발표 또는 프리젠테이션이라고 볼 수 있다. 프리젠테이션에 익숙해지기 시작하면 지위고하를 막론하고 막힘없이 참석자들 또는 청중들을 압도해 나갈 수 있다. 사회적으로 성공한 사람들을 생각해보라. 스티브 잡스, 빌 게이츠, 김연아를 포함한 많은 사회인사들이 대중에게 어떻게 어필하는지 항상 기억하고 연습해 볼 필요가 있다.

❖대학원생들이 도전해 볼만한 분야들

대학원은 전문성을 갖추고 회사에서 경쟁력을 가질 수 있는 테크닉을 지닐 수 있지만, 반대로 대졸들에 비해 나이가 많다는 핸디캡을 가진다. 이는 일반적인 대기업 취업에 어느 정도 영향을 주는 편이다. 하지만 이러한 것을 모르고 막연한 기대로 어떤 기업이든지 들어갈 수 있다는 생각을 가지는 예비 대학원생들을 위해 어떤 형태로 취직을 하고 이직을 할 수 있는지 간단한 팁을 제공할까 한다.

▷ 연구소, 협회 등

연구소나 협회와 같은 곳은 상대적으로 대학원생들을 선호한다. 왜냐하면 대학원생들은 분석이 가능하기 때문이다. 일례로 매년 통계자료를 배포해야 하는 기관들의 경우, 통계에 능한 지원자를 찾기 마련인데, 논문을 접해 본 대학생들이라면 그 정도는 일도 아니다. 협회 역시 크게 다르지 않다. 분석을 통해 현황을 파악하고, 예측을 중요시 하는 대표기관들의 경우 통계에 능한 대학원생들을 선호할 수 밖에 없다. 상대적으로 더 높은 연봉을 책정하더라도 대학원생들을 채용하여 실무에 바로 투입하는 것이 대학생들을 채용하여 교육시키고 업무에 투입시키는 것보다 기회비용 측면에서 기업에 유리할 수 있기 때문이다.

▷ 공기업

공기업 역시 대학원생들에게 많은 기회를 제공하는 편이다. 조직의 특성상, 패기넘치고 도전적인 대학생들보다 상대적으로 논리적이고, 안정적인 대학원생들을 채용함으로써 조직을 안전하게 정비하려고 하는 생각을 가지고 있기 때문이다.

▷ 금융기관

연구소, 협회와 마찬가지로 통계를 다룰 줄 아는 대학원생들을 선호한다. 좋은 예로, C대학교 대학원에서 수학을 전공한 학생들의 경우 100% 여의도 증권가에 입성하였다. 금융기관의 경우 영업소 쪽은 다르지만, 본사의 경우는 대학원졸 이상 직원들의 비율이 높은 편이다. 왜 그럴까? 이유는 실무에서 요구되는 능력을 대학원생들은 바로 소화해낼 수 있다고 판단하기 때문이다. 특히, 일반은행권 보다 선물거래, 재무분석기관 등에서 많이 선호하는 편이다.

▷ 일반기업 산하 부속연구소

삼성, 현대, LG등에 부속되어 있는 연구소들의 경우 기계, 전자 등 이공계열 대학원생들을 선호한다. 이공계열의 경우 학부에서 배우는 수준과 대학원에서 습득하는 지식수준의 큰 차이가 나기 때문에, 실무에 바로 적용가능한 특허 등을 취득한 전문가들도 많이 나오는 편이다. 남 돈 벌 때 대학원에서 2년간 비싼 돈 주고 밤새워가며 실력을 쌓았는데 어떻게 그들을 거부할 수 있을까?

❖이런 분야에서는 대학원생들이 손해볼 수 있다.

▷ 일반 기업의 영업파트

전형적으로 패기와 도전정신을 높이 사는 직군이 영업이다. 그렇기 때문에 전문지식으로 무장한 대학원생들을 부담스러워 할 수밖에 없다. 기업의 입장에서는 그들의 지식수준을 의심하지는 않지만, 그들이 과연 이 험난한 영업파트에서 경쟁력을 가지고 버텨낼 수 있을지 의심의 눈초리로 보는 것이다. 특히, 대다수의 대학원생들은 '내가 이정도 공부했는데, 이렇게 굽실거려야 해?' 라는 생각을 가지는 경우가 많기 때문에, 별로 추천해주고 싶은 분야가 아니다.

▷ 연봉 수준이 높지 않은 기업

작년 대학원을 졸업한 김O연 씨가 겪고 있는 딜레마가 있다. 본인이 대학원 졸업 후 너무나 가고 싶어하는 업종은 상대적으로 연봉수준이 낮기 때문에, 대학원생들을 채용하기 꺼려한다는 것이다. 대학원생만 차별대우하는 조항을 만들 수도 없고, 대학원생이 아니어도 충분히 소화할 수 있는 부분이기 때문에 그렇다는 것이다. 적은 연봉을 주고도 비슷한 효과를 낼 수 있는데 굳이 몸값이 높은 대학원생들을 채용할까?

❖이런 마음가짐으로는 대학원 쳐다보지도 말자

▷ 대학원에 시간 때우러 가는 사람.

이런 사람들은 최소 2년이 넘는 시간을 무의미하게 보낼 확률이 높다. 대학원에서 학문과 경험을 배우고 익히는 과정에서 인적 네트워크, 학업에 대한 전문지식 등이 쌓여가는 것인데, 배우고 익히는 과정에 대한 열의가 없다면 어느 하나 제대로 갖출 수 있는 것이 없다. 대학원에서 만나는 실무진들은 당신의 태도를 통해 평가 한다는 것을 잊지 말자. 그런 사람들은 당연히 교수님들의 눈에도 예쁘게 보일리가 없다.

▷ 대학원 진학목적이 모호한 사람

대학원에 진학하는 사람들을 보면 크게 두 가지의 유형이 있다.

첫번째 유형은 정말 교수나 연구원과 같은 한 분야의 전문가가 되기 위해 학문적인 공부를 하고자 입학한 케이스이다. 이런 경우에는 머지않아 전문지식을 유감없이 발휘할 수 있는 연구소나 공공기관에 취직하거나, 아니면 교수가 되어 그런 기관에 몸담을 가능성이 높다.

두번째 유형은 취업을 위해 대학원에 진학하는 경우이다. 이런 경우에는 성실한 태도로 인간관계의 폭을 넓혀갈 필요가 있다. 대학원에는 상대적으로 고위급 관리자 등이 많은 편이므로, 새로운 기회가 창출될 수 있는 케이스가 많다. 물론 본연의 학업에 대한 열정이 성공의 전제조건이다. 같이 있으면 재미있는 사람과, 같이 일하고 싶은 사람은 조금 다르다는 것을 명심하자. 능력과 성실성이 필요하다.

위의 두가지 중 어느 경우이든, 확실한 목적 하나쯤은 가지고 대학원에 진학할 생각을 하는 것이 중요하다. 대학 졸업 후의 2년이라는 세월은 절대 가볍게 여길 수 있는 시간이 아니라는 사실 말이다. 인생에서 제일 중요한 2년이기 때문이다.

❖대학원생의 용돈벌이

대학원생들은 어떻게 용돈을 벌까? 이전에는 배달, 편의점, 까페 등 단순한 서비스 업무가 아르바이트의 주요대상이었다면, 대학원생이 된 후에는 다른 방법으로 돈을 벌 수 있다. 예를 들어 학부생들의 중간, 기말고사 채점을 통해 용돈을 벌 수 있고, 학부조교를 하면서 학업과 학비를 동시에 벌 수 있다.

특히 학문적으로 포커스를 맞춘 대학원생들의 경우, 다양한 연구에 투입 되면서 책정된 연구비와 장학금을 통해 생활비를 마련하는 경우도 많고, 학부생들 중 전공지식 수준이 비교적 낮은 타과 출신 학생들의 SOS클래스를 맡아서 돈도 벌고 강의스킬을 키워나갈 수도 있다.

그뿐만이 아니다. 학업에 유용하게 쓰이는 통계분석능력을 무기로 여러 기업이나 단체의 통계분석 아르바이트에 투입될 수도 있다. 비용수준도 생각보다 높은 편이다.

대학원생들은 주로 지적 능력을 가지고 돈을 벌게 되는 경우가 많으므로, 이 시기에 생각의 변화가 많이 일어날 수 있다. 이렇게 벌이를 하면서 일년에 3천만원 이상 수입을 벌어들이는 경우도 있다. 계속 공부해서 지적능력을 이용하여 돈을 벌 것인지? 아니면 이를 기반으로 하여 기업체에 입사할 것인지? 어떻게 보면 선택의 폭이 넓다고 볼 수 있다.

❖목표를 어떻게 설정할까

순수학문을 공부하는 학과의 경우에는 어느 업종으로 진출하는 경우가 많을까? 대학원생으로 살아가면서 가장 많이 느낄 수 있는 고민 중 하나는 아무 데나 취직할 수도 없다는 것이다. 하지만 미리 겁먹지는 말자. 모든 물리학과 학생이 아인슈타인이 될 수 없는 것처럼 대학원 졸업이라는 경쟁력을 통해 문을 두드릴 대상을 잘 선별하는 것이 중요하다.

여러 순수학문 중에서 수학과의 경우를 살펴보자. 놀랍게도 일반대학원 수학전공을 한 학생들의 90% 이상이 금융계열로 진출한다. 이러한 통계가 보여주는 바는 숫자를 분석하여 흐름을 파악하고 과거와 현재, 그리고 미래의 그래프를 예측해 보는 금융업계에서는 숫자에 강한 사람들을 선호한다는 것이다. 그들은 일반 경영학과 학생들이 밤새 해결하지 못하는 난제들을 순식간에 뚝딱 해결해 내는 능력이 있다. 이처럼 연관성을 가질 수 있는 업종을 생각해보면 다른 순수학문이나 공대 등도 장래의 타겟을 설정하기가 그리 어렵지 않다.

 과연 어떤 도움이 될까?

한 때 MBA는 경영자가 되기 위해서 필수적으로 경험해야 하는 과정으로 여겨진 적도 있었다. 실제로, 국내 굴지 기업의 오너들 중 MBA 출신들이 상당수 포진하고 있기도 하다. MBA가 직장 생활을 하는데 어떤 도움을 줄 수 있을까? 대부분의 MBA 과정은 학생들이 기업경영에 필요한 기본적인 이론을 배우고 케이스 스터디를 통한 사례 연구를 하도록 구성되어있다. 학생들은 실무를 최소 2~3년은 경험해 보았으므로 서로 간의 지식공유 의견공유와 더불어서 현장에서 필요한 문제해결 능력을 함양하게 된다. 또한 일반적으로 순위가 높은 학교일수록 학교 졸업생들의 Network가 강하기 때문에 졸업 후 실무에서 서로 도움을 주고 받을 수도 있다. MBA를 통해 나의 Value를 높이고 싶다면 실제로 MBA를 지원할 때 어떤 점들을 염두에 두어야 할까?

1) 비용과 시간, 그리고 지원 시점을 따져보자

21세기를 주도하는 정보기술과 조직관리(경영)의 Convergence 개념이라고 보면 쉬울 것 같다. 기술적 소양을 충분히 지닌 엔지니어가 조직의 전반적 사항부터 디테일한 부분까지 캐치할 수 있다면, 새로운 경영혁신을 만들어 낼 수 있는 가능성이 높다. 대표적인 공대출신 관리자가 삼성전자 최지성 부회장이다.

2) TIME MANAGING 가능 여부

수년 전부터 직급별 관리자 교육을 하면 꼭 포함되는 과정이 있다. 바로 Time Management이다. Trend가 민감하고, 변화의 속도가 마하로 표현되는 이 시대에서 시간관리는 경쟁력이다. 그렇다면, MBA를 하는 데 왜 시간관리가 가능한 사람이 적합할까?

양질의 교육을 받고, 그것을 제대로 흡수하려면 업무와 학업의 Balancing이 가능해야 한다. 물론 업무가 우선순위에 있어야 하는 것은 당연하지만, 업무로 인해 학업에 몰입할 수 있는 정도가 낮다면 MBA에 가는 것은 시간낭비이다. 그래서 초급사원 보다는 대리, 과장급 이상을 선호하는 것이다. 물론 Full Time MBA 학생들의 경우에는 상대적으로 시간관리를 하는 것이 온전히 자신의 의지이므로 예외사항으로 남겨두겠다.

3) 업종 및 직무변경을 꿈꾸는 사람

막연하게 다른 업종에서 일하고 싶은 사람이 아니라, 확실히 업종을 선택하고 구체적인 희망직무까지 구분해 높은 사람들의 경우 MBA를 추천한다. 물론 구체적인 계획을 정해놓은 사람들이 더 유리할 수 있다는 말이지, 성공의 바이블은 아니라는 것을 잊지 말자. MBA과정은 대부분 실제사례를 공부함으로써 돌발상황에 대처하는 능력을 키울 수 있고, 경험해보지 못한 업종 및 직무에 대한 비교적 디테일한 간접경험이 가능한 과정이다. 실제로 제약회사에서 Sales를 하던 사람이 MBA를 한 후 자동차업종의 Finance 쪽으로 경력전환을 한 경우도 있다.

4) 열린시각을 갖고자 하는 사람

사실 대부분의 사람들은 자기가 속한 조직의 시각에서 생각하는 경향이 있고, 어느 정도 근속년수가 지나면, 속한 조직의 환경에 익숙해져 가곤 한다. 본인들은 아니라고 하지만 결국 시간이 지난 뒤 돌이켜보면, 어느 순간 그 조직의 사람이 되어 있는 것이다. 가장 좋은 예가 삼성맨이라고 볼 수 있다. 하지만 MBA에 진학하게 되면 다양한 업종 종사자들을 만나게 된다. 실제 수업에서도 그 사람들의 경험을 공유할 수 있는 기회가 많기 때문에 새로운 관점에서 바라보게 된다.

이러한 경험들은 훗날 부하직원들을 관리하는 데 있어서 굉장히 큰 도움이 될 수 있다. 그들의 다양성이 눈에 보이기 때문이다. 급변하는 환경에서 살아남는 조직들은 다양한 사람들이 모여 새로운 틀을 창조하는 곳이다. 그러므로 변화를 받아들이고 변화를 주도하는 사람이 되어야 한다.

❖내게 맞는 MBA Path를 설정해 보기

요즘은 MBA를 통해 경영학적 지식과 사례를 습득하고 다양한 분야에서 모인 학생들과 함께 지식의 공유와 시너지를 통한 자기계발과 경쟁력을 갖추는 사례가 늘고있다. 회사에서도 적극적으로 자기계발을 하는 직원들에 대한 평가를 높게 하는 경향이 있다. 나이가 어리다면 2~3년의 직장생활 후 MBA 진학을 고려하는 경우도 좋다. 또한 국내 MBA의 경우 직장 경력없이 받아주는 경우도 상당히 있다. 대학을 졸업하고 취업시장에서 힘겹게 파도를 헤쳐나가는 것보다 여력이 된다면 바로 MBA에 진학하여 더 유리한 고지에서 취업을 노려보는 것도 좋은 전략이다. 대부분의 회사에서 석사 2년은 경력으로 인정해 주기 때문에 취업시 유리할 수 있다.

구분	준비과정	요구사항	장단점
해외 MBA	취업 후 경력 2~3년 + 직장다니면서 TOEFL 및 GMAT 시험 + 학교 지원 (9월~이듬해 1월)	직장경력 2~3년 이상 선호 TOEFL, GMAT, Essay + Interview	해외 취업의 기회가 넓으며 국내 기업에서도 해외MBA는 글로벌전형 등으로 따로 뽑는 경우 존재. 비용이 많이 든다는 단점.
국내 MBA	취업 후 경력 2~3년 + TOEIC + 학교 지원(9월~10월)	직장경력 2~3년 이상 선호 TOEIC(TOEFL,TEPS) Essay(자기소개서, 학업계획서) + Interview	해외 MBA와 비교 시 낮은 비용으로 수학 가능. 최근에는 국내에도 좋은 프로그램 다수 존재.
PMBA	취업 후 경력 2~3년 + TOEIC + 학교 지원(9월~10월)	직장경력 3년 이상 선호 TOEIC(TOEFL,TEPS) Essay(자기소개서, 학업계획서) + Interview	직장생활과 병행할 수 있어 커리어가 끊기지 않음. 시간 절약과 네트워크 유지 가능.
EMBA	취업 후 경력 5년 이상+ TOEIC + 학교 지원 (9월~10월) * 일정 직급 이상이 되어야 함	직장경력 5년 이상 선호 TOEIC(TOEFL,TEPS) Essay(사기소개서, 학업계획서) + Interview	대기업 등에서 직급이 있는 사람들이 지원하기 때문에 폭넓고 수준있는 관계를 맺을 수 있음. 대부분 회사에서 지원하기 때문에 비용이 거의 들지 않음.

 가야 해? 말아야 해?

▶Pros : 전문성이 있다면 고액 연봉이 가능하다

▶Cons : 고용이 불안정 할 수 있다

❖아직 준비 중이라면? 비정규직도 좋아!

지난 5년간 취업과 관련해서 가장 많이 접했던 단어 중의 하나가 바로 비정규직이다. 그만큼 예비취업자들은 물론, 온 국민들이 관심을 가지는 것이 비정규직 채용이었다고 해도 과언이 아니다.

하지만 이 책에서만큼은 조금 다른 관점에서 접근해보려고 한다. 비정규직, 물론 정규직보다 처우나 모든 면에서 안 좋은 것은 분명하다. 하지만, 종사하고 싶은 특정업종이 있다면, 비정규직일지라도 그 조직의 일원이 되려고 노력하는 것은 매우 중요하다. 실제로, 금융권에서 비정규직으로 근무하다가 정규직으로 자연스럽게 전환된 케이스도 허다하다. 우리사회의 풍토가 과정보다 결과를 중요시 하는 경향이 있기 때문에, 좋은 결과도 잘못된 시각에서 평가하는 경우가 많다. 기다려라. 반드시 기회는 오고 그게 바로 비정규직에서부터 비롯될 수 있다.

❖비정규직으로 노크하여 당당히 금융걸이 되다

정O란씨는 은행에 비정규직으로 입사한 인연을 계기로 당당히 금융권에 근무를 하고 있다. 여중, 여고, 여대를 다녀왔던 정O란 씨는 금융권에 종사하고 싶다는 막연한 생각은 가졌지만, 여자로서 본인의 능력으로 금융권에 입사할 수 있다는 자신감은 없었다. 선배들과의 만남을 통해 금융권에 대한 이야기를 들어보아도 대부분 지점에서 근무하고 때로는 소위 진상 고객들(직원들에게 함부로 대하고 막말하는 고객을 일컬음) 한테 시달린다는 이야기가 주를 이루었다.

그렇게 금융권에 대한 막연한 환상이 깨질 때 쯤에 H은행 본사에서 아르바이트 형태로 일 할 수 있는 기회를 잡았다. 정O란 씨는 평소 금융권 본사는 어떤 곳인지 궁금했다. 일해서 돈을 번다는 생각보다는 본사 경험은 어떤 식으로든지 도움이 될 수 있으리라 생각했다. 언젠가는 금융권에 입사하겠다는 희망을 갖고 업무를 시작했다. 비정규직 형태였기 때문에 큰 책임 보다는 여러 업무에 대해서 배울 기회가 주어졌다. 그렇게 반년을 근무하는 동안 은행과 증권사의 다양한 부서에 근무하는 직원들을 알게 되었다.

정O란 씨는 직원들의 적극적인 추천으로 당당히 금융권에 합격할 수 있게 되었다. 그녀는 일반적으로 금융권을 준비하는 친구들처럼 금융3종세트, 즉, 높은 토익점수, 좋은 스펙, 어학연수 경험 등이 전무했다. 하지만, 비정규직 업무를 기회로 삼아 좋은 이미지를 구축하며 당당히 입사할 수 있게 된 케이스이다.

❖비정규직, 돈 보다는 기회가 될 수 있다

"OO야, 여기 한 자리 났는데 너 한번 일해보지 않을래?" 이렇게 질문하면 백이면 백 처음으로 되묻는 질문이있다. "얼마 주는데?" 바로 이말이다. 누구나 공감할 것이다. 하지만, 지금 당장 받는 돈이 얼마인지는 아무 것도 아니다. 어디서 어떻게 시작할 수 있는지가 더욱 중요하다.

우리나라에서 최고연봉을 보장해주는 삼성, SK등의 회사에서 이직하는 사람들이 공통적으로 하는 말이 있다. 바로, '돈은 필요없으니까, 사람다운 삶을 살 수 있는 곳에서 근무하고 싶다.' 라는 것이다. 이 책을 읽는 여러분들도 똑 같은 말을 하지 말라는 법이 없다.

비정규직은 큰 기회를 가져다 줄 수 있다. 비록 당장 받는 돈은 적을 수 있어도, 조직생활을 보다 겸손한 자세로 임할 수 있는 계기가 될 수 있으며, 본인의 가치를 티나지 않게 끌어 올리는 기회가 될 수 있다. 그렇기 때문에, 본인이 앞으로 종사하기를 희망하는 업종에서 비정규직 공고가 올라온다면 적극적으로 대쉬하여 그 자리를 본인의 자리로 만들 필요가 있다. 명심해자. 당장의 돈보다는 앞으로의 기회가 당신의 행복한 삶에 있어서 더 중요하다는 사실을.

> ★스펙을 뛰어넘어★ **선배들의 TALK ABOUT 비정규직**
>
> "비정규직은 또 다른 기회다."
> "내안에 송곳을 발견할 수 있는 기회."
> "내가 돈을 벌기 시작하면서 유일하게 부담없이 일할 수 있는 시간."
> "비정규직의 서러움을 겪어 봐."
> "재계약 할 때 씁쓸할 수도 있어."
> "전문직, 고액연봉자는 원래 다 비정규직이야."

입사지원시에는 정규직인줄 알았는데 막상 계약직으로 근무하는 조건을 나중에 알게 되거나, 급한 마음에 고용형태도 정확히 파악하지 않고 무조건 원서부터 내고 보는 경우가 있다. 사회초년생의 입사지원은 사회에 첫발을 내딛는 중요한 순간이며, 어디를 어떻게 들어가느냐에 따라서 인생이 바뀔 수 있기 때문에 본인이 확신을 가지고 선택을 해야 한다. 정규직에 대한 막연한 환상이나 계약직에 대한 막연한 두려움은 옳지 않으며, 정확한 이해를 통한 취업 계획을 세울 필요가 있다.

		정의	장단점	특이사항	채용 공고 예시
정규직		정규직은 계약기간에 구애받지 않고, 정년까지 보장되며, 전일제로 일하는 직위나 직무이다.	안정성이 있고, 회사생활을 하면서 누릴 수 있는 기본적인 복지를 모두 누릴 수 있다.		000주식회사 공개채용공고 000주식회사 대졸신입사원 모집
계약직	일반 계약직		새로운 업종에 도전했을 경우 본인에게 업이 맞지 않는다면 계약기간 후 자연스러운 이직이 가능하다. 하지만, 한 번 계약직으로 시장에 나오면 정규직으로 입사하는 데 불리함이 있다.	1년 계약	000기업 경력직 모집 (대부분 근무 형태에 구분되어 있다.)
	전문 계약직		커리어 개발이 정규직에 비해 용이하다. 개인의 능력에 따라 자유로운 이직이 가능하다.		연구개발직, 위촉직으로 모집을 한다.
	파견 계약직	파견계약직은 실제 채용공고가 난 회사가 하도급 업체 등 다른 회사의 직원으로 채용하여 고용하는 형태	파견계약직의 경우 용역회사를 통해 기업에서 근무하는 형태이므로 복지, 급여 수준이 낮은 단점이 있다.	파견계약직의 보호범위는 최장 2년이다. 2년 후 정규직으로 전환을 하거나, 계약을 해지하는 방법 중 하나를 선택해야 한다. 특히, 경력을 제대로 인정받지 못하는 경향이 있다.	행정업무 파견계약직
인턴		회사나 기관 따위의 정식 구성원이 되기에 앞서 훈련을 받는 사람. 또는 그 과정.	재학, 휴학중: 커리어 관리에 도움. 입사 전, 인턴 후 정규 채용이 안 되는 경우도 종종 있다.	졸업자의 경우 인턴 후 100% 채용 전환 조건인지 확인을 하고 지원 해야 한다.	00 인턴 채용 공고

여러가지 면을 고려했을 때 정규직이 계약직에 비해 좋다는 것을 부정하지는 않는다. 그러나 신입직원이 아니고 회사생활을 경험해 본 사람이라면 계약직의 좋은 점도 분명히 눈에 보인다. 내가 원하는 회사, 혹은 직종에 계약직 채용공고가 떴다. 그리고 합격했다. 나는 계약직으로 입사 해야 할 것인가?

❖입사전 체크! 현재 나의 상황이나 계약 조건도 꼼꼼하게

계약직은 불안하다. 그러나 잘 살펴보면 대부분의 전문직들은 계약직이다. 회사의 임원들, 증권사의 애널리스트, 연봉을 많이 받는 직종들은 모두 계약직인 경우가 많다. 평균수명이 100세를 육박하게 될 시대에 평생직장이란 없다. 어느 순간 퇴직을 하게 될 것이며 경영환경이 급변하는 시대에 정규직이라고 해서 무조건 정년이 보장되는 것은 아니다. 어차피 임원을 하겠다고 생각한다면 유념해야 할 것은 나의 전문성 유무이다. 내가 가고자 하는 길이 어떤 전문성이나 기술을 필요로 한다면, 그리고 해당 업무나 직종이 계약직으로 구성된 직종이라면 계약직으로 가는 것이 맞다. 그러나 대부분 정규직들로 구성된 회사에서 비용을 줄이기 위해서 계약직을 따로 채용하는 경우에는 치열한 고민을 해 보아야 한다. 단지 여기서 계약직으로 채용하는 포지션이 해당 회사가 탄탄하거나 희망하던 직군이라면 입사를 고려해 볼만하다. 정규직으로 전환해 주는 경우도 있고 또한 타사로의 이직도 가능하기 때문이다. 중요한 것은 일년 취업재수를 하는 것 보다는 입사를 해서 경력을 쌓는 편이 더 나은 경우가 많다는 사실이다. 경력이 단절되는 것은 취업에 있어서 결정적인 흠이 된다.

❖끊임없는 자극은 나를 발전시킨다 : 고액연봉으로 가는 길

계약직은 '야생'이다. 미국이나 선진국의 고용형태는 대부분 계약직이다. 해고할 때에도 당일 통보를 하고 짐을 싸서 문밖으로 내놓는 경우도 있다. 한국사회보다 더 냉정하고 냉혹한 것이 국제사회이다. 서구사회가 프로지향적, 전문성을 중시하는 경우가 많다보니 일에 계약직을 선호하며, 한국 기업들 또한 최근 계약직 비중을 늘리는 경향이 있다. 여기서 우리 취준생입장에서는 냉정한 사회나 기업을 탓하기 보다는 내가 무엇을 할 수 있는지를 생각하고 전략을 준비하는 자세가 중요하다. 계약직 포지션을 지원한다는 것, '프로'가 될 수 있는 기회라고 생각해 보

자. 어쩌면 짤릴 수도 있다는 위협이 나를 꾸준히 발전하게 만든다. 물론 자신만의 전문성을 위해 꾸준히 노력해야 할 것이다. 그것이 기술이든, 업무, 영업, 인맥이든 어떤 분야든지 이를 바탕으로 역량을 펼쳐서 정규직 이상의 보상을 받는 케이스는 많다. 또한 기업의 입장에서도 함께 일해 본 성실한 직원을 정규직으로 전환시키는 것이 리스크를 줄이는 방법이 될 수 있기에 계약직에도 기회는 언제나 존재한다.

계약직 채용공고 제대로 대처하기

(1) 성과급을 받는 계약직 → 메리트 강함 → 전문성과 성과로 승부 :

    나의 적성과 가능성을 파악해서 전문성으로 승부할 수 있는 가능성을 따져본다.

(2) 단순 업무 계약직 → 메리트 약함 → 정규직 전환 또는 이직 전략 :

    경력은 정규직과 똑같이 쌓이므로 일하면서 경력을 쌓는다. 일하면서 정규직 채용, 직군전환, 이직의 기회를 살펴 본다.

"정규직, 시켜준다고 해도 안 합니다." 스스로 정규직을 포기하고 억대연봉을 받는다!

N증권사의 김O홍 과장은 스스로 정규직 기회를 포기했다. 그리고 회사 인사 담당자에게 본인의 직군을 계약직 중에서도 가장 낮은 기본급(100만원 가량)을 받는 계약직으로 바꿔 달라고 요청했다. 기본급 이외 받는 성과급을 더 많이 받기 위해서였다. 그는 외무 고시를 공부하다가 증권사에 입사했다. 1~2년 취업 시즌을 놓치다 보면 취업까지 위험하다고 판단한 그는 계약직 수시채용 공고를 보고 지원하여 합격했다.

계약직이지만 그는 한눈팔지 않고 본인이 할 수 있는 업무와 가능성을 쌓아 나갔다. 남들은 위험하다고 생각하는 선물옵션과 해외투자 부서에 근무하면서 그는 '위험과 리스크'가 아닌 '기회'를 보았다. 어느 정도 업무에 대한 이해와 영업 마인드를 갖춘 후 본사에서 지점으로 스스로 자원했다. 영업을 하기 위해서였다.

김O홍 과장은 특유의 노력과 열정으로 고객을 끌어모았고 30세의 나이에 웬만한 기업 임원에 버금가는 2억원 가량 연봉을 받는 직원이 되었다. 어떻게 보면 그는 정규직의 전환 기회를 버리고 위험한 선택을 했지만, 자신의 적성을 분명히 알고 있었던 셈이다.

　그는 사람만나는 것을 좋아했으며 특유의 뚝심이 있었다. 그는 자신의 성향을 잘 알고 있었기에 고위험을 추구하는 고객들을 상담하고 관리해 주는 선물옵션 브로커로서 승부를 걸은 것이다. 우스갯소리로 그는 정규직을 시켜준다 해도 절대 안 하겠노라고 말한다. 프로정신으로 고객관리를 하면서 노하우도 생겼다. 30대 초반의 나이에 임원급의 연봉을 받는데 정규직으로 전환을 할 이유가 없는 것이다.

　결국 기업의 임원들도 사장도 모두 계약직이다. 김O홍 과장의 사례는 계약직에 대한 인식을 전환시켜 줄 수 있을 것이다. 물론 계약직으로 근무하다 성과미달로 계약만료가 되는 경우도 종종 있다. 그러나 김 과장과 비슷한 사례는 상당히 많다. 위기와 리스크가 있는 곳은 기회의 땅이 될 수 있다는 사실을 언제나 기억하자.

▶Pros : 연봉이 대기업 못지 않다

업무 스트레스가 덜한 경우가 많다

가족적인 분위기

오너 경영일 경우 권한의 집중

▶Cons : 이직 선택의 폭이 좁다

복지수준이 전반적으로 낮은 편

알짜배기 중소기업이 대기업보다 나은 점이 많다고 아무리 강조를 해도, 여전히 대기업은 지원자로 북새통을 이루고, 중소기업은 사장이 괜찮은 인재를 직접 유치하러 다니는 게 현실이다. 코엑스나 킨텍스에서 정기적으로 진행되고 있는 취업박람회에서도 많은 중소, 중견 기업들은 사람을 뽑지 못하고 그저 앉아서 시간을 보내다 오는 경우가 많다.

사실 우리나라에 존재하고 있는 기업의 98%는 중소기업으로 구성되어 있는데 왜 이런 현상이 나타날까? 우리나라에서는 간판에 대한 인식이 굉장히 민감하다. 그렇기 때문에 이왕이면 지방대학교 보다는 서울에 있는 대학교로, 중소기업보다는 대기업을 희망하는 심리가 당연한 현상으로 여겨진다.

가장 평범하다고 생각하는 삶조차도 너무 어렵다. 앞선 챕터에 등장했던 사례의 실존인물들 중에서도 실제 중소기업에서 성공하여 대기업에 입성한 케이스도 있고, 중소기업에서 갈고 닦은 실력을 바탕으로 개인사업을 통해 큰 부를 축적한 케이스도 있다. 하지만 대다수의 사람들은 '그건 남의 일일 거야.' 라고 생각한다.

사실, 대기업에 입사하는 사람 대비 지원자수를 보면 실제로 대기업에 입사하는 것이 남의 일일 경우가 더 많은데, 현실을 받아들이지 않는 사람들이 아직도 너무 많은 것 같다. 이런 현실 속에서 얼마 전, 한국을 떠들석하게 했던 한국의 외국형 복지기업 '제니퍼소프트' 라는 기업을 소개해 본다.

회사의 규모를 보면 분명 중소 혹은 중견기업의 범주 안에 포함된다. 하지만, 이 기사를 본 대부분의 사람들의 댓글은 다음과 같았다.

제니퍼소프트는 직원들에게 제공되는 복지수준으로 먼저 조명을 받은 기업이지만, 매출도 증가하고 있고 점점 발전해나가는 기업이라는 장점이 있다. 또한 회사 내 모든 직원들이 정규직으로 채용된다는 점도 매력적이다. 그뿐만이 아니다. 회사내부에 근사한 수영장이 있어 직원들은 언제든지 수영장을 이용할 수 있다. 그리고 더욱 충격적인 점은 수영을 하는 시간도 업무에 포함이 된다는 사실이다.

❖이런 기업이 과연 제니퍼소프트 한 곳일까? 아니다.

물론 직원에 대한 복지, 사무실 분위기, 경영진의 마인드 등이 차이는 있을 수 있지만, 제니퍼소프트 못지 않게 매력적인 중소기업들이 많이 있다. 기업의 규모에 상관없이, 직원의 권한이 막강하고, 계속 발전해나가고 있는 기업들을 보면 공통점이 있다. 바로 직원들의 회사에 대한 매우 충성도가 강하다는 사실이다.

나의 업무가 기업의 발전에 직접적으로 기여하고 있다는 것을 느낄 수 있는 곳이 바로 중소기업이다. 실제로 대기업으로 이직을 한 전직 중소기업 직원들의 경우 멀티플레이어로 손꼽힌다. 안 해 본 업무가 없기 때문에 어떤 업무를 맡겨 보아도 상대적으로 적응속도가 빠른 편이라는 게 대기업 간부들의 공통된 의견이다.

사회초년생, 이직희망자들의 경우 시간은 금이다. 빠른 선택과 집중만이 자신의 커리어를 방해하지 않는다. 그런 의미에서 내실있는 중소기업은 대기업보다 괜찮은 선택이 될 수 있다.

그렇다면 제니퍼소프트 이외에도 어떤 좋은 기업들이 대한민국 각지에 숨어있을까?

❖ 알짜배기 중소기업을 찾아보자

사실 알짜배기 중소, 중견기업들은 굉장히 많다. 하지만 취업을 준비하는 사람들이 찾아내기에는 한계가 있다는 것이 문제이다. 여기에서는 취업포털사이트의 도움을 받는 것이 필요하다. 해당사이트에 접속해보면 처음 들어보는 기업들이 즐비하다. 그런 기업들 중에서 분명히 알짜배기 기업들이 있으니 찾아낼 수 있도록 노력해보자. 방법은 여러가지가 있다. 특히 한국중견기업연합회(http://www.ahpek.or.kr/) 에 들어가서 중견기업에 대한 이해와 특징을 살펴보는 것도 큰 도움이 된다.

❖ 먼저 기업의 재무제표를 들여다 보는 습관을 가지자

경영학도라면 누구나 알겠지만, 이공계열, 문과계열 학생들은 조금 생소할 수도 있다. 재무제표는 쉽게 말해서 기업의 건강검진표라고 보면 되겠다.

먼저 기업의 부채비율현황, 매출액현황, 영업이익, 이 세가지만 살펴보아도 기본적으로 이 회사가 건강한지 또는 골병들었는지 단적으로 살펴볼 수 있다. 상장법인, 외감법인 들은 금융감독원 전자공시시스템에서 검색해서 찾을 수 있지만, 그렇지 않은 기업들의 경우 해당 기업의 홈페이지에 들어가 보면 된다.

부채비율 = 부채/자본 으로 기업을 운영하는 과정에서 내 돈과 남의 돈의 비율이 얼마인가? 라는 것을 알려주는 지표이다. 부채비율이 높을수록 기업의 건강상태는 위험하다고 할 수 있다. 물론, 대규모 투자등을 통해 단기에 부채비율이 높아지는 경우도 있다. 따라서 부채비율을 부정적인 신호로만 볼 수는 없기 때문에, 최소 3년치는 살펴보는 것이 지혜로운 행동이라고 볼 수 있다.

❖ 기사를 검색해보자

우리나라는 인터넷이 발달되어 있기 때문에, 해당회사에 대한 내용을 인터넷에서 검색하면, 면접후기는 물론 회사에서 어떤 일이 최근 이슈가 되어있는지에 대해서도 잘 알 수 있다. 기사를 통해 회사에 대한 관심도 가져보고 회사에 대해 알아보는 기회도 가질 수 있다.

❖직원에 대한 복지를 살펴보자

기업이 건실한지 여부는 일단 직원의 복지를 보면 알 수 있다. 일반적인 지원내용은 물론, 교육훈련체계는 어떻게 잡혀있는지 들여다보면, 이 기업이 직원들에게 얼마나 투자를 하고 있는지 대략적으로 파악할 수 있다. 또한, 관련되어 있는 기업이 어떤 곳들이 있는지 확인해 보는 것도 중요하다. 왜냐하면, 주요거래처인 모 대기업이 경영상황이 굉장히 나쁘게 흘러간다면 당연히 협력업체는 큰 타격을 받는다. 그렇기 때문에 주요거래처의 동향을 파악해 볼 수 있다면 좋다.

사실 경영상태가 안 좋은 기업들의 경우 직원들의 복지수준이 낮을 수밖에 없다. 당장 회사가 망할 지경인데 직원들한테 제대로 투자를 할 수 있을까?

❖기업의 포지션, 업계 경쟁력에 대해 파악하자

중소, 중견기업은 일반적으로 구분되어진 업종에서 더 세밀하게 들어가는 편이다. 예를 들어 휴대폰 완제품을 만들기 위해서는 휴대폰 케이스를 만드는 회사, 운송회사, 휴대폰에 들어가는 부품을 만드는 회사, 휴대폰의 액정을 만드는 회사 등, 세부 부품생산회사들이 모여서 하나의 완제품을 만들어낸다. 그 업종들 중에서 독보적인 위치에 있는 회사를 선택하는 것도 좋은 방법이라고 할 수 있다.

❖큰 규모기업에 몸담고 있는 지인들의 조언을 들어보자

누구나 알만한 기업에 다니는 사람들의 조언을 듣는 것이 중요하다. 대부분 대기업들은 갑과 을의 관계에서 갑의 위치에 있기 때문에 수많은 협력업체들과 연계되어 있다. 그렇기 때문에, 어떤 기업이 재무상태가 좋은지, 근무환경이 좋은지, 직원의 이직률은 얼마나 높은지 등등을 그러한 지인들을 통해 파악할 수 있다면, 입사 후 후회하는 일을 줄일 수 있다. 그 사람들의 조언을 통해 해당업체를 검색해보고, 그 과정에서 유사업종의 알짜배기 기업들을 발견하는 지혜가 필요하다.

1. 안정성과 규모는 어떠한가?

기업의 실적과 비전을 살펴보자. 누구에게 듣는 것 보다는 직접 재무제표를 확인해보고 필요하다면 증권사 리포트도 활용해보자. (활용법은 뒷부분 챕터에 상세히 기술) 매출액, 순이익, 영업이익을 중점적으로 살펴보고 금융감독원의 전자공시시스템(dart.fss.or.kr)과 각 증권사 홈페이지에서 애널리스트들이 쓴 리포트와 투자의견을 참고한다.

2. 비전과 수익모델이 있는가?

가장 중요한 것은 미래 성장성과 수익모델이다. 구체적인 수익모델 없이 뜬구름만 잡는 회사인지, 미래에 성장동력이 있는 회사인지를 냉철하게 분석해 보자. 어차피 미래의 일은 아무도 모르지만, 각종 자료수집, 스크랩, 지인들과 선배들의 조언, 전문가(애널리스트)의 분석등을 참고하다 보면 기업을 보는 눈이 생길 것이다. 판단은 내 스스로하고 책임도 내 스스로 진다.

3. 입사조건, 구체적인 업무를 꼼꼼히 따져보고 비교해 본다

기본적인 연봉과 처우를 확인하는 것은 반드시 해야 할 일이다. 기본급, 각종 수당, 휴가, 업무강도, 회사 분위기 등을 반드시 확인해 보자. 물론 밖에서 확인해 보는 것은 한계가 있지만, 취업이라는 인생의 중요한 길림길에서 최선의 선택을 위해 노력해 보자. 그리고 입사 후에는 구체적으로 어떠한 업무를 하게 되는지, 향후 담당업무가 어떠한 식으로 바뀔 수 있는지, 자기개발 기회가 얼마나 주어지는지는 면접시 분위기를 봐서 당당히 물어봐도 무방하다.

4. 포상과 언론보도를 무조건적으로 믿지는 말자

흔히 하는 실수가 신문기사나 포상실적등을 무조건 신뢰하는 것이다. 신문기사에 아무리 좋고 유망한 회사라고 나더라도 망하는 기업이 많다. 심지어 언론에서 세계경영과 글로벌 경영을 추구하고 전도유망하다고 보도된 대기업도 무너지고 어느 순간 워크아웃에 들어간다. 따라서 언론과 각종 포상실적등을 무조건적으로 신뢰하지는 말자. 최대한 객관적인 보고서, 재무제표, 그리고 전문가의 분석, 업황을 참고해서 생각해 보자. 이 부분에서는 취준생 개인이 가지고 있는 직관과 운도 중요하다.

 취업보다는 창업으로 성공할 수도 있다

지원자들의 서류를 보다보면 특이한 이력에 꼭 있는 것 중 하나가 바로 창업경험이다. 젊은 나이에 큰 부를 축적할 목적이든, 경험을 위해서든, 창업에 도전하는 친구들이 점점 많아지고 있는 추세이다. 실제로 국가 차원에서도 젊은 창업자들의 크리에이티브를 이끌어 내기 위해서 공모전 형식으로 금전적인 지원도 해주고, 선배 창업자들과 멘토링을 연결해줌으로써 창업시장을 키워나가고 있다.

그렇게 국가적으로 지원도 많이 하지만, 왜 실패를 하는 사람들의 수는 줄지 않는 것일까? 목적에 문제가 있기 때문이다. 창업으로 성공한 사람들의 경우 확실한 기준을 가지고 있었고, 목적의식이 뚜렷했다. 그렇기 때문에 사업초기부터 각 단계에 이를 때마다 그들 나름대로의 그림이 그려져 있었던 것이다. 하지만, 대다수 창업실패자들의 경우를 분석해 보면 단순히 취업이 안 되니 창업한다거나 또는 내 주변에는 그 아이템으로 한 달에 천만 원씩 번대, 라는 마음가짐으로 도전한 경우가 많이 발견된다. 마치 자기도 돈만 투자하면 자연스럽게 천만 원씩 벌 수 있을 것 같다는 태도이다. 이러한 마인드는 굉장히 위험하다. 사장은 아무나 하는 것이 아니고, 업종을 선택하는 것 역시 피나는 분석을 통해 이루어지기 때문이다.

대표적인 젊은 CEO들의 이야기를 들어보면 훨씬 더 이해가 쉬울 것이다.

현재 ONE CAMPUS(前 I LOVE CAMPUS)의 창업자인 박수왕 대표의 경우를 예로 들어보자.

그는 어린 시절부터 도전정신이 남달랐다. 20대 초반에 전세계를 돌며 특이한 사진 퍼레이드를 통해 기네스북에 등재되는가 하면, 군대를 제대하면서 책도 출판하게 된다. 그의 책 《나는 세상의 모든 것을 군대에서 배웠다》는 출간되자마자 당당히 베스트셀러가 되었다. 그 후 김치사업에 뛰어들어 실패도 맛보긴 했지만, 또 다시 도전하고 치밀하게 분석하여 지금의 ONE CAMPUS를 만들게 된다. 박 대표는 미국의 아이비리그를 포함하여 전 세계의 대학생들을 하나의 어플로 소통하는 것이 목표라고 하였다. 그만큼 확실한 목표를 가지고 체계적으로 사업범위를 확장해나가는 모습은 젊은 창업자들이 꼭 본받아야 할 모습이라고 생각한다.

KT 연구원에서 포인트아이, 씨온 등의 벤처창업자로 변신한 안병익 대표의 경우 창업의 어려움을 가족을 통해 먼저 배운 케이스이다. 지금은 고인이 된 매형이 20여 차례 사업에 실패하는 모습을 곁에서 지켜보면서 안정적인 KT의 연구원으로 사회생활을 시작하였다. 그러던 와중에 우연한 기회로 사내벤처제도를 통해 벤처사업에 발을 들이게 된다. 처음에는 동료였던 사람들이 벤처활동을 하면서는 갑의 위치에 있었고, 안 대표는 영업, 개발, 회사운영에 이르기까지 홀홀단신으로 뛰어다녀야만 했다. 하지만 재미가 있었다. 왜냐하면 본인이 원하는 그림을 그리며 끊임없이 크리에이티브를 할 수 있었기 때문이다. 조직생활을 해보면 누구나 공감할 수 있겠지만, 기업의 Boundary안에서 하는 크리에이티브는 한계가 있다.

안 대표는 확실한 사업모델과 목적의식을 가지고 창업에 뛰어들어야 한다고 말했다. 실제로, 본인이 창업한 회사를 코스닥에 상장하는 과정에서 주관사인 한국투자증권으로부터 가장 많이 받은 질문이, 상장 후에도 계속 성장해 나갈 확실한 사업모델이 있냐는 것이었다. 상장할 생각이 없이 창업하고자 하는 사람들의 경우에는 위의 내용에 대해 별 생각없이 받아들일 수 있다. 하지만 이는 비단 상장을 하기 위해서 필요한 전제조건이 아니라, 사업이 발전해 나가는데 필요한 기본조건이라는 것이다. 성장하지 않는 기업을 계속 유지하는 것은 로또에 당첨될 확률만큼 어렵다는 점을 명심하자.

이것만 지키면 나도 창업자가 될 수 있다

① 확실한 사업모델(중장기적 비전) : 지속가능한 수익모델이 있는가?
② 목적의식 : 개인적 그리고 사회적인 목표의식이 있는가?
③ 취업의 도피처로 생각하지 말자 : 취업이 안 되니까 일단, 이런 생각은 금물.
④ 영업의 중심은 나다 : 직장 생활보다 두 배이상 뛸 자신있다.
⑤ 확실한 사명감 : 이 사업에 나의 모든 걸 걸겠다.

창업을 위해 읽어봐야 할 책   ≪비즈니스 발가벗기기≫ 리처드 브랜슨

≪육일약국 갑시다≫ 김성오

선배들의 변   "사업한다고 해서 성공한 놈들을 본 적이 없다."

"인생 힘들어진 인간들 한둘이 아니다."

"사업해서 성공한 놈들은 진짜 독한 놈들이다."

"그냥 회사에서 꾸준히 승진하는 게 가장 좋다."

"할 수 있다면 자기 사업하는 게 좋죠. 작은 가게를 하더라도."

"아이템 선정, 네트워크가 가장 중요"

"어떤 사업이건 2년 간 버틸 수 있는 자금이 없으면 실패확률이 크다."

"20대에 큰 돈 벌면 30~40대에 다 까먹는다."

"회사 상장시켜서 대박치는 케이스가 있긴 하죠."

"학교내 창업 지원센터를 활용하거나 직장 내 사내벤처를 활용해서 시작하는 것이 리스크를 줄일 수 있는 한 가지 방법입니다."

미래의 유망직종에
도전해보자

신사업이 시작되면 가장 이슈가 되는 것 중에 하나가 새로운 직업이다. 청년실업을 해결하기 위해 국가 차원에서도 다양한 사업에 투자를 하면서 일자리를 창출하고 있다. 기술이 발전하고 새로운 문화가 생겨나면서 새로운 직업들이 생겨나고 있다. 직관력을 갖고 블루오션을 찾아 도전하는 것은 청년기들만이 할 수 있는 특권이다.

1. 스마트폰 어플리케이션 개발자

불과 10년전 만해도 휴대폰의 기능은 단순했다. 하지만, 지금은 휴대폰으로 세계 어느 곳에서든 길을 찾을 수 있고 언제든지 게임을 즐길 수 있는, 그야말로 휴대폰의 유비쿼터스 시대가 도래했다. 한번 발전한 기술은 퇴화하지 않기 때문에 스마트폰의 어플리케이션을 개발하는 사람들의 수요가 점점 늘어나고 있다. 특히 하드웨어를 중요시 여기던 시대에서 소프트웨어에 중점을 두는 시대가 열렸다는 점은 아기자기한 기술력과 세심한 관찰력을 가진 우리나라 사람들에게는 굉장히 큰 호재이다.

스마트폰 어플리케이션 개발자는 무슨 일을 할까?

하나의 어플리케이션은 보통 기획자, 프로그래머, 디자이너가 한 팀이 되어 만들어진다. 게임 앱을 개발하는 과정을 예로 들면, 처음에는 무엇을 어떻게 어떤 형태로 만들지 기획하는 단계를 거친다. 기획단계에서는 유사한 게임이 있는지, 기존의 게임과 어떤 차별성을 둘 것인지, 이 게임의 수요자는 누구로 설정할 것인지, 기술적인 장벽은 없는지, 상품화한다면 시장성은 있는지, 시장에서 어느 정도 성공할 수 있을지, 등을 살펴본다. 앱을 판매하는 스토어에 게임을 등록하면 판매가 이루어진다. 게임의 경우 등급 심의를 받기도 하고, 실제 서비스를 하면서 문제가 되는 부분에 대해서는 프로그램 수정 및 최신 버전으로 업데이트를 실시한다. 컴퓨터 프로그래밍 분야와는 달리, 아직까지는 개발자들 사이에서 개발 관련 정보나 지식, 노하우 등을 공유하기 힘든 상황이다. 물리적인 근무환경은 기존의 소프트웨어 또는 게임 개발사와 크게 다르지 않다. 하지만 고객과 약속한 개발 마감일에 맞추기 위해 야근을 하거나 주말 근무를 하는 경우도 있다. 때로는 오류 없는 프로그램을 개발하기 위해서 정신적인 스트레스를 받는 경우도 많다.

스마트폰 어플리케이션 개발자가 되기 위한 준비방법

업무의 특성상 컴퓨터공학과, 전산학과, 소프트웨어공학과, 응용소프트웨어공학과, 게임공학과 등을 전공으로 하면 업무를 하는 데 큰 도움이 된다. 스마트폰 출시 초기에는 학생 또는 개인 개발자가 만든 앱이 인기를 끌었으나, 시간이 갈수록 개인개발자보다는 기업 또는 개발팀을 중심으로 시장이 재편되는 경향을 보이고 있다. 앱 개발을 하기 위해서는 그에 맞는 디바이스와 툴이 있어야 하고, 기본적으로 개발언어에 대한 이해가 필수다. 맥 운영체제의 경우, C++ 언어에서 파생된 Objective C언어와 개발 툴인 Xcode(Mac용 개발프로그램)을 능숙하게 다룰 수 있어야 한다. 앱 개발자는 프로그래밍 기술은 기본이고, 참신한 아이디어와 그래픽 감각을 갖춰야 한다. 스마트폰 자체의 기능이 향상된 만큼, 고객은 그에 부합하는 화려하고 감각적인 그래픽을 요구하는 경향이 있기 때문이다. 따라서 스마트폰만이 가진 터치 기능처럼 재미를 주는 요소를 콘텐츠에 적용하는 창의력이 필요하다.

하지만 무엇보다 중요한 것은 스마트폰 어플 자체에 푹 빠져있어야 한다는 사실이다.

스마트폰 어플리케이션 개발자에 적합한 사람

① 공학적이고 기계적인 분야에 소질이 있는 사람

태어 났을 때부터 노래를 잘하는 사람이 있듯이 선천적으로 기계를 잘 다루는 사람이 있다. 이런 사람들은 누가 시키지 않아도 자연스럽게 공과계열에 진학하게 된다. 스마트폰 어플리케이션은 기술력 없이는 실용화 할 수 없다는 사실을 명심하자.

② 창의력 있는 사람

스마트폰 어플리케이션은 짧은 시간 동안 이용자를 흡입할 수 있는지 여부가 성공을 판가름한다. 어떤 조직에서든 사람을 웃게 만들고, 별난 생각을 해서 주위 사람을 당황시키는 사람들은 한 번 도전해 볼만 하다.

2. 빅데이터 전문가

2054년 워싱턴, 범죄가 일어나기 전 범죄를 예측해 범죄자를 미리 단죄하는 최첨단 치안 시스템이 가동된다는 설정으로 영화 '마이너리티 리포트'는 시작된다. 공상세계에서만 가능하다고 생각했던 이런 상상이 오늘날에는 현실이 되었다.

빅데이터 전문가란?

빅데이터 전문가는 수집한 데이터를 관리하고 분석해서 의미 있는 결과를 창출하거나, 분석한 결과를 바탕으로 통계모델을 만들어 사람들의 행동패턴을 예측하거나 시장경제를 예측하는 데 필요한 정보를 제공하는 사람이다. 또한, 경우에 따라서는 가공된 정보를 사람들이 이해할 수 있도록 시각화 하는 일을 하기도 한다.

아마도 기술이 발전할수록 정보의 양은 많아지고 질은 높아지는 만큼 데이터의 크기는 지금과는 비교할 수도 없는 수준이 될 것이다. 실제로, 대다수의 기업들이 빅데이터의 중요성을 느끼고, 전문적으로 데이터 관리가 가능한 인재들을 선호하는 풍토가 생겨났다. 데이터의 규모는 점점 커질 것이고, 그 구조는 복잡해질 것이기 때문에, 빅데이터를 전문적으로 다루는 사람들의 수요 역시 늘어날 것으로 판단 된다.

빅데이터 전문가로 성장할 수 있는 사람

① 정보(information)에 대해 관심이 큰 사람

게임에 관심이 있는 사람이 게임을 잘하 듯, 정보에 관심이 많은 사람들은 정보를 핸들 링하는 능력도 탁월할 수밖에 없다.

② 분석력이 좋은 사람

기본적으로 사물을 보고 의문을 품는 사람들, 선천적으로 호기심이 많은 사람들은 이 직 업을 하는 데 있어 큰 장점을 가지고 있는 셈이다. 기계적으로 데이터를 분석하는 사람 들은 많지만, 분석한 데이터를 다시 분석하는 것은 분석자의 역량이다. 똑 같은 지표와 수치를 가지고도 다른 양상을 보이도록 만드는 것도 이러한 맥락이라고 볼 수 있다.

3. 온실가스 인증심사원

사실 온실가스에 대한 중요성은 이미 널리 알려져 있고, 실제로 탄소배출권을 통해 사업을 영 위하는 기업들이 점차 늘어나고 있다. 국내 기업 중에는 대표적인 곳이 후성그룹이다. 환경에 대한 관심과 투자는 앞으로 양과 질적인 측면에서 많아질 것이 자명하기 때문에, 환경과 관련된 산업에 전문성을 가진 인재들이 각광받을 것이다. 그 중 하나가 바로 온실가스 인증심사원이다.

온실가스 인증심사원의 역할은 각 기업에서 온실가스가 얼마나 배출되는지 측정하고, 청정개 발체제 사업을 검토하는 것이다. 환경이 아닌 다른 부분의 인증심사원들의 경우에도 전문성을 바탕으로 노력대비 많은 연봉을 보장받는 편이라는 점을 감안했을 때 온실가스 인증심사원 역 시 향후 직업으로 꽤 괜찮을 것으로 예상된다.

온실가스 인증심사원으로 성장할 수 있는 사람

① 자기개발을 멈추지 않는 사람

자기개발을 멈추지 않는 사람은 도전을 사랑하고, 결과를 존중하는 특성을 지닌다. 인증심사원은 기본적으로 어려운 인증들에 대해 누구보다 박식해야 한다. 그러기 위해서는 매번 개정되는 인증에 관련된 사항들을 끊임없이 체크해야 하고, 새로운 규정을 적용하여 컨트롤 할 수 있어야 한다. 그렇기 때문에 부지런한 자세가 선행되어야 한다.

② 규칙을 중시하는 사람

인증에 관련된 내용들은 쉽게 말해서 규칙이다. 합격의 범위에 고객의 기준이 정확히 들어가는지 여부 등을 확인해야 하므로, 유연한 사고보다는 객관적인 사고를 가지고 있는 사람이 적합할 수 있다.

4. SNS보안 전문가

최근 3~5년간 IT계의 뜨거운 감자라면 아마도 SNS가 아닐까 라는 생각이 든다. 현대의 사람들은 쉽게 정보를 공유하는 대신에 해킹과 같은 위협으로부터 자유롭지 못하다. 그렇기 때문에 훗날 SNS보안 전문가의 역할이 굉장히 커지지 않을까 라는 생각이 든다. 특히, 대부분의 기업들이 홍보, 소통 수단에 SNS를 적극 활용하고 있다는 점을 감안할 때, SNS보안 전문가는 어느 기업에서나 필요한 존재가 될 것으로 확신한다. 보통 한 기업의 SNS를 전반적으로 관리해주는 업체가 연간 10억원 단위의 매출을 기록한다면, SNS의 보안을 책임지는 업체 역시 꽤 괜찮은 페이를 보장받지 않을까?

SNS보안 전문가로 적합한 사람

① SNS를 생활의 일부분으로 생각하는 사람

SNS에 관심이 많은 사람들은 SNS가 어떤 부분에서 미흡하고, 어떤 부분에서 문제점이 발생하는지 가장 잘 알고 있다. 그렇기 때문에 보안은 시스템에 대한 이해도가 높은 사람이 도전해야 하고, 관리해야 한다.

② 끈기 있는 사람

보안관리업무는 인내 없이는 오래 버티기 힘들다. 해킹의 방법이 진화하는 만큼 보안 전문가 역시 계속 연구해야 하기 때문이다.

5. 국제회의 전문가

우리나라는 전세계에서도 아주 대표적인 수출의존 국가이다. 그만큼 수입과 수출이 활발하게 이루어지고 있으며, 당연히 관련된 국가들 역시 그 수가 엄청나다. 가까운 미래에는 코디네이터처럼 국제 회의를 기획, 홍보, 진행하는 국제회의 전문가의 역할이 중요해 지지 않을까 라는 생각이 든다. 기업연수 같은 곳에 가보면 리크리에이션 시간에 노련한 전문가를 초빙하여 가라앉은 분위기를 단번에 띄우는 장면을 종종 보게 된다.

국제회의 전문가도 그런 맥락에서 이해하면 쉬울 것이다. 2018 평창동계올림픽을 유치하는 과정에서 김연아 선수와 나승연 대변인은 히로인이 되었다. 전문적인 냄새가 나는 프리젠테이션 실력으로 자칫하면 또 한번 고배를 마실 뻔 했던 올림픽 유치도전은 아름다운 성공으로 결론 지어졌다. 이처럼 회의를 이끌어가는 사람의 전문성은 고객이나 바이어들의 생각을 뒤집을 수 있는 힘을 가지고 있다.

국제회의 전문가로 적합한 사람

① 청중 앞에 많이 나서 본 사람

어린 시절 학생회장들은 왜 그렇게 다들 말을 잘 했던 것처럼 기억이 났을까? 청중 앞에 많이 서면서 자신도 모르는 사이에 그 자리가 편안해 진 것이다. 문화가 다른 사람들 간의 회의를 이끌어 나갈 사람이라면 아마도 그 자리를 편안하게 느낄 수 있는 배포를 가진 사람이 되어야 하지 않을까?

② 목소리가 좋은 사람

청중을 끌어 당기는 목소리를 지닌 사람들이 있다. 목소리가 좋은 사람이 말을 하면 청중은 목소리에 귀를 기울이게 되고, 자신이 들어야 한다는 것을 인식하기 시작한다. 이러한 경청의 자세는 긍정적인 결론으로 끝맺음 할 수있는 시발점이 된다. 목소리는 타고날 수도 있지만, 가꿀 수도 있다. 지금부터라도 말하는 톤, 억양, 제스쳐를 바꿔보는 것은 어떨까?

미래 유망산업을 목표로 달려왔다

㈜씨온 안병익 대표

위성항법시스템(GPS)은 최근 우리 생활에 다양하게 이용되고 있다. 내비게이션으로 길을 찾고, 주변의 맛집, 부동산, 주유소 정보 등을 쉽게 확인할 수 있다. 소셜네트워크서비스(SNS)와 위치 정보를 결합해 가까운 거리의 친구를 사귀거나, 사진을 촬영하거나 대화도 한다.

이러한 위치정보 관련 산업이 주목받고 있다. 유럽에서 EU 27개국 위치기반서비스 총매출은 2013년 7억 3,500만 유로에 달했고, 2018년까지 23억 유로로 증가할 전망이다. 북미의 위치기반서비스의 총매출도 2013년 약 18억 달러에서 2018년까지 약 38억 달러로 증가할 전망이다. 그 이유는 앞으로 위치기반 기술이 계속해서 발전할 것이며, 그 시장도 점점 커지고 있기 때문이다.

세계의 위치기반서비스(LBS: Location-based Service) 시장은 2012-2016년간 연평균 복합 성장률기준으로 35%의 성장을 이룰 것으로 예상된다. 시장 성장 요인으로 GPS 지원 기기 보급과 각 산업에서의 LBS 도입 및 활용 건수 증가 등을 들 수 있다. 단 개인 데이터 프라이버시에 관한 불안감 증대가 향후 해결해야 할 과제이다.

위치기반서비스 중 가장 관심이 높은 분야는 스마트폰 등, 스마트 기기를 이용한 모바일 위치기반 서비스다. 모바일 위치기반서비스(MLBS : Mobile Location-based Service) 시장은 스마트폰 애플리케이션 이용이 증가하면서 주요 서비스로 빠르게 시장에 자리 잡고 있다.

MLBS의 시장이 확대되면서 위치기반서비스는 우리의 실생활에 어떤 식으로 적용될까? 그러한 사례는 기존의 기업들의 기술 개발의 방향성을 보면 잘 알 수 있다. 구글은 실내에서 잘 작동하지 못하는 GPS 기술을 대신할 실내위치탐지시스템을 개발 중이다. 이 기술은 일반 상품 매장에서 고객들의 동선을 추적하거나, 소방관들이 연기가 자욱한 화재 현장에서 길을 찾거나, 위치와 상품을 결합해서 정보를 제공하는 부분에 있어 새로운 기회를 만들어내게 될 것이다.

애플도 아이비콘 지원 기능을 도입했다. 사용자가 앱을 설치하고 블루투스를 활성화 시킨 다음, 애플 스토어에 접근하거나 상점에 들어가게 되면 쿠폰이나 메시징, 매장 내 안내나 비디오 등을 제공하고 있다.

아직은 국소적인 서비스에 불과하지만 이러한 서비스는 곧 광범위하게 적용될 것이다. 지하철 지연 상황 알림, 미술관에서 작품 정보 전달 등의 특정 비즈니스 로컬 서비스에도 이용될 수 있으며, 소매업체는 매장에서 쇼핑 고객의 행동 패턴을 추적하여 마케팅 활용 데이터로 유효하게 사용할 수도 있다. 이러한 기술을 '실내위치기반서비스'라고 말한다.

필자는 위치기반서비스 '씨온'을 시작하면서 이 사업의 완성형은 아마도 바로 실외와 실내위치기반서비스가 결합되는 지점이 아닐까하고 생각했다. 현재의 씨온이 축적해 놓은 위치기반 소프트웨어 기술이 아마도 적절한 하드웨어와 만난다면 완성도 높은 위치기반서비스가 탄생할 것이다.

최근 퀄컴, 삼성전자, 마이크로소프트, 노키아 등도 관련 기술 개발에 적극적으로 투자하고 있고, 국토해양부는 전국 대도시의 주요 공공시설에 실내 위치측정 시스템을 구축할 것이라고 한다. 이러한 발표들은 필자를 들뜨게 한다.

Special Intreview

㈜씨온 안병익 대표

Q1) 본인이 인생을 살아오면서 가장 존경하는 분과 그 이유는?

가장 존경하는 분은 이순신 장군이다. 그 분은 늘 어려운 상황에서도 환경을 탓하지 않고 최선을 다하셨다. 어떤 상황에서도 주어진 환경에 대한 원망 보다는 어려움을 극복하며 앞으로 나아가는 것이 중요하다. 다행히 지금까지는 순탄한 편이라고 생각한다. 다만 사업을 시작하면서 '성공해야 한다!' '잘 되어야 한다!' 라는 강박 관념에 시달렸고 일정 시점에서는 극복하기 힘들만큼 어려운 고비를 맞기도 했었다.

대체로 회사를 경영하게 되면 자금, 시장, 경쟁, 인력, 자만심이라는 다섯 가지의 고비를 맞는다. 물론 그 중 가장 어려운 것이 자금이다. 두 번째 회사를 경영하면서 3개월 동안 직원 월급을 못 준 적이 있다. 참으로 어려운 시기였다. 초기에 엔젤투자를 받기는 했지만 주위사람들의 도움은 받지 않았다. 주위사람에게 도움을 받는 것은 사업을 하는 사람에게 좋은 모습은 아닌 것 같다.

Q2) 벤처를 시작하게 된 계기는?

벤처의 시작은 당시 재직하고 있던 KT의 사내벤처 육성 정책에서 출발했다. 나에게 사업이란 참 어려운 것이었다. 지금은 작고하신 매형이 젊은 시절 20여 가지 이상의 다양한 사업을 하셨다. 실패와 성공을 거듭 반복하시는 것을 보면서 '아, 사업이란 참 어려운 거구나!' 라는 생각을 갖게 됐고, 정말 사업은 나에게는 남의 나라 이야기처럼 들렸다.

학업을 마치고 안정적 직장이라고 생각한 KT에 연구원으로 입사했다. 회사의 사내벤처 제도 시행으로 3개월 간 고민 끝에 모시던 부장님과 함께 벤처 사업을 시작했다. '2년 이내 복귀' 라는 옵션이 있었지만 시작한 지 6개월이 지나서 한 명은 퇴사 후 창업을, 한 명은 복귀를 선택했다. 1년 6개월 더 벤처에 매진했고 KT를 퇴사하여 '포인트아이'를 창업했다.

창업을 하면서 모든 환경이 바뀌었다. 같이 일하던 동료들이 소위 말하는 '갑'이 되었고 나는 영업에서부터 개발까지 회사운영을 위해 모든 일을 다 해야 했다. 하지만 재미를 느꼈다. 내가 원하는 대로 그림을 그릴 수 있었고, 그 그림을 현실로 실현시킬 수 있었다.

Q3) 스타트업을 준비하는 이들에게 들려주고 싶은 이야기는?

　창업 관련 세미나 혹은 학교수업에서 늘 말하곤 한다. "왠만하면 창업을 하지 말라." 아이템을 가지고 창업을 하고 소속 구성원에게 동기의식을 고취하여 회사를 성장, 발전 시켜나가는 건 정말 어려운 일이다. 회사를 시작하는 것은 멈추지 않는 기차를 정거장에서 출발시키는 것과 같다. 일단 시작하면 수단과 방법을 가리지 않고 해 나가야 한다. 주위에서 창업을 '안 되면 말지'라고 생각하고 너무 쉽게 보는 경향이 있다. 좀 더 확실한 사명감을 가지고 창업을 시작했으면 좋겠다.

　씨온을 창업하게 된 계기는 500만 소상공인의 소매시장을 모바일 기반의 위치정보 서비스 제공을 통해 상권의 활성화를 촉진하고자 하는 것이었다. 우리나라 소상공인의 30%는 창업 후 1년 안에 폐업을 하고 3년이 경과하면 70%는 망한다. 나머지 30% 도 업체를 유지하기가 너무 힘들다. 이런 열악한 환경 때문에 그들 스스로 도시의 빈민이라고 자조하기도 한다. 프렌차이즈도 별반 다를 게 없다. 매출은 상대적으로 높지만 역시 본인 몫으로 가져가는 건 너무 적다. 그래서 내가 가장 잘 할 수 있는 모바일 서비스로 이들에게 도움을 주고 싶었다.

Q4) 코스닥에 상장을 하면서 힘들었던 점은?

　상장을 하는 것은 시스템에 몸을 맞추는 것이라 힘들었다. 한국투자증권에서 맡아 진행했다. 상장 심사를 하면서 가장 많이 받았던 질문은 '회사가 지속적으로 성장 가능하도록 사업모델을 갖추고 있느냐?' 였다. 나에게는 상장이 회사의 청사진을 다시 한번 되돌아보게 하는 계기가 되었다.

Q5) 포인트아이를 매각하게 된 계기는?

　회사를 상장하기 전에는 앞만 보고 달렸다. 상장 후 회사는 매년 20~30% 성장 해 나갔다. 회사는 안정적으로 운영 되었지만 미래 청사진에 대한 대표이사로서 한계에 직면했다. 이 때 사업확장을 위해 A사에서 제안이 왔고 보유하고 있던 지분을 모두 매각하였다. 지분매각 결정은 경영학 공부를 하면서 회사를 바라보는 새로운 시각을 가지게 되었기 때문이다. 내가 아니더라도 회사를 좀 더 성장 시킬 수 있는 사람이 있다면 기꺼이 그 사람에게 넘겨 주는 것이 합리적이라고 생각한다.

Q6) 씨온을 창업한 계기는?

　포인트아이를 경영할 때부터 미국의 포스퀘어 서비스를 보고 한국에서 동일한 서비스를 해보고 싶었다. 포인트아이에서 신규사업으로 진행하기에는 무리가 있었고 매각 후

쉬면서 오로지 한 가지 생각만이 나를 사로 잡았다. 그래서 시작한 것이 씨온이다.

Q7) 씨온의 경영철학과 원하는 인재상은?

어제의 성공이 오늘과 내일의 성공을 보장해 주지 않는다. 씨온의 기업이념은 변화(CHANGE)이다. CHANGE에는 도전정신(Challenge), 인간존중(Human), 진보(Advance), 창조(New), 국제화(Globalization), 효율(Efficiency)이라는 6개의 이념이 포함되어 있다. 즉, 기업은 도전정신으로 미래를 개척하고 가치를 창출해야 하며, 고객과 구성원이 늘 편리하고 행복할 수 있도록 하는 인간존중의 마음을 가지고, 항상 앞선 기술을 개발하고 시장을 선도하는 진보적인 정신과, 창의적인 생각으로 새로운 것을 만들어 내는 창조적인 사고로, 국내뿐만이 아닌 국제화를 통해 세계 시장에서 최고의 기업으로 성장하고, 그러면서 가장 효율적이고 합리적으로 운영이 되어야 한다.

또한 씨온에서는 무엇보다 성실한 인재를 요구한다. 일부 대기업에서는 뛰어난 소수가 다수를 먹여 살린다고 하지만 적어도 씨온에서 만큼은 성실하고 밝은 직원들이 회사를 이끌어간다. 그리고 직원 간 원활한 의사소통을 위해 카카오톡에 대화방을 만들어 빠른 의사결정과 구성원간의 허심탄회한 소통을 촉진하고 있다. 올해 하반기에는 소수지만 신입사원을 뽑을 예정이다. 면접에서 가장 중요한 건 당연히 진솔함이다. 진솔한 대화를 위해 최종면접은 술자리 면접을 가질 예정이다.

Q8) 20살로 돌아간다면 하고 싶은 것은?

과거에 얽매이거나 후회하는 성격이 아니다. 그렇기에 지나온 시간에 후회는 없다. 그 시절에는 늘 바쁘게 살아왔다. 여름방학 때 MT를 여덟 번 간 기억이 있다. 바쁘게 최선을 다해서 살았기에 후회도 없고 과거로 돌아가더라도 지금처럼 똑 같은 삶을 살아갈 것이다.

Q9) 성공을 갈망하는 젊은이들에게 하고 싶은 말은?

강의 중 혹은 세미나에서 가장 많이 받는 질문 중 하나는 '무엇 때문에 성공을 했냐?' 이다. 참으로 대답하기 어려운 질문이다. 성공은 하나의 요인이 아닌 다양한 원인들이 조화를 이루어야만 한다. 실리콘밸리에 있는 엔젤 투자자에게 성공투자의 비법을 물어보면 한결같이 하는 말은 Luck, Luck, Luck 이다. 그만큼 성공의 요인을 꼽는다는 건 어렵다. 칼을 뽑았다면 끝을 봐라! 언제 행운의 여신이 미소를 지을 지 모른다. 그렇기에 늘 최선을 다해 노력해야 한다.

"인생이란 결코 공평하지 않다. 이 사실에 익숙해져라."
- 스티브 잡스

Part IV

스펙을 뛰어넘어
무장하기

"Life is not fair, get used to it."
- Steve Jobs

Chapter 1

[준비!] 저질 스펙을 극복하는 마인드 세팅(Mind Settting)

> 취업 준비를 하고 있는가? 그렇다면 나의 스펙을 사랑하라. 별 것 없어 보여도, 어떻게 하면 내가 가진 것들로 좀 더 잘 어필 할 수 있을까, 어떻게 하면 내가 가진, 내가 할 수 있는 것 중에서 최선의 것을 잡을 수 있을까, 어떻게(HOW)? 라는 고민을 수백 번 되뇌어 보자. 그리고 내가 지금 하고 있는 '취업 준비'라는 내 일생일대의 중요한 JOB을 사랑해 보자.
>
> – 저자 일동

이력서를 쓰려고하니 막막한 기분, 쥐어 짜내도 해결되지 않는 답답함. 취업 준비를 한다면 누구나 한번쯤 경험해 보는 상황이다. 특히 경영학 전공이 아닌 비전공자일 경우 '상경계열 우대' 라는 문구에 기가 죽는다. 반대로 만약 내가 상경계열 전공인데 입사하고 싶은 회사에서 공대의 특정 전공만을 우대하거나 프로그래밍(ex. C++, VBA) 능통자만 뽑는다는 채용공고를 접하게 되면 많은 것들이 원망스러울 수 있다.

어찌되었든 아직까지 취업시장에서 특수한 전공이나 분야를 우대하는 경우가 많으며 스펙에 따라서 가능성이 희박한 회사나 직군도 존재한다. 그렇다면 낮은 학점과 스펙을 가지고도 취업에 성공하려면 어떻게 해야 할까? 일단 나의 객관적인 스펙이 평균 이하라면 불리한 게임을 하고 있다는 사실을 인정해야 한다. 그러나 희망을 잃지 말자. 내가 가진 것을 어떻게 준비하고 또

포장하느냐에 따라서 기회는 온다. 피아노과나 작곡과, 철학과를 졸업하고도 유수의 기업에 당당히 취업한 사례가 있고, 학점이 3.0이 안 되고서 취업에 성공한 사례가 있다. 대부분의 사례를 연구해 보면, 결코 이들이 특별하거나 운이 좋아서 합격한 것이 아니다. 자신의 불리한 점을 이해하고 가능성 있는 부분으로 지원을 했고, 또한 본인이 보유하고 있는 잠재력을 보여주었기 때문이다.

내가 만약 학점이 낮고 어학점수가 안 되는데 공기업, 기업의 연구 개발 부서를 고집한다면 가능성은 낮을 것이다. 하지만, 학점보다는 친화력, 대인관계, 창의성 등을 조금 더 중시하는 마케팅, 세일즈(영업) 쪽으로 집중해서 지원한다면 가능성은 더 높아질 것이다. 또한 철학과나 수학과 피아노과 등, 경영학과와 무관한 경우에도 본인의 매력과 회사에서 기여할 수 있는 논리를 보여줄 수 있다면 충분한 가능성이 있다.

예를 들어 철학이나 수학을 전공한 학생의 지원자를 생각해 보자. 철학과나 수학과 같은 순수학문은 논리와 사유의 확장(논리력, 정확성, 사물을 보는 다양한 관점)이 큰 강점이다. 그러한 강점을 살려 전공을 통해 배우고 깨닳은 유연한 사고를 강조하며 자기소개서를 작성한 후, 논리적인 사고를 중시하는 기획분야나 상품 연구/개발 부서 등을 지원한다면 경영학 전공자들 못지 않은 경쟁력을 갖출 수 있다. 설득력 있게 잘만 구상해서 전략을 짜면 오히려 가점요인으로 작용하게 만들 수도 있다. 피아노과나 미대의 경우 크리에이티브와 사고의 유연성을 강조해서 이력서 쓰기와 면접 전략을 구상해 볼 수 있다.

대표적으로 취업이 안 된다고 생각하는 전공이 면접관에게 오히려 감동과 특별함을 줄 수 있다. 여러분의 선배들 중 많은 사람들이 스펙이 낮아도, 학점이 낮아도, 토익이 없어도, 피아노과도, 철학과도, 러시아어과도 취업에 당당히 성공했다. 그 이면에는 약점을 강점으로 바꾸고자 했던 치열한 고민들, 그리고 열정과 그것을 뒷받침해 준 논리가 있었다. 그렇다면 구체적으로 어떠한 전략을 갖고 나의 잠재력을 보여줄 수 있는지 알아보자.

낮은 스펙으로 취업하기

❖LOW-스펙, LOW-토익으로 취업하기

"낮은 스펙으로 취업할 수 있을까?"

냉정하게 봤을 때 스펙이 낮다면 비교적 취업하기가 어려울 가능성이 높다. 하지만 가능성은 존재한다. 그 가능성을 보고 도전하는 것은 열정이 있는 것일까 아니면 무모한 것일까? 정답을 이야기하기 전에 다음 사례를 깊이있게 생각해 보자.

2.5 학점의 중위권 대학에 다니는 학생이 있었다. 서울대 대학원에 가고 싶었다. 그가 서울대 대학원에 진학하고자 했을 때 주변 친구들은 모두 비웃었다. 연고대 이외의 학교에서 2.5가 안 되는 학점으로 서울대 대학원을 가고자 했으니 그럴만도 했다. 그런데 결과는? 함께 지원한 친구들은 모두 탈락하고 그 학생이 합격했다. 비결을 물어보니 '열정' 이라고 답했다. 나는 그에게 무슨 대답이 그러냐고 자세히 비결을 말해보라고 했다. 대답은 다음과 같았다.

"서울대 교수님들은 다른 어떤 학교의 교수님들보다 자신들이 뛰어나다는 자부심을 가지고 계시다. 따라서 다른 학교에서 준 학점은 별로 안 믿는 경향이 있다. 적어도 난 그렇게 생각했다. 따라서 3.0이건 2.5이건 교수님들에게 중요하지 않을 수 있다. 3.0과 2.5의 차이는 지원자들에게나 중요한 거라고 생각했다. 시간 아깝게 스터디 그룹을 만들고 자기들끼리 모여서 비교하면서 된다, 안된다 떠들면서 시간이나 보내고, 인터넷에 댓글이나 달고…… 난 그런 짓 않했다.

내가 가진 부족한 부분, 학점이 중요하지 않다고 믿는 순간, 자신감과 희망이 생기는 것이다. 학점보다는 열정을 보여주면 된다고 판단했다. 내가 했던 활동에 대한 열정, 미래에 대한 열정, 물론 완전 뜬구름 잡는 이야기가 되어서는 안된다. 논리와 타당성에 바탕을 둔 학업계획서, 그리고 면접에서의 자신감! 물론 학점에 대한 질문을 커버할 논리는 잘 만들어 놓았었다."

그렇게 그는 대학원을 합격하고 지금은 D증권사에서 성공적으로 근무하고 있다. 취업도 마찬가지이다. 내가 가진 스펙은 이렇지만 '가능성'이 존재한다는 사실을 믿고 그 믿음을 이룰 수 있는 근거와 자료를 준비해 나간다면 희망의 빛은 존재한다. 이미 스펙은 결정되어 있고 과거는 되돌릴 수 없다. 그렇다면 실제로 어떠한 전략으로 지원을 해야 하는지 함께 살펴보자.

물론 취업에서 객관화된 점수는 개인을 평가하는 중요한 척도이다. 출석, 학점, 자격증 등은 개인의 성실성을 보여주는 요소로 평가되기 때문이다. 하지만, '나는 아무것도 내세울 것이 없다.' 라는 생각이 들고 그것을 만회하고 싶다면? 토익점수와 학점을 안 보는 3.0 이하의 점수를 가진 사람들은 어떻게 해야 할까? 다음 세가지 원칙을 기억하자.

1. 다양한 지원 + 집중 지원

내가 알고 있었던 것보다 더 많은 취업의 기회가 숨어있다.

매일 취업사이트 검색은 필수이다: 사람인, 인크루트, 헤커스잡

내가 가능할 것 같은 분야에 집중적으로 지원한다.

2. 학점과 스펙 보다는 사람 자체를 보는 업종과 기업이 존재한다

연구직이나 공기업은 아무래도 학점이나 스펙을 보는 경향이 있다. 이에 반해, 사람들을 만나며 적극적인 사람을 원하는 영업, 아이디어를 필요로하는 마케팅 관련 직군, 끼나 감각을 필요로하는 엔터테인먼트 업종은 아무래도 학점이나 스펙보다는 지원자의 성향을 살피는 경우가 많다. 또한 낮은 토익점수와 낮은 학점으로 대기업에 입사한 경우도 찾아 볼 수 있는데, 이러한 지원자들의 공통점은 낮은 점수를 극복할 만한 개개인의 '필살기'가 있었다. 예를 들면, 자신의 업무와 관련된 광고제 입상, 그룹의 홍보대사 경험, 출간 경험, 마라톤 대회 완주경력, 음악, 퍼포먼스(댄즈, 발레, 뮤지컬 등 포함) 공연 경험 등등이 그것이다. 이러한 경험은 지원자의 성향과 잠재된 능력을 보여줄 수 있는 비장의 무기가 될 수 있다.

3. 나만의 매력을 찾아서 어필한다

본인의 경험을 어필하고, 전공을 통해서 본인이 얻게 된 것들, 회사에 기여할 수 있는 POINT 를 제공한다. 예를 들어 기업의 홍보대사로 근무한 경험이 있다면, 어떤 마케팅 방법을 통해 어 떤 활동을 구체적으로 했는지, 그로 인해 조직에 어떤 형태로 기여할 수 있었는지에 대해 스토 리텔링을 해보는 것도 좋은 방법이다.

4. 학점 토익에 소홀했던 대신 학창시절 어떤 점에 포커스를 맞추어 생활했는지 어필한다

제약회사 취업에 성공한 김O성 씨는 3.0이 채 안되는 학점, 토익 700점을 가지고 당당하게 입 사할 수 있었던 요인에 대해 다음과 같이 답변했다.

"운이 좋게 면접에 올라가게 되면, 어김없이 안 좋은 학점에 대한 질문이 들어왔습니다. 하지 만, 어차피 내가 선택한 결과이고 바꿀 수 없다는 것을 알기에 학창시절 동안 내가 공부보다 더 중요한 가치를 둔 것이 무엇이었는가에 대한 생각을 해 보았습니다. 결론은 간단했습니다. 저는 동기들과 빛나는 추억, 그를 통해 얻게 된 끈끈한 우애, 급격히 상승한 당구실력 등, 솔직한 답 변에 위트를 섞어서 대답했습니다. 사실, 영업을 하는데 높은 학점이 강력한 무기로 작용하지는 않는다는 생각이 컸기 때문입니다. 오히려 사람과의 관계를 개선해 나갈 줄 아는 능력이나 경험 이 더 중요하다고 생각했습니다. 다른 사람들과는 다른 솔직한 답변이 아마도 저를 지금 이 자 리에 있게 해주지 않았는가 라는 생각을 해 봅니다."

생각해보면 처음 보는 사람에 대한 평가를 하기 위해 객관적인 지표가 필요했을 것이고 면접 관들에게 그 객관적인 지표는 학점, 토익 등 계량화되어있는 자료가 가장 합리적일 터이다. 하 지만, 업종, 직무에 따라 접근하는 방법이 다를 수 있다. 특히 영업직종에 지원하는 사람들이라 면, 계량화된 지표가 좋은 스펙이 아니라는 생각을 가졌으면 한다. 어떤 점수로도 바꿀 수 없는 인성이 강력한 무기가 될 수 있다는 사실을 명심하자.

❖ 경쟁률에 주눅들지 마라, 마인드가 결과를 결정한다

세상 어떤 사람들도 경쟁에서 자유로울 수 없다. 하지만 주눅들 필요는 없다. 경쟁을 준비하는 과정에서는 살떨리게 긴장하고 끊임없이 준비해야 하지만, 실제 전쟁터에 들어가서는 담담하게 방아쇠를 당길 수 있어야 한다. 실제로 경쟁률이 300:1 혹은 400:1 이라고 해서 주눅들 필요는 없다. 경쟁률이 이렇게 높다고 해도 여기에는 통계적 오류가 숨어있다. 중복 지원자, 연관성없는 지원자 등을 제외하면 실제 경쟁률은 더 떨어진다. 간혹 방송에 나오는 '몇 년동안 취업을 못했다' 라는 뉴스 보도에도 주눅들 필요는 없다. 원래 뉴스라는 것이 특정케이스를 확대 보도하는 경향이 있기 때문에, 언론에서 나오는 경향이나 통계를 참고할 필요는 있지만 100% 신뢰하고 마음에 담아 두어서는 안된다. 생각이 결과를 결정한다. 정확하게 나의 위치를 알고 나를 다듬고 포장해서 지원하면 분명히 알맞은 회사와 매칭이 될 것이다.

공모전 지원과 관련해서

캠퍼스를 거닐다 보면 다양한 공모전 홍보포스터들이 붙어 있는 것을 볼 수 있다. '내가 되겠어?' 라는 생각은 가지지 말자. 실제로 당선된 팀들의 사례를 보면, 그들도 수십 번 이상의 패배 경험이 있다. 그리고 실제 경쟁률은 우리가 상상하는 것 '이하'인 경우가 많다. 이것이 무슨 의미인지 되새겨 보자. 대기업 공모전에 응모하는 사람은 겨우 100팀 정도이다. 공기업에서 진행하는 공모전 등의 경우에는 그 경쟁률이 반으로 떨어진다. 시작이 반이다. 겁먹지 말고 도전해 보자!

저질 스펙 극복:
전략적으로 무장하기

> **위대한 일을 하는 유일한 방법은 그 일을 사랑하는 것이다.**
> – 스티브 잡스

일단 취업을 하기로 마음 먹었다면 제대로 준비를 해야 한다. 제대로 준비하는 것이란 무엇일까? 닥치는 대로 원서를 쓰고 남들 하는 대로 따라가는 것이 아니라, 정확한 전략과 전술을 짜서 나에게 최적화된 솔루션을 찾는 것이다. 현실을 파악하고 내가 나아갈 방향을 정확히 생각해 보자.

저질 스펙을 극복하는 나만의 전략을 구상하자

❖취업을 위한 논리를 만들자

취업을 위한 Brain Storming

무조건 원서를 쓰기 전에 나 자신을 객관적으로 보는 것이 중요하다.

1. 나와 관련된 사항들을 적어본다: 시간순 나열

2. 내가 해왔던 것들, 생각했던 것들과 취업과의 연결 고리를 찾는다

3. 어떻게 연결될 수 있는지 생각해 본다: 나의 위치는?

취업을 위한 논리를 만들기 위해 내가 했던 것들부터 차례로 기술해 보자. 그리고 연관성있는 고리들을 하나씩 연결해 보자. 그러다 보면 커다란 그림이 그려질 것이다.

활동	취업을 위한 논리 만들기
학교, 군대	군대 : 봉사활동 • 오케스트라 활동 → 오케스트라라는 것은 자신의 역할을 충실히 함으로써 전체를 빛나게 하는 특성을 갖고 있다. • 연극 동아리 → 조직문화 활성화 기여 • 스피치 동아리 → 사내 커뮤니케이션에 기여 • 높은 당구점수 → Retail 고객이나 법인 고객 중 남자고객이 많다면 하나의 특기로 활용하고 인간적인 친밀도를 높이는 계기로 작용할 수 있음 • 어학연수 → 단순히 어학연수를 다녀왔다라는 사실은 특별한 메리트가 되지 않는다. 따라서 특별한 에피소드, 기술, 혹은 구체적인 네트워크나 인맥관리 사례를 제시할 것(ex. 00세미나 참석, 해외 00동아리 활동 등 특징있는 사례를 제시)
독어과 불문과	• 독일어를 공부했고, 독일과 유럽문화에 관심이 많았다. 　→ 독어를 배우면서 독일 문화 전반에 깔려있는 정확성과 논리력에 대해서 배울 수 있었고, 매사에 정확하게 일처리하는 습관이 몸에 배게 되었다. 　→ 이러한 전공을 공부하면서 함께 익혀왔던 것들은 정확성을 중요시 하는 전기전자 / 금융 / 마케팅 / 상품 개발 / 고객 관리 부분에 도움이 될 수 있겠다. • 프랑스어와 더불어 프랑스 문화에 대해서도 배울 수 있었다. 　→ 프랑스인들의 사고의 유연성을 배우다 보니 매사에 깊게 생각하고 남들과 다른 관점에서 창의성있게 바라보는 습관이 몸에 배게 되었다. 　→ 이러한 전공을 공부하면서 함께 익혀왔던 것들은 남다른 사고방식이 중요한 마케팅 / 기획 / 광고, 홍보 부분에 도움이 될 수 있겠다.
교육관련 학과 교직원자격증 강사 경력 과외 경력 야간학교 봉사	• 학생들을 가르치고 설명하면서 설득능력을 배양할 수 있었고 나아가 프리젠테이션의 기본을 확립할 수 있었다. 　→ 설득능력, 프리젠테이션 능력이 중요한 마케팅, 영업, 기획 분야에서 일하는 데 도움이 될 수 있겠다. • 어린이들을 돌보는 일을 통해 교육의 기본 자질인 설득과 인내를 배울 수 있었다. 　→ 교육을 통해 배웠던 가치들은 인재개발부서, 인사부, 고객지원부서 등에서 업무를 하는 데 도움이 될 것이라 생각한다.
미대, 음대 디자인 동아리	• 미술과 디자인 아이디어를 통해 창의성을 배양할 수 있었다. 　→ 디자인 경영이 강조되고 있는 요즘 경영관리, 마케팅에 도움을 줄 수 있다.
음대 음악 동아리 댄스 동아리 연극 동아리	• 감성과 창의력을 개발할 수 있었고 음악을 통해 사람들과의 친화력을 기를 수 있었다. 　→ 창의성과 감성을 활용해서 영업 / 마케팅 / 조직관리에 도움을 줄 수 있다.
군대 학생회 활동	• 군대생활 / 장교 / 해병대 / 카츄사 / 학생회 활동을 통해 조직적응력과 리더십을 기를 수 있었다. → 리더십, 빠른 결단력, 조직적응력은 기업 문화 적응 / 프로젝트 추진 / 팀웍에 기여를 할 수 있다.

SWOT 분석을 통해 전략을 구상하자

SWOT분석이란 미국의 경영컨설턴트인 알버트 험프리(Albert Humphrey)에 의해 고안된 기업의 내부 환경과 외부 환경을 분석하여 강점(strength), 약점(weakness), 기회(opportunity), 위협(threat) 요인을 규정하고 이를 토대로 경영 전략을 수립하는 기법이다. 나 자신의 삶을 경영한다고 생각한다면, 경영자 입장에서 내 스스로의 강점과 약점, 나를 둘러싼 기회와 위협을 분석해 볼 필요가 있다. 나 스스로의 내 · 외부 환경을 동시에 파악해 보고 강점과 약점, 기회와 위협의 탐색을 통해 스스로를 되돌아 보면, 현재 상황에서 가장 적합한 취업 전략을 구상해 볼 수 있다. 그리하여 현재 상황에서 어떤 업종에 집중 지원해야 하는지, 대학원에 진학해서 재정비를 하고 도전해야 하는지, 창업이나 전혀 다른 분야로 인생의 진로를 선택해야 하는지를 구상해 볼 수 있다.

우리가 경영학개론 시간에 배운 SWOT분석을 나 스스로에게 적용시켜 보자. 한번 노트나 문서로 정리해 놓는 것과 생각만 하는 것은 다르다. 글로 나스스로에 대해 간단히 정리를 해 보게 되면 연상작용이 일어나면서 내가 놓치고 있었던 좋은 아이디어가 떠오르게 마련이다.

SWOT 실습

- S강점: 회사에 맞추어 다듬는다. → How? → 입사하는 회사에 나만의 스토리를 구성.
- W약점: 줄이고 감춘다. → How? → 경쟁이 심한 레드오션 보다는 블루오션을 찾는다
  → 학점 비중이 낮은 영업, 직군 고려 → 방어 논리를 구상한다.
- O기회: 극대화 한다. → How? → 지인을 통한 수시 채용 등 기회를 연구해 본다.
- T위협: 극복한다. → How? → Backup plan을 구성해 놓는다. → 취업이 안 됐을 경우 인턴이나 대학원 진학 고려

SWOT분석 사례

성명	김O용	나이	29
학교	서울 중위권 대학	경력	OO은행 홍보대사 (3개월)
전공	철학과	학점	2.85/4.3

Strenth	Weakness
활달한 성격 A사 홍보대사 경력 강한 체력 군대에서 수송부대 근무	낮은 학점 낮은 토익 비 경영, 경제학과 많은 나이(휴학+재수)
Opportunity	**Threat**
동아리 선배들의 다양한 분야 포진: 상담 기회 현재 서류 통과 기업 2개 교수님의 추천으로 앞으로 면접 일정 1개	치솟는 취업율 시간이 가면 불리하다 (나이) 불안한 심리(경제적)

열악한 조건에서도 실제 취업에 성공한 김O용 씨의 SWOT분석을 해 보았다. 김O용 씨의 경우 나이는 많고 딱히 이루어 놓은 것은 없다. 활동이라고는 홍보대사 경력 정도이다. 한마디로, 강인한 체력과 원만한 인간관계를 갖추었지만 전형적으로 '준비 안 된 취업준비생'이었다. 하지만 그는 현실 앞에서 좌절하거나 방관한 것이 아니라 적극적인 상담을 통해 본인을 객관적으로 바라보고 취업을 준비해 나갔다.

실제로 김O용 씨는 2014년 11월 국내 굴지의 전통주 제조업체인 B사에 입사하여 영업직으로 당당히 근무 중에 있다. 그가 맡은 B2B 영업중 2군(소형마트) 파트의 영업으로 현재 전국을 누비며 발군의 실력을 발휘하고 있다. 한번 지방출장을 나가게 되면 4~5일은 기본인 2군 영업은 강한 체력과 더불어 운전실력이 중요한데 그는 군대 2년을 오로지 운전병으로 근무하였다. 그것도 도로 여건이 좋지 않은 강원도 화천, 양구 지역에서 했으니 어쩌면 회사에서 꼭 필요한 사람이 자신이 아니었을까 싶을 정도로 운이 좋게 취업에 성공한 것이다. 게다가 회사의 업무용 차량(투싼)도 아예 100% 본인이 운용하니 실제로는 자가용까지 한 대 받은 셈이다. 비록 급여는 적지만 그는 자신의 업무에 100% 만족하며 오늘도 전국을 누비고 있다. 이렇듯 누구에게나 기회는 있다. 문제는 그 기회를 포착할 수 있느냐에 달려있다.

취업을 위한 인맥관리 MAP

동문회를 활용해보는 것은 중요한 기회를 제공해 줄 수 있다. 우리 학교의 동문들은 어떤 사람들이 있으며 동문회는 어떠한 활동을 하는지 관심을 갖고 살펴보자. 간단한 모임이나 행사에 참여하는 것은 인맥과 좋은 정보를 얻을 수 있는 기회가 된다. 취업준비 여부를 떠나 다양한 분야의 다양한 사람들과의 관계가 매우 중요하다. 주변에 아는 사람들이 없어서, 마땅히 연락해서 찾아가보기도 애매한 경우에는 동문회 활동을 하며 주소록을 활용할 수도 있다.

서울 소재 유수대학교들의 경우 졸업 후에도 정기적으로 동문회비 납부 요청서, 대학신문 등의 형태로 졸업생들과의 인연의 끈을 이어가고 있다. 대부분 대학교에서는 해당학과 학생회를 주축으로 동문회 명단을 업데이트 하고 있다. 하지만, 실제로 동문회 명단을 효과적으로 활용하는 사람들은 소수이다.

하지만, 우리가 인식하지 못하는 사이에도 동문회는 점점 발전해나가고 있고, 세미나의 형태로 정기적인 모임도 자리를 잡아가고 있다. 일례로 카이스트의 경우 매년 인사파트를 졸업한 대학원생들의 세미나가 개최되고 있다. 여기에 참석을 하면 다양한 업종에서 근무하고 있는 동기, 선후배들을 만날 수 있는 기회가 생기고, 자연스럽게 서로에 대해 어필 할 수 있는 시간도 가질 수 있다. 여기에서 이직의 기반이 마련되는 경우도 많이 있다.

사회초년생들의 경우에도 동문회 주소록의 활용도는 굉장히 높을 수 있다. 선뜻 찾아가기 힘든 기업체 실무자들도 학연의 고리안에서는 비교적 유연해지는 편이다. 자신있게 선배들을 찾아가서 회사생활의 장단점, 조직의 일원이 되기 위해 꼭 갖추고 있어야 할 마인드 등을 전해듣는 학생들이 늘고 있다.

비단 대학 동문들 뿐만 아니라 나의 인맥을 잘 분류해 놓는 것도 취업과 사회생활을 위해 중요하다. 예를들어 고등학교 동창/선생님, 어학연수 때 알게 된 그룹, 교수님, 학원선생님 취업지원센터 직원들은 좋은 정보의 원천이 될 수 있다.

PLAN B(차선책) 정해 놓기

필자에게 대기업에서 30대 후반의 젊은 나이에 임원까지 오른 선배가 술자리에서 한 말이 있다. "인생은 Back up이야." 이 한마디가 인생에서 위기라고 느낄 때마다 떠 오른다.

이 일이 잘못되면 어떻게 하지? 최종면접에서 떨어지면? 올해 취업이 안되고 다음 해로 넘어가면? 다양한 옵션과 가능성, 기회를 찾기 위해서는 항상 차선책(Plan B)는 마련해 두는 게 좋다. 특히 생존과 직결되는 취업이나 이직은 더욱 그러할 것이다. 그냥 막연히 머리속으로 생각하는 차선책은 안 된다. 구체적이고 세부적인 것이어야 한다. 정답은 아무도 알려주지 않는다. 스스로 곰곰히 생각해 보고 친구, 지인, 선배들과 이야기를 나눠보자. 그러다 보면 나도 모르게 Brain Storming이 되고 우연히 좋은 아이디어와 사례를 접하기도 하며, 나 스스로 답을 내놓을 수 있게 될 것이다. 특정 대학원 진학이나 유학, 업종과 무관한 전혀 다른 분야로의 지원, 창업, 심지어 이민 등, 다양한 상상을 펼치고 토론하고 이야기 하다 보면 차선책이 떠오르게 된다.

좀 더 넓게 바라보기

스펙이 같다면, 그리고 더 이상 스펙을 늘릴 수 없다면 어떻게 해야 할 것인가? 각종 인터넷 까페나 취업 사이트도 좋지만 몇가지 발품을 팔다 보면 의외의 정보를 얻을 수 있다.

1. 생각보다 좋은 정보를 얻게 되는 채용박람회

채용박람회의 가장 큰 장점은 기업에 대한 정보를 한 눈에 확인하여 지원할 수 있으며 자신에게 필요한 정보만 골라서 획득할 수 있다는 것이다. 박람회장에는 보통 100여개 이상의 기업들이 부스를 마련해 놓고 있다. 그리고 유망 기업의 인사담당자가 직접 현장면접을 실시하여 채용한다. 박람회 방문 시 현장면접에 대한 준비도 철저히 해 두는 게 좋다. 또한, 평소 얻기 어려운 정보를 얻을 수도 있고 면접이나 자기소개서 첨삭도 가능하다. 직접 궁금한 점만 뽑아서 질문하거나 상담관 컨설팅을 받을 수도 있다.

2. 꾸준히 살펴보기: 고용노동부의 정보마당

내가 지원하고 싶은 분야와 그 기업을 파악 했다면 고용노동부의 정보마당을 활용하여 보자.

3. 수시로 시사와 상식을 업데이트 하자

같은 질문을 하였을 때에 그것에 대해 조금이나마 알고 있는 지원자를 인사담당자들이 선택하는 것은 당연하다. 하지만 같은 상황에서 어떠한 시사 이슈에 대해 조금이 아닌 자세히 알고 있는 지원자가 있다면 인사담당자들은 누구를 선택할까? 회사에 따라 차이가 있을 수 있으나, 한 회사를 이끌어나갈 인재로서 사회 이슈에 밝은 사람을 선택하리라는 것은 명약관화하다. 그러므로 평소 신문읽기를 생활화 해야 한다.

면접 빈출 시사 상식 주요 주제

구　분	내　용
철강업종	건설경기, 원자재 가격 트렌드, 쉐일가스, 전력난
화학, 정유업종	전기차, 배터리 관련 트렌드, 바이오
금융업종	개인정보, 파생상품, 신용등급, M&A 정보 보호
엔터테인먼트업종	한류, 클라우드 컴퓨팅
광고, 홍보업종	광고 이론, 뉴미디어, 용어, (ex. CPR, USP 등)
그룹사, 대기업	그룹사일 경우 CEO들의 언급 주목
조선업종	조선, 경제이슈, 전공, 역사 등

눈빛으로 말하라: 면접에서 중요한 건 말 뿐만이 아니다

사람의 마음가짐은 눈빛으로 드러난다. 사람을 많이 만나보고 면접을 보아 온 인사담당자는 이 지원자가 어떠한 상태인지(불안, 희망, 긴장, 초조)를 눈빛과 행동, 느낌으로 알 수 있다. 나의 생각과 마음 가짐은 분위기로 드러나며 이러한 분위기는 이력서에 적혀 있는 평가항목 이외의 요소로 면접관에게 평가된다.

프레젠테이션 이론, 마케팅, 고객 만족(CS)과 대화술 등에 관련된 강의에서 자주 등장하는 그래프와 이론이 있다. '메라비언의 법칙' 이라는 커뮤니케이션 이론이다.

메라비언의 법칙 [The Law of Mehrabian]

요약: 대화에서 시각과 청각 이미지가 중요시 된다는 커뮤니케이션 이론.

한 사람이 상대방으로부터 받는 이미지는 시각이 55%, 청각이 38%, 언어가 7%에 이른다는 법칙이다. 캘리포니아대학교 로스앤젤레스캠퍼스(UCLA) 심리학과 명예교수인 앨버트 메라비언(Albert Mehrabian)이 1971년에 출간한 저서 《Silent Messages》에 발표한 것으로, 커뮤니케이션에서 중요시 되는 이론이다. 특히 짧은 시간에 좋은 이미지를 주어야 하는 직종의 사원교육으로 활용되는 이론이다.

시각이미지는 자세·용모와 복장·제스처 등 외적으로 보이는 부분을 말하며, 청각은 목소리의 톤이나 음색처럼 언어의 품질을 말하고, 언어는 말의 내용을 말한다. 이 이론에 따르면, 대화를 통하여 상대방에 대한 호감 또는 비호감을 느끼는 데에서 상대방이 하는 말의 내용이 차지하는 비중은 7%로 그 영향이 미미하다. 반면에 말을 할 때의 태도나 목소리 등, 말의 내용과 직접적으로 관계가 없는 요소가 93%를 차지하여 상대방으로부터 받는 이미지를 좌우한다는 것이다.

성공했다고 하는 사람들의 이야기를 다 믿지는 말자!: 그들이 하는 거짓말, 말하지 않는 불편한 진실들

　강연회 참석, 취업 지도, 스터디 등이 도움이 될까? 물론 어떤 강의나 강연회의 경우 뜬구름만 잡는 이야기를 하는 경우도 있다. 하지만 분명 개인차에 따라서 도움을 많이 받는 경우도, 유용한 정보를 얻을 수 있는 케이스도 존재한다. 우리가 뉴스와 주변에서 흔히 들을 수 있었던 말들을 내용을 곰곰히 생각해 보자.

　수능 만점자: "교과서 위주로 참고서 안 보고, 학원 안 다니고 학교 수업에만 충실했어요"
　S그룹 합격자: "SSAT? 공부 따로 안 했고요, 직무적성 따위는 그냥 보는 거 아니에요?"
　과 수석: "시험공부 하나도 못했어"
　토익 고득점자: "토익 900 한 달만 하면 나오더라"
　자격증 합격자: "자격증 딱 일주일 공부하고 합격했어"

　취업 지도 한번 안 받아보고도 SSAT공부를 하루만 하고도 합격하고 취업 했다고 하는 선배나 친구들은 항상 주변에 있다. 그들은 별 준비 안 하고 그냥 취업이 되었다고 말한다. 마치 S대학 수석합격자가 학원 한번 안 다니고 수능 만점을 받았다고 언론에서 떠드는 것처럼. 물론 사교육을 통하지 않고, 도움없이 공부해서 목표를 달성했다는 것은 대단한 일이지만 일반적으로 발생하는 케이스는 아니라는 것쯤은 우리 모두 알고있다.

　우리는 그들의 언행에서 '교만'을 읽어낼 수 있어야 한다. 그들은 어쩌면 성공을 자랑하고 싶고 그것을 어떤 형태로건 포장하길 원하는지도 모른다. 그들의 말이 사실이더라도 우리 모두가 그들처럼 될 수 있는 것은 아니다. 4년제 대학생 평균으로 봤을 때 영어를 원래 잘하는 사람 아니고서야 토익 공부를 한달만 하고 900점이 나오는 것은 불가능하다.

　경쟁이 그 어느 나라보다 치열한 대한민국 사회 구조를 고려해 볼 때 학원을 다니고, SSAT공부를 하고 특강을 듣는 것은 지극히 정상인 것이다. 내가 할 수 있는 일에 묵묵히 최선을 다하자. 지나친 비교도 하지 말고 남들을 바라보지도 말자. 내가 필요하다고 생각되면 강연, 선배들과의 만남, 관련 서적 등, 다양한 수단을 동원해 보자. 그러다 보면 길이 보일 것이다.

좋은 회사 vs 나쁜회사: 이 회사에 취직 해도 될까?

인생사 새옹지마(塞翁之馬) 라는 말이 있다. 오늘의 좋은 일이 내일의 나쁜 일로 이어질 수 있으며, 당장의 나쁜 일이 미래의 좋은 일의 원인이 되기도 한다는 말이다. 지금 당장 '취업을 했다' 또는 '합격통보를 받았다'는 소식이 불행의 시작이 될 수도 있다면 얼마나 허무할까? 사회에 첫발을 딛을 때부터 삐그덕 거린다면 얼마나 가슴 아플까?

실제로 많은 사람들이 남부럽지 않은 회사에 들어갔다가 1~2년 버티지 못하고 몸이 망가져서 나오는 경우도 있으며, 대기업이나 중견기업임에도 회사가 망해버리는 경우 또한 있다. 아무리 본인이 똑똑해도 회사가 쓰러진다면 그 피해를 피해 갈 수 없다. 그리고 취업할 때 직원을 소모품 처럼 다루는 '질이 안 좋은' 회사에 발을 담구었다가 피를 보는 케이스도 있다. 취업하기에 앞서 취준생들이 피해야 할 회사는 어떤 회사일까? 또 그런 회사를 사전에 피하려면 어떻게 해야 할까?

회사의 개요, 재무제표, 증권사 리포트를 반드시 본다

상장기업의 경우 증권사 리포트와 재무제표를 본다. 어떤 사업을 하는지, 애널리스트가 전망한 미래의 수익성은 어떠한지를 채크한다. 여러가지 요소 중 가장 중요하게 봐야 할 것은 최근 3~5년의 순이익(Net Profit)이다. 애널리스트의 투자의견도 참고한다. 비상장 기업의 경우는 재무제표와 사업개요를 살펴보자. 이 회사가 어떻게 수익을 내고 있는 회사인지, 그리고 성장동력과 리스크는 무엇인지를 살펴보자. 새로운 친구를 알아가는 것처럼 회사에 대해서 구체적으로 알아가다 보면 사업구조와 수익구조, 운영방식이 보일 것이고, 자연스럽게 면접 준비까지 될 수 있다. 회사에 대해 자세히 살펴본 사람은 면접 및 토론에서 우위를 점할 수 있음은 물론이다.

현직에 있는 선배의 조언

현직에 있는 선배들의 조언은 중요하다. 실제로 일하고 있는 선배가 얼마나 만족을 하고 있는지, 근무 환경은 어떠한지, 생생하게 살아있는 가장 최근의 정보를 주기때문이다. 하지만 여기서 '함정'을 조심하자. 직장생활 2~3년차의 선배라면 회사에 대해 본인들은 모든 것을 알고 있다고 생각하지만, 사실 100% 파악을 못하는 경우가 대부분이다. 그들이 보지 못하는 세상이 더 많다. 게다가 대다수의 직장인들은 본인의 직장이나 직책에 만족을 못하는 경우가 많다. 그런 선배들과 이야기를 해 본다면 우리회사 안 좋다거나 옮기고 싶다는 말을 말을 더 많이 듣게 된다. 본인의 회사를 좋다고 하는 경우는 거의 없고 항상 남의 떡이 커보이기 때문이다. 기억하자. 선배들의 이야기는 참고만 하고 최종 판단은 본인이 해야 한다는 사실을.

'회사' 제대로 파악하기!

1. 재무제표 및사업개요 살펴보는 법 :

(1) 금융감독원 전자공시 시스템(http://dart.fss.or.kr/)에 접속한다.

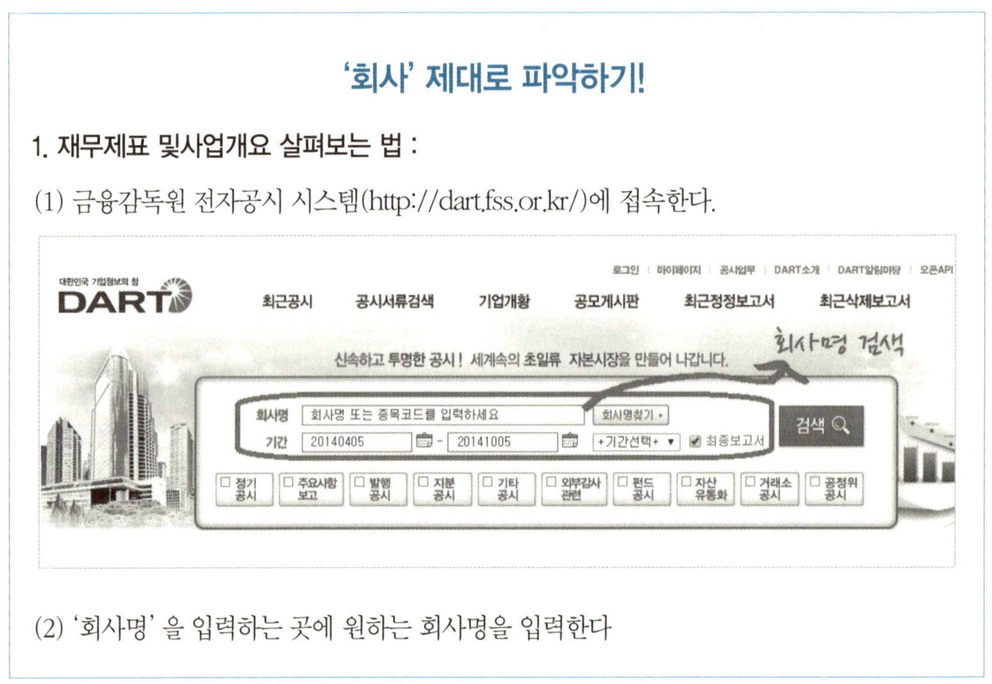

(2) '회사명'을 입력하는 곳에 원하는 회사명을 입력한다

(3) 회사 개요를 면밀히 살펴본다.

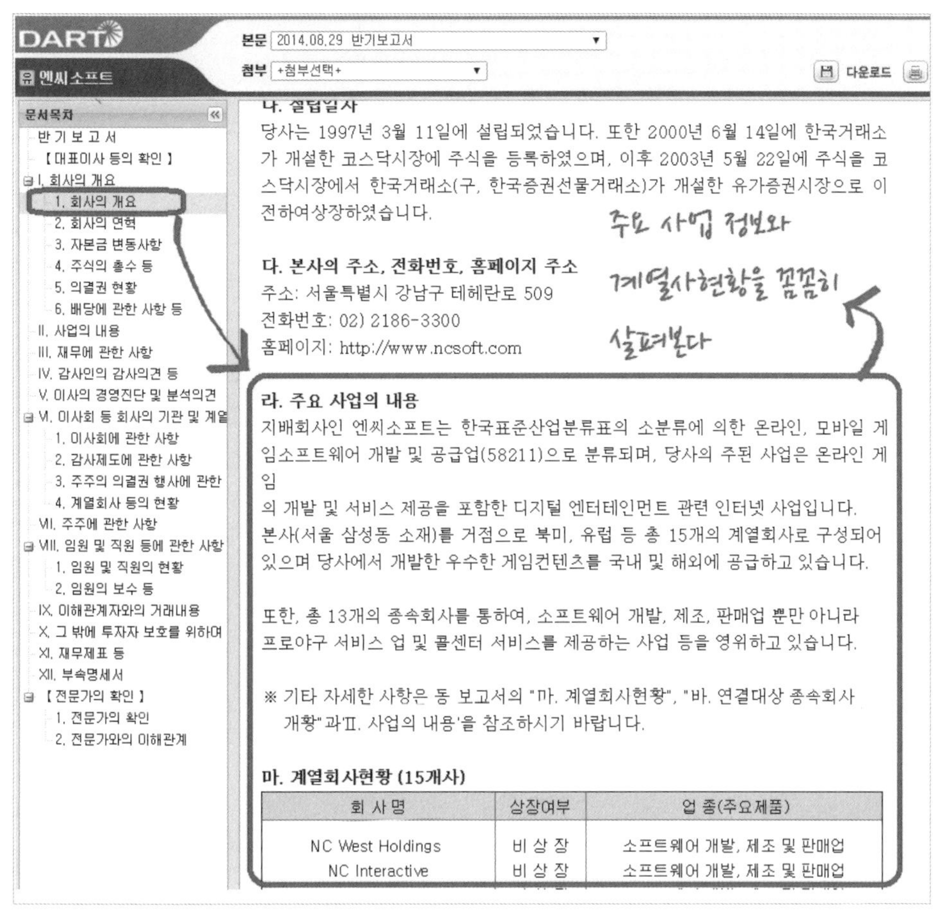

회 사 명	상장여부	업 종(주요제품)
NC West Holdings	비 상 장	소프트웨어 개발, 제조 및 판매업
NC Interactive	비 상 장	소프트웨어 개발, 제조 및 판매업

(4) 가장 최근의 반기(분기) 보고서부터 살펴본다.

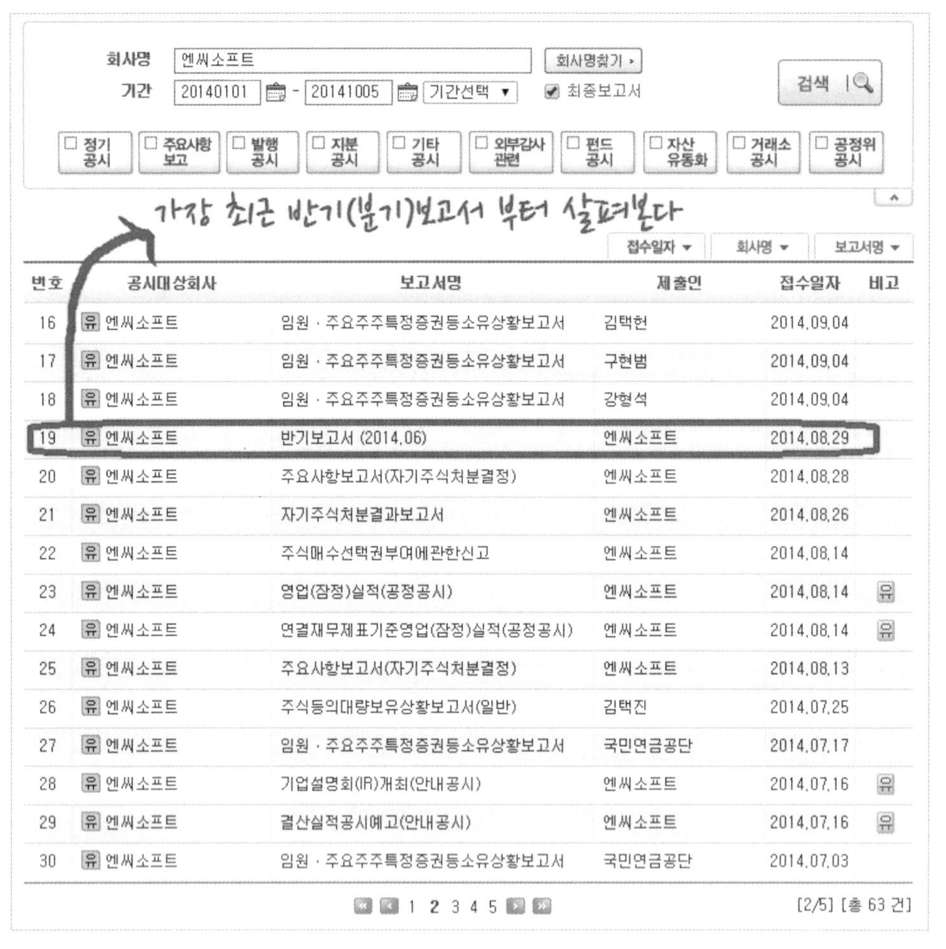

변호	공시대상회사	보고서명	제출인	접수일자	비고
16	유 엔씨소프트	임원 · 주요주주특정증권등소유상황보고서	김택헌	2014.09.04	
17	유 엔씨소프트	임원 · 주요주주특정증권등소유상황보고서	구현범	2014.09.04	
18	유 엔씨소프트	임원 · 주요주주특정증권등소유상황보고서	강형석	2014.09.04	
19	유 엔씨소프트	반기보고서 (2014.06)	엔씨소프트	2014.08.29	
20	유 엔씨소프트	주요사항보고서(자기주식처분결정)	엔씨소프트	2014.08.28	
21	유 엔씨소프트	자기주식처분결과보고서	엔씨소프트	2014.08.26	
22	유 엔씨소프트	주식매수선택권부여에관한신고	엔씨소프트	2014.08.14	
23	유 엔씨소프트	영업(잠정)실적(공정공시)	엔씨소프트	2014.08.14	유
24	유 엔씨소프트	연결재무제표기준영업(잠정)실적(공정공시)	엔씨소프트	2014.08.14	유
25	유 엔씨소프트	주요사항보고서(자기주식처분결정)	엔씨소프트	2014.08.13	
26	유 엔씨소프트	주식등의대량보유상황보고서(일반)	김택진	2014.07.25	
27	유 엔씨소프트	임원 · 주요주주특정증권등소유상황보고서	국민연금공단	2014.07.17	
28	유 엔씨소프트	기업설명회(IR)개최(안내공시)	엔씨소프트	2014.07.16	유
29	유 엔씨소프트	결산실적공시예고(안내공시)	엔씨소프트	2014.07.16	유
30	유 엔씨소프트	임원 · 주요주주특정증권등소유상황보고서	국민연금공단	2014.07.03	

1 2 3 4 5   [2/5] [총 63 건]

(5) 가장 최근의 반기(분기) 보고서부터 살펴본다.

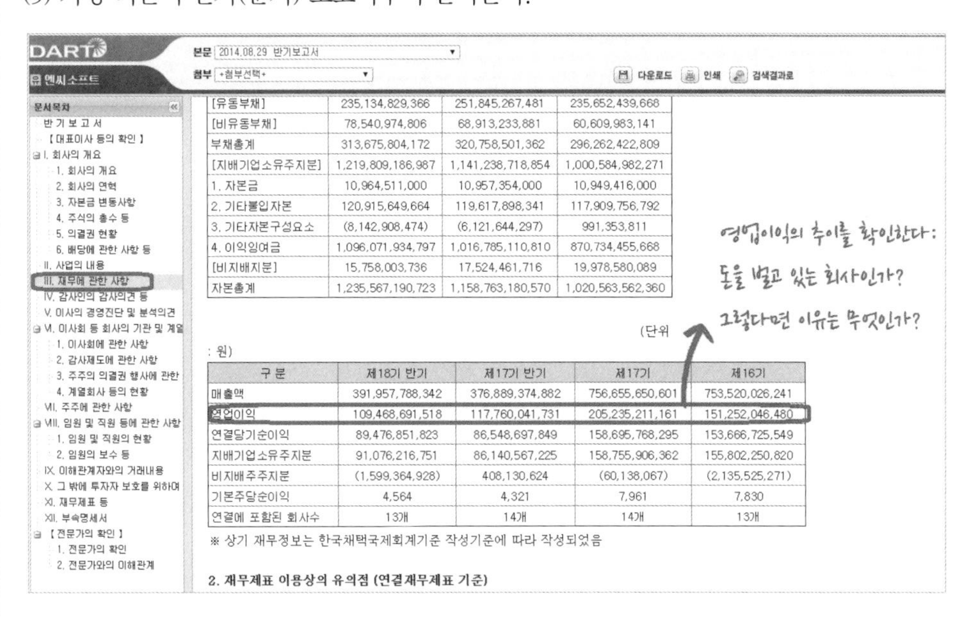

[유동부채]	235,134,829,366	251,845,267,481	235,652,439,668
[비유동부채]	78,540,974,806	68,913,233,881	60,609,983,141
부채총계	313,675,804,172	320,758,501,362	296,262,422,809
[지배기업소유주지분]	1,219,809,186,987	1,141,238,718,854	1,000,584,982,271
1. 자본금	10,964,511,000	10,957,354,000	10,949,416,000
2. 기타불입자본	120,915,649,664	119,617,898,341	117,909,756,792
3. 기타자본구성요소	(8,142,908,474)	(6,121,644,297)	991,353,811
4. 이익잉여금	1,096,071,934,797	1,016,785,110,810	870,734,455,668
[비지배지분]	15,758,003,736	17,524,461,716	19,978,580,089
자본총계	1,235,567,190,723	1,158,763,180,570	1,020,563,562,360

(단위 : 원)

구 분	제18기 반기	제17기 반기	제17기	제16기
매출액	391,957,788,342	376,889,374,882	756,655,650,601	753,520,026,241
영업이익	109,468,691,518	117,760,041,731	205,235,211,161	151,252,046,480
연결당기순이익	89,476,851,823	86,548,697,849	158,695,768,295	153,666,725,549
지배기업소유주지분	91,076,216,751	86,140,567,225	158,755,906,362	155,802,250,820
비지배주주지분	(1,599,364,928)	408,130,624	(60,138,067)	(2,135,525,271)
기본주당순이익	4,564	4,321	7,961	7,830
연결에 포함된 회사수	13개	14개	14개	13개

※ 상기 재무정보는 한국채택국제회계기준 작성기준에 따라 작성되었음

2. 재무제표 이용상의 유의점 (연결재무제표 기준)

2. 증권사 리포트 활용하는법 :

(1) 증권사 홈페이지 접속

(2) 원하는 회사의 리포트를 검색 (주로 상장회사만 있다)

(3) 투자의견과 전망의 배경과 그러한 전망을 하게 된 '논리'를 파악한다.

[STX재무재표]

Financial Summary	주재무제표 ▾ IFRS ❷ 산식 ❷							*단위: 억원, %, 배, 천주, 분기:순액기준
	연간				분기			
주요재무정보	2010/12 (GAAP개별)	2011/12 (IFRS연결)	2012/12 (IFRS연결)	2013/12 (IFRS연결)	2013/06 (IFRS연결)	2013/09 (IFRS연결)	2013/12 (IFRS연결)	2014/03 (IFRS연결)
매출액	32,424	59,677	48,768	24,494	2,598	4,954	4,503	3,779
영업이익	855	2,346	-5,009	-9,618	-5,737	102	-456	46
세전계속사업이익	365	1,515	-5,854	-14,967	-7,239	4,045	-3,267	4,010
당기순이익	198	2,224	-4,909	-15,956	-8,175	3,861	-3,099	4,011
당기순이익(지배)	198	2,210	-5,031	-15,848	-8,207	3,867	-3,096	4,011
(비지배)당기순이익		13	122	-108	32	-6	-2	
자산총계	28,886	52,342	50,670	13,425	19,456	18,538	13,425	12,549
부채총계	19,967	33,182	35,604	18,522	23,889	20,247	18,522	11,369
자본총계	8,919	19,159	15,066	-5,097	-4,433	-1,709	-5,097	1,180
자본총계(지배)	8,919	17,094	11,180	-5,098	-4,440	-1,710	-5,098	1,178

[대우조선 해양 재무재표]

주요재무정보	연간				분기			
	2010/12 (GAAP개별)	2011/12 (IFRS연결)	2012/12 (IFRS연결)	2013/12 (IFRS연결)	2013/06 (IFRS연결)	2013/09 (IFRS연결)	2013/12 (IFRS연결)	2014/03 (IFRS연결)
매출액	32,424	59,677	48,768	24,494	2,598	4,954	4,503	3,779
영업이익	855	2,346	-5,009	-9,618	-5,737	102	-456	46
세전계속사업이익	365	1,515	-5,854	-14,967	-7,239	4,045	-3,267	4,010
당기순이익	198	2,224	-4,909	-15,956	-8,175	3,861	-3,099	4,011
당기순이익(지배)	198	2,210	-5,031	-15,848	-8,207	3,867	-3,096	4,011
(비지배)당기순이익		13	122	-108	32	-6	-2	
자산총계	28,886	52,342	50,670	13,425	19,456	18,538	13,425	12,549
부채총계	19,967	33,182	35,604	18,522	23,889	20,247	18,522	11,369
자본총계	8,919	19,159	15,066	-5,097	-4,433	-1,709	-5,097	1,180
자본총계(지배)	8,919	17,094	11,180	-5,098	-4,440	-1,710	-5,098	1,178

Financial Summary　주재무제표 ∨　IFRS ❓　산식 ❓　*단위: 억원, %, 배, 천주, 분기:순액기준

이런 회사 조심하자!

1, 주식가격이 이유없이 떨어진다

2. 시장에서 소문이 나쁜 회사, 직원을 소모품으로 생각하는 회사

3. 갑자기 성장한 회사, 급속한 확장을 하는 회사는 조심하자

　→ STX와 펜택은 급속한 성장으로 많은 주목을 받은 기업이었으나 경영환경의 악화로 결국 구조조정 대상이 되었다.

매력있는 사람이 뽑힌다
나만의 스토리를 구성하자

매력적인 스토리텔링: 어떻게 설득시킬 것인가?

앞서 '경험은 또 다른 기회를 제공한다.' 부분에서 간략하게 언급한 적이 있지만, 설득의 중요성은 발상의 전환을 이루어 내는 데 꼭 필요한 절차이다. 어떤 기업이든 기존 체제에서 기득권을 누리고 있는 계층이 존재하기 마련이며, 이런 기득권 세력들은 일반적으로 변화를 싫어한다. 왜냐하면 지금 자체로도 그들은 충분히 특권을 누리고 있기 때문이다. 하지만 경제논리에 따라 기업은 점차 변하고 있고, 기업은 존폐의 기로에서 신 사업 추진 등 성장의 발판을 마련하고 있다. 이러한 과정에서 설득은 굉장히 중요한 도구이다. 신 사업을 추진하기 위해서는 고려해야 할 요소들이 너무나 많다.

먼저, 이 사업을 통해 이윤을 창출할 수 있는지에 대해 질문해 볼 수 있고, 진입장벽은 어느 정도인지, 신 사업 추진 후 어떤 방법으로 유지하고 발전시켜 나갈 것인지 등, 전반적인 내용에 대한 질문이 끊임없이 나올 것이다. 중요한 선택을 해야 하는 관리자들은 과연 어떤 관점에서 위와 같은 질문을 할까? 단순히 궁금한 마음에서? 아니다. 부정적인 관점에서 질문할 수밖에 없다. 부정적인 관점에서 아~ 그럴 수 있겠네! 라는 변화와 공감을 이끌어내고, 궁극적으로 그 신 사업이 성공 가능하다라는 확신을 심어주기 위해서는 설득력이 절대적으로 필요하다.

기업에서 미래 인재를 채용하는 관점도 위의 상황보다 더 강력하고, 말로 다 표현할 수 없을 정도의 교감이 필요한 작업이라고 볼 수 있다. 왜냐하면, 인적자원에 대한 투자는 신사업 투자 등과는 비할 수 없을 정도로 기업의 fundamental을 강력하게 만들어 주기 때문이다. 그런 이유로 면접관들은 본인들이 지원자들로부터 강력하게 설득당하기를 기대한다. 어떻게 해야 그들을 설득하고 원하는 기업의 구성원이 될 수 있을까?

STEP 1. 내가 지원한 회사는 어떤 회사인가?

지원자가 자신의 스토리를 그럴 듯하게 가공하기 위해서는 해당회사에 대한 기본적인 이해가 반드시 필요하다. 서비스업종에 지원하면서 제조업에서 먹히는 경험과 경력을 어필한다면, 과연 설득이 이루어질까? 아니다. 그러므로 본인의 커리어를 짧은 시간에 다 어필하려고 애쓰지 말자. 해당기업에 적합한 자료들을 자신의 장점으로 임팩트 있게 구사해보자.

STEP 2. BACK TO THE BASIC : 크리에이티브는 필수조건

취업에서 기본에 충실한 것은 무엇일까? 기본에 충실하다는 게 얼마나 중요한지는 요즘 최고의 트렌드가 된 오디션 열풍에서도 쉽게 느낄 수 있다. 나름 노래를 잘 한다고 생각하는 지원자들의 경우에도 기본적인 발성에 문제가 있다는 지적을 종종 듣는다. 그리고, 누가 봐도 노래실력이 별로인데, 기본이 아주 좋다는 칭찬과 함께 가능성이 무궁무진하다는 심사평을 듣는 경우도 볼 수 있다. 스포츠의 경우에도 기본기에 충실한 사람들은 시간이 흐르면 무섭게 성장한다. 최근 독일 분데스리가의 핫 이슈로 떠오른 손흥민 선수의 경우에도 탄탄한 기본기를 통해 무서운 잠재력을 보이고 있는 대표적인 케이스라고 볼 수 있다.

직장생활 역시 다르지 않다. 기본적인 것에 충실한 사람이 결과적으로 큰 일을 할 수 있다고 보는 시각이 지배적이다. 기본적인 자금의 흐름을 모르는 사람이 어떻게 관리자가 되어 자금을 원활하게 유통할 수 있을 것이며, 기본적인 회사 정책에 대해 이해하지 못하는 사람이 어떻게 창의적인 생각을 가지고 회사 정책을 기획할 수 있을까. 그렇기 때문에 사회초년생, 대리 이하의 사원들의 경우 본인의 업무에 대해 더욱 애착을 가져야 한다는 말이다.

삶을 살다보면, 누구나 한번은 이런 말을 들어봤을 것이다. "화장실 들어갈 때와 나올 때가 다르다." 그럴 수 있다. 그러나 기업의 핵심 구성원이 되고자 하는 사람들의 경우 최소한 입사에 성공하고 수 년이 지날 때까지는 마음 고쳐 먹어서는 안 된다. 대부분의 취업준비생들은 절박하다. 그리고 우여곡절 끝에 면접장에 들어서면 절박한 마음에 시켜주시면 무슨 일이든 열심히 하겠다고 호언장담한다. 그러나 막상 입사가 결정되고 지겹도록 복사, 스캔, 우편물 배달 등의 일을 하다 보면 자신도 모르게 처지를 비관하는 상황이 발생하게 된다. 비관에 찬 나머지 회사를 그만둬 버리거나 큰 실수를 저지르게 되는 것일 수 있다. 오히려 체계적인 시스템이 갖춰져 있는 회사일수록 허드렛일부터 시작하는 경우가 더 많다. 대기업이든 중견기업이든 상관없이 통용되는 진리는 "기본에 충실한 사람이 성공한다" 라는 것이다. 자기소개서나 면접도 내가 과연 기본에 충실하고 있는지 수 없이 되새겨보자. 지나친 스펙 쌓기로 기본을 훼손하지는 않았는지, 잘 모르는 것들을 무리하게 내 것인 것처럼 만들지는 않았는지를. 기업에서는 이것저것 꽉 차 있는 것보다 깨끗하게 비워져 있는 사람을 더 선호할 수 있다. 깨끗한 바탕에 기본을 깔고 기업에 적합한 인재로 만들어 갈 수 있기 때문이다.

STEP 3. 나를 알아야 발상의 전환이 가능하다

실패하는 사람들을 곰곰히 살펴보면 나를 잊고 남의 방식을 맹신하는 경향이 있다. 내 키가 170이 안 된다는 것을 인지하고 있었다면, 키크고 멋진 사람이 입었던 옷과는 다른 매력을 펼칠 수 있는 옷을 찾았을 것이다. 그러는 과정에서 자신에게 가장 잘 어울리는 스타일을 찾을 수 있는 것이며, 그것은 본인을 돋보이게 하는 방법이 된다.

STEP 4. 발상의 전환을 통해 한 획을 그은 사람들의 생각을 읽어보자

발상의 전환은 책상에 앉아서 단순한 생각을 통해 이루어내기는 힘들다. 가수 이승철씨는 자신의 음악생활에 영향을 끼친 멘토로 김현식님을 지목하였다. 하지만 음악스타일, 목소리, 창법 다 다르다. 만약 이승철씨가 김현식님과 같은 창법, 비슷한 목소리로 노래를 불렀다면 지금처럼 롱런할 수 있었을까? 아마, 제2의 김현식으로 살 수는 있었어도 대한민국을 대표하는 이승철이라는 가수는 없었을 것이다.

최근 버라이어티에 출연하는 의외의 인물들을 보아도 발상의 전환에 대해 쉽게 이해할 수 있다. 어? 이 사람은 내가 생각했던 이미지와 전혀 다른 모습을 보여주네? 이런 생각을 들게 하는 출연진들이 많아지고 있고, 이는 곧 그들을 제2의 전성기로 이끌기도 한다.

이렇듯 발상의 전환은 나와 타인에 의해서 일어나게 된다. 치밀한 전략을 세우고, 의도적으로 발상의 전환을 이뤄내는 연예계의 사례처럼, 우리 역시 노력을 통해 발상의 전환을 이끌어 낼 수 있다. 모방을 통해 발상의 전환을 꾀할 수도 있는 반면, 단순히 모방자로 남을 수도 있다. 그리고 그것은 당사자의 노력여하에 달렸다. 쉬운 예로 이면지 활용하는 것도 발상의 전환이라고 볼 수 있다. 무의식중에 찢겨지는 폐지가 재활용의 도구로 사용되면서 우리는 사무실에서 종이를 조금이라도 더 절약할 수 있게 되지 않는가?

지금은 고인이 되었지만, 발상의 전환의 대명사인 스티브 잡스가 혁신적인 아이템을 뽑아낼 수 있었던 이유는, 지속적으로 생각을 했고 컨버전스에 능했기 때문이다. 스티브잡스는 전혀 특성이 다를 것 같은 건축분야를 통해 지금의 애플을 대변하는 혁신적인 아이디어를 토해냈다.

세계적인 게임기업 닌텐도는 경쟁업체로 동종업체가 아닌 스포츠 브랜드 나이키를 꼽았다. 왜 이런 생각을 했을까? 나이키의 매출이 증가한다는 것은 간접적으로 운동을 하는 사람들의 수가 높아진다는 것을 의미하고, 그렇게 되면 집에 있는 시간은 당연히 줄어든다는 것이 그들의 결론이다. 그러면 상대적으로 집안에서 게임을 즐길 시간이 줄어드는 것이고, 이는 닌텐도의 매출하락과 연관이 있다는 판단을 한 것이다.

만약 그저 동종업체 안에서만 경쟁력을 찾았다면 훨씬 더 재미있는 게임을 만들기 위해 천문학적인 투자를 감행했을 것이고, 그럼에도 불구하고 수익성이 개선되지 않는 결과가 나타난다면, 대안이 없었을 것이다. 왜냐하면, 정확한 타겟을 정하고 전략을 수립한 것이 아니기 때문이다.

많은 기업에서 발생되는 혁신의 모토는 대부분 동종이 아닌 이종에서 많이 영감을 받는다. 왜냐하면 동종업체는 환경도 비슷하고, 생각하는 범위가 제한적이기 때문이다.

STEP 5. 스토리텔링 제대로 알고 활용하자

스토리텔링의 핵심은 솔직한 경험이다. 인터넷 쇼핑몰을 예로 들어보자. 구매자 후기를 유도하기 위해 회사제품교환권, 현금지급 등도 불사하고 후기를 유도하는 것을 볼 수 있다.

왜 이런 현상이 발생할까? 실제 구매고객의 이야기가 바로 또 다른 잠재고객에게는 확 와 닿는 스토리텔링이기 때문이다. 아무리 기술적인 부분, 품질적인 부분을 냉철하게 짚어주는 내용이 있다고 하더라도, 실제 이용해 본 사람의 후기만큼 파급력이 크지는 않다. 그렇기 때문에 판매자의 입장에서는 구매고객의 긍정적인 평가를 위해 굉장히 노력을 많이 한다.

우리가 취업을 준비하면서 혹은 이직을 준비하면서 중요한 것이 바로 이와 같은 스토리이다. 우리는 치열한 취업전쟁 속에서 생존하며 살아나가야 하기 때문에, 자신보다 앞서 그 관문을 통과한 사람들의 스토리를 듣고 공감하고 받아들인다.

기본의 위대함: 복사로 임원된 사람

외국계 회사에서 늘 여성 최초란 말을 몰고 다니며 임원을 했던 이O영 씨. 그녀를 임원 자리에 오르게 한 것은 신출 귀몰한 경영 전략이나 카리스마적 리더십이 아니었다. 바로 정성스런 복사 실력이었다. 그녀의 스토리를 들어보자.

"부산의 지방대학을 졸업하고 상경해 제가 맡은 일이 복사였어요. 그때만 해도 사무실에 대형 복사기가 귀할 때였습니다. 저는 복사할 때 종이를 대는 판, 덮는 뚜껑을 모두 약품과 걸레로 깨끗이 닦고 종이를 정확히 제자리에 배치한 뒤 복사를 했어요. 혹시라도 복사하면서 나오는 검은 점과 같은 잡티를 없애기 위해서였지요. 그리고 스테이플러도 정확히 일정한 위치에 찍었지요. 언제부터인가 사람들이 복사 서류만 보고도 제가 한 것인 줄 알아보더군요.

하루는 사장님께 낼 결재 서류를 복사하란 지시를 받았어요. 퇴근 시간이 지나서 복사를 하는데 양이 많아서인지 그만 복사기가 고장이 났지 뭡니까. 비상연락망을 가동해 퇴근한 복사기 회사 직원을 수소문, 협박 반 애걸복걸 반 심야수리를 부탁해 결국 새벽3시 무렵에야 겨우 복사를 마칠 수 있었습니다."

감동적이지 않은가? 결국 이 일이 소문이 나면서 사장님 귀에 들어갔고, 사장님은 '복사를 이처럼 정성스럽게 책임 있게 하는 직원이라면 무엇을 맡겨도 잘할 것'이란 신뢰를 표하며 그녀에게 가고 싶은 부서를 물어 배치해주었고 그 결과 임원까지 된 것이다.

비슷한 경우로 기업의 CEO가 된 분이 있다. 그 분이 처음 기업에 배치되어 맡은 일은 신문 스크랩이었다. 아침마다 일간신문을 보고 회사 경영에 도움이 될 만한 기사를 스크랩하여 사장에게 보고하는 일이었다. 그는 보기 좋게 오리고, 복사하고, 출처를 밝힌 뒤 스크랩을 했다. 그 뿐 아니라 이를 점점 진화 발전시켰다. 아이템 별로 묶기도 했고 중요한 부분을 빨간 펜으로 줄을 긋기도 했다. 임원들이 궁금하리라 예상한 것에 대한 메모를 간단히 달기도 했다.

이런 행동은 예전 직원과 큰 대조를 보였다.그 직원은 대학원까지 나온 내가 이런 일을 하나면서 늘 입을 내밀고 다녔고, 스크랩도 무성의 그 자체였다. 임원들은 점점 그 직원에게 중요한 일을 맡기게 되었고 그는 계속 성장할 수 있었다.

성공한 사람들은 대부분 디테일에 강하다. 보통사람 눈에는 좁쌀영감이나 소심쟁이로 보인다. 하지만 이런 디테일 때문에 그렇게 성공할 수 있었던 것이다. 대박이란 말을 잘 쓰는 사람은 대부분 대박과는 거리가 먼 사람들이다. 이 세상에 대박이란 없다. 이런 자잘한 것들이 쌓여 대박이 되는 것이다. 매번 삼진을 당하면서도 언젠가는 홈런을 치고 말겠다고 있는 힘껏 치는 사람보다는, 팀 승리를 위해 매번 성실히 작은 안타를 만드는 사람이 팀에도 유리하고 결국 이런 사람이 대성할 수 있다.

손욱 삼성SDI 상담역도 같은 취지의 말을 했다.

"흔히 젊은이들이 '이까짓 것' 이란 말을 쉽게 합니다. 하지만 잘못된 말입니다. '이까짓 것' 을 못하는 사람은 큰 것도 못하는 법이고, 상사도 못 미더워 일을 맡길 수가 없습니다. 작은 것이건 큰 것이건 가리지 않고 성실히, 열심히 하는 사람에게 기회는 주어지게 마련이지요."

아무리 거창한 일도 처음에는 별 것 아닌 것에서 출발한다. 또 별다른 경험과 지식이 없는 사람에게는 거창한 일이 주어지지도 않는다. 그렇기 때문에 모든 사람들은 사소한 일로 인생을 시작한다. 중요한 것은 무슨 일을 하느냐가 아니라 그 일을 어떻게 하느냐이다. 사무실 청소를 하든, 서류 배달을 하든, 스크랩 가위질을 하든, 복사를 하든, 자신이 현재 하고 있는 일에 모든 정성을 쏟고 몰입하는 자세가 필요하다.

또 일을 정성스럽게 하는지 아닌지는 누구나 쉽게 알 수 있다. 정성스럽게 일을 하는 사람이 인정을 받고 다음 단계로 올라가는 법이다. 하나를 보면 열을 안다는 얘기는 그래서 나온 것이다. 사소한 것에 온갖 힘을 기울여야 한다. 작은 것 하나도 소홀히 해서는 안 된다. 작은 것을 못하는 사람은 큰 것도 못하는 법이다.

"위대한 성취를 하려면 행동뿐만 아니라,
꿈도 반드시 필요하다."
– 아나톨 프랑스

Part V

Power of **Dreaming**

"To accomplish great things, we must dream as well as act."

- Anatole France

취업 전 점검사항

DREAMING! 취업 이전에 왜 Dreaming 인가?

> 사자와 호랑이가 싸우면 누가 이기는가?
> 배고픈 놈이 이긴다.
> – 작자 미상

일을 시작하는데 있어서 가장 기본은 계획이고, 계획보다 앞서야 하는 것은 꿈과 목표이다. 어떠한 일을 이루고자 하는 욕구이다. '사자와 호랑이가 싸우면 배고픈 놈이 이긴다' 는 말이 있다. 그만큼 갈급함과 치열함이 어떤 일을 이루는데 있어서 결정적인 역할을 한다는 것이다. 그러한 갈급함과 치열함을 갖기 위해서 필요한 것이 '꿈' 이다. 꿈이 있는 사람은 쉽게 좌절하지 않으며, 설령 장애물이 나타났을 지라도 그렇지 않은 이들보다 어려움을 쉽게 극복 할 수 있다.

기업에서 사람을 뽑는 입장에서도 꿈이 있고 목표가 있는 사람을 원한다. 꿈이 있으면 같은 일을 시켜도 꼼꼼하고 사명감을 갖고 하며 무슨 일이 있어도 주어진 일을 잘 해 내기 때문이다. 그렇기 때문에 많은 기업에서 자기소개서에서 꿈과 목표, 10년 후 나의 모습 등에 대해서 끊임 없이 묻고 있는 것이다. 기업들도 바보가 아닌 이상 귀찮게 이런 것을 쓰게 만들고 살펴보는 데 시간을 낭비할 리는 없다. 회사 입장에서는 단순한 스펙 이상의 필터링을 하고자 하는 것이다. 즉, 높은 스펙의 직원도 좋지만, 그보다는 조직에 열정을 불어넣어 줄 사람을 필요로 한다는 말이다.

그렇다면 인생계획을 어떻게 세워야 하는가? 목표를 어떻게 찾아야 하는가? 인생의 목표와 꿈이 그냥 놀고 먹는 백수라도 좋다. 혹은 평범한 중상층이건, 사업이어도 좋다. 인생의 목표가 어떠한 것이든 간에, 일단 목표가 명확하면 그것을 이루기 위해서는 어떻게 해야하는가? 하는 문제를 놓고 치열하게 고민할 것이다. 취업을 하든지, 사업을 하든지, 본인이 할 수 있는 합법적인 방법을 간구하고 노력하게 된다는 말이다.

많은 사람들이 여러분과 같은 과정을 거쳤다. 어떤 이들은 성공했고 어떤 이들은 실패했다. 그들에게는 어떤 차이점과 어떤 공통점이 있었을까? 멀리 있는 실리콘벨리에서 애플을 창업하고 마이크로 스프트를 창업한 천재 같은 사람들이 아니더라도, 우리 주변에서 자신이 상상한 것, 꿈꿔왔던 것을 현실로 옮긴 사람들의 사례를 살펴보자.

CASE1. "어떻게 일반 대학생이 파일럿의 꿈을 이루었을까?"

DREAM: 파일럿

HOW TO MAKE IT COME TRUE: POSCO취업 → 저축하면서 파일럿 자격증 준비 → 미국에서 자격증 취득 → 이민 & 파일럿으로 취업

CASE2. "어떻게 일반 대학생이 와인사업체 대표의 꿈을 이루었을까?"

DREAM: 소믈리에가 되어서 와인샵 운영

HOW TO MAKE IT COME TRUE: 증권사 취업 → 3년 근무 → 호주 와인학교 진학 & 이민 → 와인 사업체 오픈

CASE3. "게임마니아, 꿈을 이루다"

DREAM: 하루 종일 게임 하기

HOW TO MAKE IT COME TRUE: 일반회사 취업 → 게임회사 이직 준비 →
게임회사 취업 → 게임회사 창업

CASE4. "취업은 실패했지만 꿈을 이루다"

DREAM: 음악듣기, 맛있는 것 먹기

HOW TO MAKE IT COME TRUE: 일반회사 취업 실패 → 레스토랑 알바 5년 →
레스토랑 창업

위의 사례들은 역경 속에서도 좌절하지 않고 계속 노력하여 마침내 꿈을 이룬 사례들이다. 이들의 특징은 꿈을 잃지 않고 자신이 할 수 있는 일들을 해 나가면서 기회를 노렸다는 것이다. 직장생활과 취업을 통해서 자아를 실현한 사람들도 있고, 취업을 하나의 수단으로 활용했던 이들도 있다. 또한 취업이 안 되었어도 자신의 꿈을 위해 꾸준히 노력해서 창업에 성공을 한 경우도 있다.

이들의 공통점은 어쩔수 없이 취업을 선택했건 취업의 문턱에서 탈락하고 좌절했건 간에, 자신이 원하는 바를 분명히 알고 있었다는 것이다. 이를 위해서 돌아가는 것 같아 보여도 꾸준히 참고 견디어 마침내 본인의 꿈을 이루었다는 특징이있다.

취업이 안 됐다고 해서 실망할 필요는 없다. 그것이 곧 인생의 전부는 아니다. 만약 내가 인생의 한 가지, 또는 몇 가지의 분명한 목표가 있다면 그것을 위해 현재상황에서 기회를 찾고 노력하면 된다. 레스토랑을 창업한 김O현 씨는 취업에 실패하고 5년 동안 알바를 하며 꿈을 위해 노력했다. 어떤 일 또는 성공을 위해서는 기다림과 꾸준한 노력, 그리고 안주하지 않는 도전 정신이 필요하다.

스티브 잡스는 '항상 갈망하라, 항상 무모하라' 말을 남겼다. 인생의 목적이 취업과 직장생활을 통한 자아실현인지, 아니면 내가 진정으로 원하는 다른 어떤 것이 있는지, 자신을 되돌아보고 꿈을 명확히 하는 것이 중요하다. 명확한 목표와 삶의 방향을 설정해야만 시련이 와도 이겨 낼 수 있다.

방향성을 찾기 어려울 때: Dreaming 문턱에서 멘토를 만나다

❖왜 멘토가 필요합니까?

아무리 자기 자신을 객관적으로 바라보려 해도 대다수의 사람들은 자신을 객관적으로 바라보지 못한다. 나 스스로를 객관적으로 바라보고 있다고 생각한다면 그것이 곧 오만이고 착각이다. 그렇기 때문에 인생에 있어서 '멘토'는 중요하다. 좋은 멘토를 만나는 것은 더욱 더 중요하다. 지나치게 정신적인 것만 강조한다든지 남들도 했으니까 당신도 할 수 있다든지, 결과론적인 성공만을 강조하는 멘토는 좋은 멘토라고 할 수 없다. 나의 현실, 주변 상황을 잘 파악하고 현실적이고 현명한 조언을 해 줄 멘토를 만나는 것이 중요하다.

저자들은 취업멘토로 유명한 백승일 교수를 만나보았다.

Special Interview : 백승일 카톨릭대 교수

연세대학교 수학과 이학박사
前 가톨릭대학교 학생처장, 교무처장, 대학원부원장
現 가톨릭대학교 수학과 명예교수
대학, 대학원생 진로 및 유학 컨설팅

백승일 교수는 카톨릭 대학교에서 취업준비생들의 훌륭한 멘토로 덕망이 높다. 중위권, 중상위권 대학에 다니는 학생들의 취업에 대한 고민, 스펙에 대한 고민을 누구보다 잘 이해하고 있는 백승일 교수는 학생들에게 현실과 이상을 냉철이 짚어주고, 자신을 바라보는 객관적인 시선과 Motivation을 통해 스스로 취업에 성공할 수 있도록 도와주는 분이다. 특히 그가 제시하는 취업이나 진로에 대한 해법들은 학생들에게 많은 도움을 주고 있다.

다음은 그가 그가 취준생에게 들려주고 싶은 조언이다.

(1) 희망은 갖되 나를 냉정히 바라볼 것

　흔히들 하는 착각이 나 자신을 과대평가한다는 것이다. 과도한 희망과 목표에 찬 나머지 현실을 제대로 보지 못하는 경우가 많다. 분명히 목표와 포부는 있어야 한다. 흔히 욕심이 많은 사람을 꿈이 많은 사람으로 오해하기도 한다. 그러나 꿈과 욕심은 구분할 필요가 있다. 원대한 꿈을 꾸는 것은 좋지만, 꿈을 이루기 위한 과정은 생각하지 않고 성공한 인생만을 꿈꾸는, 소위 말하는 허황된 꿈은 꾸지 않는 것이 좋다.

　긍정적인 결과만 계속 꿈꾸다 보면 실패에 대처하는 자세를 갖기가 힘들다. 때로는 실패를 인정하고, 그런 과정 속에서 꿈을 이루기가 어렵다는 '현실'을 느낄 필요가 있다. 취업과 진로를 놓고 고민하는 학생들 중 상당수가 이상을 너무 높게 잡거나 자신을 되돌아 보지 못하는 경우이다.

(2) 때로는 버려야 얻을 수 있다: 다양한 경험 vs 선택과 집중

　취업상담, 유학상담을 하러 온 학생들에게 백승일 교수는 '지금 버려야 할 것은 무엇인가?'를 물어본다. 상담을 하러 온 이들의 머리속에는 꿈과 미래에 사로잡혀 온통 해야할 것, 더 해야만 하는 것들로 가득차 있다. 그러나 백승일 교수는 '버려야 하는 것'의 리스트를 말해보라고 한다. 머리속이 복잡하고 해야 할 과제가 산적해 있다면 버려야 할 것들 중, 덜 중요한 것들부터 쳐내는 지혜가 필요하다. 그러다 보면 선택과 집중을 통해 스스로 나아갈 방향을 설정하고 결심하게 된다.

　사실 백승일 교수는 어린시절 운동선수가 되는 것이 인생의 목표였다고 한다. 그러나 현실적인 환경들을 고려하면서 고민과 고민을 거듭한 끝에 오랜 꿈을 접고 보다 가능성있는 분야를 택해서 정진하게 되었다고 한다.

　꿈은 확실히 정하기 어려울 뿐이지, 일단 확고하다면 이루기 어려운 것이 아니다. 한가지에 집중을 하면, 그것에 관련된 부분이 더 잘 보이기 때문에 여러가지 꿈을 모호하게 가지고 있는 사람들에 비해 자연스럽게 경쟁력을 가질 수 있는 것이다. 요즘 학생들은 여러가지를 경험하는 것이 무조건 도움이 된다라고 생각한다. 물론 스티브 잡스 등 성공한 사람들의 말처럼 경험과 도전은 중요하다. 하지만 중심이 없다면 이는 단순히 시간낭비라고 해야 할 것이다. 다양한 경험을 하다가 어느새 서른이 훌쩍 넘었다면? 그런데 취업준비생으로서 나름대로의 타이틀이 없다면? 기업의 인사담당자들은 '뚜렷한 목표없이 그냥 살아왔구나.' 라고 생각할 수 있다.

(3) 꿈과 욕심은 다르다: 객관적인 시선 받아들이기

꿈을 이루기 위한 과정은 생각하지않고, 성공한 인생만을 꿈꾸는 소위 말하는 허왕된 꿈은 꾸지 않는 것이 좋다. 긍정적인 결과만 계속 꿈꾸다 보면, 실패에 대처하는 자세를 갖기가 힘들기 때문이다. 때로는 실패를 인정하고, 그 속에서 꿈이 이루기 어렵다는 것을 배울 필요가 있다. 어려운 것을 대할 때 사람이 가지는 마음가짐 자체는 다르기 때문이다.

공부 잘 하는 학생이라고 해서 그렇지 않은 학생보다 무조건 성공할 확률이 높은 것은 아니다. 사회에서 잘 나가는 포지션을 꿰차고 있는 제자들 중 상당수는 매사에 열심히 하고 학점이 좋은 친구들이 많다. 결국 학점의 중요성이 아니라 성실성의 결과라고 할 수 있다. 그러나 학점이 낮아도, 공부를 못해도, 자신의 분야에서 성공한 이들이 있는데, 백승일 교수가 보기에 그들은 목표가 확실하고, 그 목표에 노력을 집중한 사람들이었다고 한다.

(4) 선택의 문제

한참 금융권과 금융공학이 높은 연봉으로 인기가 많던 시절 우여곡절끝에 적성에 맞지 않지만, 수능점수를 맞춰 수학과에 들어온 제자가 있었다. 많은 재능있는 학생들은 수학을 바탕으로 금융공학을 다루는 금융권 직종이나 대학원에 진학을 했지만, 수학에 대한 기본적인 이해도가 떨어졌던 학생들은 타 학생들과 경쟁이 안 되었다. 물론 수능점수에 학과와 학교를 맞춰서 왔기 때문에 전공에 대한 열정이 있었던 것도, 수학적인 두뇌가 뛰어났던 것도 아니었다. 학점은 2점대였다.

그러나 이 학생은 목표만큼은 분명했다. 바로 자신의 미래, 진출하고 싶은 분야에 대한 분명한 꿈이 있었던 것이다. 그는 자신의 학점을 부끄러워하지 않고 낮은 학점을 인정하고 솔직하게 자신의 입장을 털어놓고 현재의 상황을 극복할 방법을 상담했다. 백승일 교수도 최선을 다해 관련 업종에 있는 선배들과의 만남을 주선하고, 그 학생이 꿈을 현실로 만들어 갈 수 있도록 지원했다.

이 친구의 경우 일반적인 취업이나 진로 컨설팅을 해 준 학생들보다 스펙은 낮았지만 자세와 태도, 열정이 남달랐기에 본인의 약점을 극복할 수 있는 금융기관의 영업, 마케팅, 세일즈 쪽으로 컨설팅을 해 주었다. 그 또한 백승일 교수의 조언을 받아들이고 자신이 할 수 없는 것들, 버려야 할 것들의 리스트를 정리한 후 6개월의 공백기간 끝에 취업에 성공하게 되었다. 그는 지금 유수의 금융기관에서 능력을 인정받는 영업전문가로 성장하고 있다.

(5) Exact Solution 이 존재한다.

　우리는 물리학의 법칙이 작용되는 세계에 살고 있다. 투입이 있으면 산출이 있는 법이다. 백승일 교수는 노력과 결과의 중요성을 강조한다. 우리가 원하는 결과를 만들어 내는 것은 무조건적인 노력이 아닌 Exact Solution이다. 불합격 통보를 계속 받았다면, 그것은 어디에 선가 잘못되었다는 이야기이다. 단순히 운이 없었는가? 면접방법에 문제가 있었는가? 너무 상향지원을 했는가? 자기소개서에 문제가 있었는가? 말투나 외모에 문제가 있었는가? 실패에 대한 치열한 고민과 교정을 거쳐서 우리는 성공으로 갈 수 있는 Solution 을 찾게 된다.

　이러한 시행착오를 좀 더 줄이려면 어떻게 해야 할까? 백승일 교수의 답은 '평소에 주변 사람들에게 조금은 손해를 보자'는 것이다. 여기서 독자들은 인생이나 취업에 있어서 주변 사람들에게 손해를 본다는 것이 무슨 뜻일까? 라고 의아해 할 것이다.

(6) 때로는 손해 보는 것이 정답이다.

　앞서 언급했듯, 자신을 객관적으로 보아야 내가 갖고 있는 문제에 대한 분명한 해답이 보인다고 했다. 그러기 위해서는 주변사람들의 도움이 필요하다. 급할 때 도움을 받으려면 평소의 네트워크와 인간관계가 중요한데, 사람은 생각하는 동물이기 때문에 다른 사람에게 조금이라도 피해를 주면 그 피해를 기억하며 살게 된다. 그리고 자신이 받았던 것은 잊고 사는 경향이 있다. 즉, 피해에 대한 기억이 혜택에 대한 기억보다 오래 간다는 것이다. 그렇기 때문에 작은 인연에도 언제나 밝은 웃음과 '내가 조금 더 손해를 보자'라는 생각을 갖고 주변 사람들을 대하라는 것이다.

　대인관계에서 조금씩 손해를 보는 사람은 언뜻 보면 바보같아 보이지만, 이러한 것들이 쌓이게 되어서 나의 네크워크와 인간관계를 탄탄히 해 줄 수 있는 것이다. 누구라도 이기적이라고 생각되는 사람은 도와주기 싫기 마련이다. 기꺼이 손해를 본다는 생각으로 주변사람들에게 내가 좀 더 해주고 배푼다면, 어느 순간 그 손해들은 고스란히 Benefit이 되어 나에게 돌아오게끔 되어있다.

슬럼프 극복하기: Quantum Jump & Tipping Point

토익을 공부하다 보면 점수가 정체되는 구간이 있다. 예를 들어서 첫 시험에서 600점을 받은 학생이 공부를 꾸준히 함에 따라서 650, 700, 750 이런 식으로 상승 곡선을 고르며 점수가 오른다. 그런데 일정 구간에 도달하면 정체되는 구간이 존재한다. 750점 대에서 이전과 같이 공부를 열심히 하는 데 오르지 않는다. 많은 학생들은 한계에 도달했다고 느끼기도 하며 공부를 하면 할수록 슬럼프에 빠지기도 한다. 비단 토익 뿐만이 아니다. 운동을 비롯한 우리 일상 생활에서도 이러한 현상은 존재한다.

그러다가 어느 순간 750점대에서 정체되어 있던 점수가 '펑~!' 하고 터져버리는 순간이 존재한다. 800점대로의 도약이 아니라 900점 가까이 상승하는 순간을 경험하는 것이다. 정체기, 혹은 에너지의 누적은 어디에서도 존재한다. 운동선수의 실력상승, 주식가격의 상승 등을 가만히 살펴보면, 대부분 정체되는 구간과 어느 순간 갑자기 상승을 뛰어 넘어 '폭등'을 하는 구간이 있다. 이 정체 구간에서 우리 삶이 슬럼프에 빠졌을 때 정신을 차리고 꾸준히 몰아칠 필요가 있다.

Quantum Jump라는 용어를 들어 본 경험이 있는가? Quantum Jump는 보다 높은 목표를 세우고 끊임없이 도전하고 노력하다 보면 어느 순간 급격히 발전하는 Point를 맞이하는 상황을 일컫는다. 특히 Quantum Jump는 꿈이라는 단어와 밀접한 관련이 있는데, 꿈을 꾸는 과정에서 노력을 게을리하지 않으면 결국에는 목표에 도달할 수 있다는 의미이기도 하다. 어떤 이에게는 하루하루 세끼 밥을 배불리 먹고 사는 것이 꿈일 수 있고, 어떤 이에게는 사회적으로 유명인사가 되는 것이 꿈일 수 있다. 모든 사람들이 각기 다른 꿈을 가지고 있지만 여기에는 공통점이 있다. 꿈을 이루기 위해서는 그 꿈에 도달할 수 있는 방법을 찾아야 하고, 그에 걸맞는 노력을 해야 한다는 사실이다.

퀀텀 점프 (Quantum Jump)

물리학 용어로서 퀀텀 점프는 대약진을 의미한다. 원자에 에너지를 가하면 핵 주위를 도는 전자는 낮은 궤도에서 높은 궤도로 점프하면서 에너지 준위가 계단을 오르듯 불연속적으로 증가한다. 이런 양자(量子)화 된 도약을 '퀀텀 점프'라고 한다.

이 말은 A 장소에 있던 입자가 갑자기 B 장소에 나타나는 것을 의미한다. A와 B사이의 경로를 통하지 않고 이동한다. 이 비약은 아주 이상한 현상이어서 A와 B 두 지점 사이에서는 입자를 볼 수 없다. 원자 내의 전자에 충분한 에너지를 공급하면, 전자는 정상적인 에너지 준위들 사이를 마치 도약을 하듯이 순간적으로 상태가 전이된다. 경제학에서는 이러한 개념을 차용하여 단기간에 비약적으로 실적이 호전되는 것을 의미하는 용어로 사용하고 있다.

티핑포인트 (Tipping Point)

어떤 상품이나 아이디어가 마치 전염되는 것처럼 폭발적으로 번지는 순간을 가리킨다. 즉, 어떤 것이 균형을 깨고 한순간에 전파되는 극적인 순간을 이르는 말이다. 티핑포인트가 이뤄지는 데는 소수의 법칙, 고착성의 법칙, 상황의 힘 법칙 등, 크게 세 가지가 있다. 소수의 법칙은 열정적이고 영향력 있는 소수에 의해 전파가 이루어진다는 내용이며, 고착성의 법칙은 전해지는 메시지가 흡인력을 갖고 있어서 사람들의 기억 속에 고착돼야 행동을 변하게 한다는 법칙이다. 또 상황의 힘 법칙은 주변의 상황이 맞아 떨어져야 잘 전파될 수 있다는 내용이다.

성공 DNA를 찾아내자

중학교, 고등학교시절 처럼 과거에 자신에게 영향을 주었던 기억들을 더듬어 보는 것은 굉장히 중요하다. 왜 그럴까? 과거의 고난이나 행복은 현재의 고난을 극복하는 원동력이 될 수 있기 때문이다. 항상 승승장구 해오던 사람이 어느 순간 고난에 부딪치고, 그로 인해 심한 딜레마에 빠진 상황에서 그가 해야 할 가장 중요한 행동은 뭘까?

우선 과거에 고난을 극복했던 기억을 더듬어보고, 이성적으로 생각하는 자세이다. 성공을 해본 사람은 성공DNA가 몸과 마음에 남아있다. 마찬가지로 실패를 겪고, 결국에 성공을 이뤄낸 사람의 경우에도 실패에 대처할 수 있는 DNA가 존재한다. 우리는 토라진 연인의 마음을 돌리기 위해 별짓을 다한다. 예전 연인이 화났을 때 풀어줬던 방법을 써보기도 하고, 과거 연인이 싫어했던 행동들은 되도록이면 하지 않으려고 노력한다. 이처럼 과거의 어떤 사건은 현재의 나에게 굉장히 중요한 힌트가 된다.

취업 역시 사랑과 크게 다를 바 없다. 작년에 서류합격했던 회사에 지원할 때에는 지원요령이 있다. 왜냐하면 전에 합격해 본 경험이 있기 때문이다. 그리고 작년에 떨어졌던 회사에서는 떨어진 이유를 분석해 보고, 이전의 실수를 반복하지 않기 위해 안감힘을 쓴다. 과거의 성공했던 경험들, 실패했던 경험들을 되새기는 연습을 하자. 꿈을 풀 수 있는 해답은 이미 내 손안에 있을 수 있다.

꿈을 설계하기

먼저 꿈을 꾸는 시간이 필요하다

꿈을 이루려면 먼저 꿈을 꾸어야 한다. 하고 싶은 또는 되고 싶은 바를 확실하게 정하는 것이 제일 중요한 일이다. 어떤 사람이 되기 위한 방법은 항상 존재한다. 슈퍼스타K3의 우승팀 울랄라세션의 리더, 지금은 고인이 되어 버린 임윤택씨는 어린 시절 그룹 듀스의 춤에 신선한 충격을 받게 되었고, 춤을 추고 싶다는 생각에 친구, 동생들을 모아 비보이팀을 결성했다고 한다. 그렇게 춤과 음악을 시작했고 그 과정에서 평생을 함께 할 울랄라세션 동료들을 얻게 된다.

임윤택씨는 어떤 프로그램에 나와서 이런 말을 했다. 사람이 사람의 꿈이 될 때 사람으로 인해 모든 것이 바뀔 수 있다는 말이다. 임윤택씨에게 울랄라세션 동료들은 꿈이었고, 그 꿈을 위해 마지막 투혼을 발휘한 무대가 바로 슈퍼스타K3였던 것이다. 그들의 진심, 음악에 대한 열정은 대한민국 5천만의 눈, 귀, 그리고 마음을 사로잡기에 충분했고, 그들은 꿈을 설계한 대로 이루어 나가고 있다. 우리의 일상도 다르지 않다.

어떤 사람이 되고 싶은지 본인은 알고 있으면서 시도조차 하지를 않는다. 춤이 좋아 무작정 비보이팀을 만들어 진짜로 춤을 추어 보았던 임윤택씨처럼 꿈을 꾸는데 그치지말고, 이제는 실행해보자.

꿈과 현실의 경계

우리는 하루에도 몇번씩 꿈을 꾸고 산다. 하지만 성공한 사람들은 꿈을 꾸는데 그치지 않는다. 우리나라 국민들이 즐겨하는 로또를 보아도, 1등으로 당첨된 사람들은 간밤에 꾼 꿈조차도 허투루게 넘겨버리지 않는 치밀한 실행력을 가지고 있었다.

대부분의 사람들은 길몽을 꾸더라도, 친구들에게 "나 어제 길몽꿨어" 이 정도로 이야기하고 넘어간다. 하지만 로또에 당첨된 사람들은 길몽을 꾼 후 일단 로또를 사러 간다. 행동에 옮겼다고 항상 좋은 결과로 연결되는 것은 아니지만, 그들은 최소한의 노력을 하고 있다는 말이다.

우리네 인생도 다를 바 없다. 금융권에 취업하고 싶은데 금융권에서 어떤 업무를 하는지, 요즈음의 이슈는 어떤 것들이 있는지, 비슷한 꿈을 꾸는 사람들은 어떻게 준비하는지, 실무자들은 어떤 사명감을 가지고 업무에 임하는지에 대해 궁금해 할 뿐, 발벗고 찾아나서는 사람들은 드물다.

꿈을 꾸는 것은 아름답다. 하지만 실행하지 않는다면 일장춘몽과 다르지 않다는 사실을 명심하자. 지금 이 순간에도 꿈을 꾸고 움직이고 있는 친구들의 이야기를 찾아보자. 그리고 귀 기울여보자. 그들은 어떻게 움직이는지 어떻게 극복해 나가는지 살펴보고, 좋은 것은 내것으로 만들어보자. 본인에게 맞는 직종이 있듯, 본인에게 맞는 취업준비방법이 분명히 존재한다.

Case1. 기본적인 스펙(학벌, 학점, 영어점수 등)을 갖춘 사람들

대학시절, 취업시즌이 되면서 나 또한 취업스터디에 뛰어든 적이 있다. 그 시절 경험했던 사람들은 하나의 꿈을 가지고 있었지만, 꿈에 접근하는 마인드나 방식은 모두 차이가 있었다. 신촌에 있는 여대에 다니던 김O연의 경우에는 취업시 일반적으로 요구하는 기본 스펙은 갖추고 있었다.

역시 신촌에 있는 대학교에 다니던 정O택의 경우에도 크게 다르지 않았다. 하지만 같은 곳에 지원함에도 불구하고, 접근 방식은 너무나도 달랐다. 김O연은 기초스펙은 갖췄음에도 불구하고, 자신의 꿈을 이루는 데 있어서 중요한 것은 현재 스펙을 더 키우는 것이라는 생각이었고, 정O택의 경우에는 면접 혹은 자기소개서를 조금이라도 더 잘 쓰기 위한 준비를 하는 쪽에 무게를 실었다.

　　김O연은 현재 보유하고 있는 자격증의 상위 GRADE를 준비하느라 정신없이 시간을 보내고 있었고, 정O택은 시사상식, 프리젠테이션 스킬 등을 연습하는 데 더 비중을 두었다. 결과는 어떻게 나타났을까? 정O택은 합격하고, 김O연은 불합격했다. 물론 정답이라는 것은 없으며 회사에 따라서 반대의 결과가 나올 수도 있다. 하지만 김O연에게는 잘못 선택한 부분이 분명히 있었다.

　　김O연이 도전했던 상위 GRADE 자격증의 경우에는 사실 입사 후에 준비해도 늦지 않는 자격증이다. 있으면 좋을 수도 있겠지만, 그것을 취득하기 위해 구태어 아까운 시간을 취업 전에 투자할 필요도 없고, 실제로 취득을 했다고 해도 기업 담당자의 입장에서는 오버스펙을 가지고 있는 지원자를 부담스럽게 생각할 수도 있다.

　　만약에 김O연이 해당업종의 추세에 대해 조금 더 공부하고 이해했다면, 입사 후에 도전하는 경우가 많다는 것을 알 수 있었을 것이고, 그렇다면 아까운 시간을 투자하기 이전에 자신을 조금 더 돋보이게 할 수 있는 것들을 찾을 수 있었을 것이다.

Case2. 기본적인 스펙이 부족한 사람들

　　기본적인 스펙이 조금 떨어진다고 생각하는 사람들은 자신의 확실한 무기 하나쯤은 만들어 놓아야 한다. 좋은 예로, 공대쪽 사람들이 대개 그렇다. 자동차, 조선, 철강, 건설 등 공대 학생들이 뻗어나갈 수 있는 분야는 넓은 편이다. 국내 최고의 조선, 자동차 회사 등에서 일하는 공대 출신들은 문과, 상경계열 학생들보다 상대적으로 기초스펙은 떨어진다. 그러나, 그들은 확실한 장점(기술)을 가지고 있다. 물론, 기본적인 스펙을 갖추기 위해 기본적인 노력은 해야 한다. 그래야 최소한 서류는 합격하기 때문이다. 하지만, 최소한의 조건을 갖추었다면, 이제는 전략이다.

　　S건설을 준비하면서 만난 취업스터디 조원들 중에 C군의 경우에는 시종일관 자신의 전문지식을 잘 포장하는 방법에 대해 고민하였다. 기본적인 토익점수, 최소학점에도 불구하고 그가 여러 곳에 합격할 수 있었던 비결은 결국, 자신의 장점을 기업의 입장에서 아주 매력적으로 보일 수 있도록 포장했기 때문이다. C군의 기술에 대한 자부심은 회사의 제품에 대한 관심으로 이어졌고, 면접관들은 C군의 단점까지도 긍정적으로 보게 되었다. "토익이야 뭐 700점 정도면 되지." 면접관이 면접장에서 지원자에게 한 말이다.

　　생각해보자. 면접에 들어가서 토익 900점 맞은 이야기를 물어보는 사람이 얼마나 있는가? 하지만 개인의 장기는 물어본다. 본인을 궁금하게, 알고 싶은 사람으로 만들어보자. 그게 바로 자신의 강점 혹은 약점이다. 약점을 군이 숨길 필요도 없다.

창업사례를 통해 배우는 취업지침서: 주광섭 대표

　　항상 기업에 입사해야만 취업에 성공하는 것은 아니다. 취업이라는 글자의 본뜻을 생각해 볼 필요가 있다. 就業 말 그대로 무언가 일을 하는 것이 취업이다. 그렇다면 피나는 노력을 통해 창업을 하여 성공한 케이스도 물론 취업이다.

　　한창 춤과 노래에 미쳐있을 나이의 사람들에게 댄서는 선망의 대상임과 동시에 굉장히 의미 있는 직업이다. 그림같은 분위기의 까페의 주인은 어떤가? 직장생활에 권태를 느끼는 직장인들이라면 누구나 한번 쯤은 까페의 오너가 되기를 갈망해보지 않았을까? 저자들 또한 그런 생각을 한다. 지금의 안정적인 식장생활을 영위하면서 업무 후에 본인 소유의 까페에서 따뜻한 아메리카노 한잔에 몰두해 있는 모습 말이다.

　　지금부터 소개하는 사례는 이 두가지의 직업을 모두 섭렵한 젊은 오너의 이야기이다.

　　주광섭 대표는 어린 시절부터 남다른 끼와 도전정신을 가지고 있었다. 한번 매료된 일은 끝을 보아야 하는 성격 덕분에, 일찌감치 끈기라는 것을 배웠다고 한다. 거기에 나이가 들수록 생기는 요령, 자신의 철학 등이 더해져 지금을 있게 한 것 같다고 하였다. 고등학교 시절 1세대 아이돌들의 신선한 군무는 단숨에 그를 압도하였고, 그는 그길로 춤과의 전쟁에 돌입했다. 넘어지고, 까지고, 일어서기를 반복하면서 어느새 자신만의 색깔을 가진 댄서가 되었다. 결국 와와팀에 들어가 댄서로서 나름대로의 역량을 인정받기에 이른다.

❖ 입대, 그리고 뮤지컬

와와팀의 일원으로서 주 대표는 금전적으로 부족했지만 꿈이라는 밥을 먹고 살았다. 하지만, 꿈만 먹고 버텨나가기에는 대한민국 남자들에게 삶은 그리 관대하지 않았다. 군대, 치열한 취업 경쟁, 사장이 된 후에도 업체간의 경쟁 등, 어려운 상황들로부터 가족을 지켜내야 하기 때문이다. 대한민국의 남자로 태어났다면 반드시 거쳐야 할 2년 동안의 군대생활은 주 대표에게 큰 공백과 같은 시간이었다. 그렇게 입대를 하면서 잠시 춤과의 이별을 하게 되었다. 하지만, 입대는 결국 댄서로서 활동했던 주 대표의 끝을 알리는 계기가 되었다.

사실 우리나라는 자신이 좋아하는 것만 하고 살 수는 없는 풍토이다. 따라서 나이가 들수록 현재의 생활과 새로운 미래의 사이에서 갈등하게 된다. 더욱이 음악, 댄스 같은 경우에는 유행에 굉장히 민감하고, 그 변화를 직접 부딪히는 사람들이 아니고서는 도태되는 것이 현실이다. 주 대표 역시 비슷한 고민을 하게 된다. 다시 댄서로서 무대에 설 것인지 아니면 다른 꿈을 꿀 것인지 말이다.

제대를 하면서 주 대표는 또 다른 목표를 가지게 된다. 바로 뮤지컬 배우로서의 꿈이다. 뮤지컬이라는 장르 자체가 댄서들에게 유리한 분야이고, 역동성 있는 안무와 스토리는 주 대표를 끌어당기게 된다. 그렇게 새로운 도전을 시도하고 한발한발 나아가면서 그는 뮤지컬 배우로서도 무대에 서게 된다.

❖ 가능성이 없다면 빨리 포기할 줄도 알아야 한다

주광섭 대표와 인터뷰를 하면서 주 대표의 말 속에 철학이 숨어 있음을 알 수 있었다. 바로 일에 대한 가능성을 확인하고, 판단하고, 되도록 빠른 결정을 내리는 것이다. 이러한 사고방식은 현시대를 살아가는 젊은이들, 더욱이 취업준비생들에게는 굉장히 시사하는 바가 크다. 앞서 간간히 언급해왔지만, 우리나라 취업준비생들은 자신의 전략을 가지고 취업이나 미래를 준비하는 것이 아니라, 그저 팔로워적인 마인드로 접근하는 경향이 있다. 옆에 친구가 토익을 900점 맞으면 나 역시 900점은 맞아야 할 것 같다는 이상한 군중심리가 있다는 말이다.

자신이 강점을 가질 수 있는 가능성을 확인하고, 그게 맞는지 판단하고, 가능성이 없고 다른 대안이 있다면 빨리 결정하여 올바른 방향을 찾아가야 한다. 다시 주 대표의 이야기로 넘어가보

자. 주 대표는 제대한 후에 뮤지컬 배우로서의 삶을 시작했다. 하지만, 그는 경쟁자들에 비해 보컬실력이 뒤떨어졌기에 뮤지컬 배우로서는 성공 가능성이 낮았다. 그는 그것을 일찍 깨닫고 뮤지컬 배우가 아닌 다른 삶을 준비하게 된다.

❖새로운 시작, 오너로서의 가능성을 발휘하다

꾸준히 다양한 사업에 관심을 가지고 몸으로 부딪치며 삶을 살아온 주 대표이기에 새로운 도전도 낯설지는 않았다. 오히려 새로운 도전을 준비하는 삶을 즐기는 편이었다는 것이 정확한 표현인 것 같다. 뮤지컬 배우로서의 한계를 느끼고 있던 와중에 지인과 함께 태닝샵을 운영한 경험이 있었다. 요즘 스타일리쉬한 젊은 남녀라면 누구나 여름에 태닝을 해 본 경험이 있을 것이다.

주 대표가 태닝샵에 뛰어들게 된 이유는 태닝샵에 대한 대한민국 젊은이들의 인식이 바뀌어 가고 있다는 점과 발전가능성 때문이었다고 한다. 태닝은 대한민국 사람 누구나 즐기는 것은 아니지만, 확실한 매니아 층이 있다는 장점이 있다. 그리고 그 고객들은 지속적으로 태닝샵을 찾는 편이다. 비교적 고객충성도가 높은 업종이기에 지속적인 마케팅과 전략을 통해 발전시킬 수 있다는 확신이 있었다. 그러던 중 좋은 계기로 허니보울이라는 브랜드를 창업하게 되었지만, 지금도 그 태닝샵은 확실한 서비스마인드와 마케팅전략으로 고정고객 및 신규고객유치가 물흐르듯이 이루어지고 있다고 한다.

❖화창한 날씨, 한 브런치 까페 주 대표의 새로운 꿈이 되다

태닝샵을 운영하면서 생각난 아이디어를 어떤 식으로 실천해 나가야 할 지 계속해서 고민을 하던 주 대표는 어느 날 브런치 까페에서 지인과 식사를 하게 된다. 날도 좋고 가볍게 먹을 수 있는 브런치가 그날 따라 더욱 만족스러웠다. 사실 미국이나 유럽 등에서는 브런치가 일상적이지만, 아직 대한민국은 그렇지 않다. 서래마을, 신사동, 홍대와 같은 특정한 지역 위주로 군집되어 있는 편이고, 지방에서는 브런치의 개념을 제대로 이해하는 곳은 별로 없는 실정이다. 더욱이 브런치까페는 삼겹살, 닭갈비, 감자탕 등과 같이 체인점이 활성화 되어 있는 음식군과는 달리 프랜차이즈가 거의 없다. 바로 이 대목에서 주 대표는 '바로 이거다!' 라는 확신을 하게 된다.

누구나 가볍게 즐길 수 있는 브런치 까페를 프랜차이즈화 해서 국내 어느 곳에서든 대한민국 사람들이 부담없이 브런치를 즐길 수 있게 해야겠다는 생각을 하게 되는 것이다.

❖허황된 꿈도 꾸어 보자. 시도해보면 반드시 달라진다

주 대표는 허황된 꿈을 자주 꾸는 편이라고 한다. 인터뷰를 하는 동안에도 허황된 꿈에 대해서 여러 번 이야기를 하는 것을 들으면서, 정말 꿈을 꾸고 노력하는 사람이라는 생각이 들었다. 어찌됐던, 주 대표는 브런치 까페의 프랜차이즈화를 위해 무엇이 필요할까를 생각했다. 우선 사업계획서를 작성하여 나름대로의 경영철학을 어필하러 다녔다. 아이템은 괜찮았지만 현실화 된 것이 없었기에 투자자들은 투자를 망설이는 경우가 많았다.

투자를 이끌어 내기 위해서 주 대표가 생각한 정답은 생각보다 간단했다. 음식, 음료, 서비스 이 세가지였다. 물론 매장 위치, 임대료, 마케팅방법 등, 사업을 영위하는 데 있어 중요한 요소들이야 많지만, 주 대표는 우선순위를 정했다. 위 세가지를 익히기 위해 주 대표는 망설임없이 관련 업계에 직원으로 취업하여 현장에 뛰어들었다. 커피전문점부터 브런치까페까지 다양한 메뉴를 눈으로 접하고, 직접 만들어 보기도 하면서 자신이 그리고 있는 브런치 까페의 기초를 닦아 나갔다.

어떠한 경우에 고객들이 만족하고, 불만족하는지 유심히 관찰도 해보고, 자신만의 경영노하우를 현장에서 체득하게 된다. 사실, 다른 업을 운영하던 사람이 밑바닥부터 기술, 서비스 등을 익히려고 노력한다는 것은 쉽지 않은 일이다. 극단 적인 예를 들면, 기업체 사장으로 있던 사람이 새로운 업종으로 오면서 사원으로 시작하는 것으로 보면 이해가 빠를 것 같다. 꿈을 위한 주 대표의 확신과 노력은 그러한 상황조차도 무색하게 만들었다고 한다. 오직 한가지 허니보울 창업에 대한 꿈만 꾸고, 어떻게 하면 하나라도 자기 것으로 만들 수 있을 지를 고민했다고 한다.

그렇게 사업에 대한 기초를 배우고, 이윽고 과거 댄스팀 단장님에게 1차로 투자를 약속 받게 된다. 그리고, 2년간의 착실한 준비를 통해 프랜차이즈 허니보울이라는 브런치까페가 탄생하게 된다.

❖ 땅끝마을을 넘어 아시아 시장을 지배한다

주 대표가 브런치까페 프랜차이즈를 시작하면서 생각해왔던 꿈은 우리나라 어디에서든지 브런치까페를 접할 수 있는 사회를 만드는 것이고, 그게 허니보울이 될 수 있도록 만드는 것이다. 하지만 지금은 더 큰 목표를 가슴에 담고 있다고 한다. 바로 허니보울을 아시아 시장을 아우를 수 있는 브랜드로 키워나가는 것이다. 그렇게 만들기 위해서 그는 허니보울만이 가질 수 있는 장점을 계속 축적해나가고 있다.

내실이 튼튼한 브랜드를 만들기 위해서는 경영자의 확고한 철학이 중요하다는 생각을 가지고 있는 주 대표는 지속적으로 신메뉴를 개발하고 웰빙푸드를 지향하고 있다. 간단한 소스에서부터 메인푸드까지 적게는 수십 번, 많게는 수백 번의 도전을 통해 다양한 메뉴를 개발한다고 했다. 주 대표의 이러한 노력은 아직 진행중이지만, 실제로 아시아 시장에서도 좋은 반응을 보이고 있다. 야후재팬, 홍콩, 싱가폴 등에서 허니보울이라는 브랜드가 소개되고 있고, 최근에는 그 중 한 곳의 바이어와도 긍정적인 이야기가 오가고 있다고 한다.

가격의 거품은 빼고 영양가는 높은 음식을 고객에게 선보이면서 멀지 않는 미래에 우리나라는 물론 아시아의 건강한 브런치를 책임지는 날이 올 것이라고 믿으며 주 대표는 오늘도 꿈꾸고, 도전하고, 실행해나가고 있다.

창업을 통해 깨닫는 취업지침서

첫번째 지침, 적절한 노력

주 대표가 허니보울을 창업하기 위해서 작은 디테일까지 담아 낸 한장의 기획서, 그리고 그 기획서를 통해 투자를 받기 위한 수많은 설득경험을 보면, 이러한 취업난에 어떻게 대응해야 할지 대충 답이 떠오른다.

우리는 취업을 위한 스텝(자기소개서 → 인적성 → 면접)에서 각 스텝마다 요구하는 능력을 정확히 판단하고 적절한 노력을 하여야 한다. 예를 들어 자기소개서에서는 해당기업의 성향, 인재상, 3년간 재무구조, 신사업 등에 대한 관심, 그리고 본인이 왜 이 기업에 적합한지가 잘 묻어있어야 한다.

두번째 지침, 쓸데없는 미련 버리기

주 대표는 군 제대 후 새로운 꿈인 뮤지컬 배우에 도전하게 된다. 탁월한 댄스실력, 리듬감 등으로 유리한 위치에 있었지만, 가장 중요한 가창력이 부족하다는 판단을 하게 되고, 스스로 빠른 방향 전환을 하여 지금의 순간을 맞이하게 된다.

그렇다면 이 대목에서 취업에 목매는 사람들이 해서는 안 될 것들이 눈에 선하게 보일 것이다. 스펙, 부족하다고 하나에 목매지말자. 자신을 돋보이게 할 수 있는 무기들은 너무나도 많다. 강점을 더 강하게 만들 수 있는 방법을 택해보자. 이것저것 조금씩 다할 줄 아는 것보다, 실무에서는 다른 재능은 전무하더라도 엑셀 편집실력이 기가막힌 사람이 오히려 대접받을 수 있는 곳이다. 오늘부터 자신이 할 수 있는 그 기가막힌 한가지, 필살기를 찾아보자.

세번째 지침, 새로운 시각과 확실한 목표

주 대표는 브런치까페가 체인점 형태로 운영되는 곳이 거의 없다는 사실을 토대로 확실한 목표를 정하게 된다. 프랜차이즈라는 확실한 목표가 없었다면 허니보울의 체계가 제대로 잡혔을까?

그렇다면 취업을 원하는 구직자들이 가져야 할 시각과 목표는 어떻게 잡아야 할까? 개인의 성향마다 달라야 정상이지만, 일반적인 상황을 고려해본다면 의외로 답은 간단하다. 휴대폰에서 인터넷 검색을 가능하게 아이디어를 낸 사람을 생각해보자. 인터넷=PC라는 일반적인 생각을 깬 새로운 시각이다. 그리고 결국 휴대폰에서 인터넷 검색이 가능한 시대가 되었다. 그 사람은 새로운 시각으로 확실한 목표를 설정할 수 있었고, 결국 현재는 이루어냈다.

네번째 지침, 끊임없이 생각하기

주 대표는 일을 하면서도 끊임없이 생각했다고 한다. 어떤 아이템이 어떻게 해야 잘 될 수 있을까? 끊임없이 생각하면 새로운 생각이 떠오른다. 정말 누가 보아도 수긍이 가는 아이디어를 낸 사람들은 대부분 지속적으로 생각하는 사람들이다. 가끔씩은 허황된 꿈을 꾸어보자. 꿈을 꾸는 자만이 그 꿈에 근접할 수 있는 자격을 갖춘다. 취업을 준비하는 사람들이 가져야 할 자세는 끊임없이 방법을 생각하는 것이다.

그렇지만 대다수의 사람들은 편협한 사고에 사로 잡혀 하루 하루를 보내고 있다. 다시 말해, 그냥 준비하는 대로 따라가는 형국이다. 남들이 하지 않는 생각을 하고, 남들이 하지 않는 일들을 도전해보자. 그게 바로 경쟁력이고 새로운 사고의 원천이다.

취업설계의
TIPPIING POINT를 만나다

우리가 대학교를 먼저 다닌 후에 초등학교에 입학할 수 없듯이, 취업 역시 설계하는 데 있어 나름대로의 프로세스가 필요하다. 물론, 가장 기본적인 것은 입학하자마자 학점관리를 잘하고 누구나 준비하는 기초스펙을 착실히 가꾸 일이다. 하지만, 현실적으로 취업을 앞 둔 사람들에게 는 그저 한낱 과거를 후회하는 행동일 뿐이다. 취업시즌에도 분명히 아이디어, 합격이 휘몰아 치는 TIPPING POINT의 순간을 만들 수 있는 방법이 있다.

자기소개서의 학습효과

자기소개서 하나 제대로 쓰려면 시간이 얼마나 소요될까? 못해도 하루는 잡아먹는다. 그러나 자기소개서를 많이 쓰다보면 어느 순간 자신을 효과적으로 표현하는 방법을 깨닫게 되고, 똑 같은 조건이라도 면접관의 눈에 띄는 자기소개서를 만들 수가 있다.

그렇다고 무턱대고 그저 많이만 쓴다고 되는 것은 아니다. 여기에는 나름대로의 규칙이 있다. 기업별로 유사한 자기소개서 항목이 굉장히 많다. 여기서 포인트는 기업별로 자기소개서를 분 류하는 것이 아니라, 자기소개서의 항목들을 개인적인 폴더에 따로 관리하는 것이다. 겹치지 않 는 것들은 무조건 수집해보자. 문항에 맞게 계속 써보고 수정해보자. 시간이 지나 데이터가 축

적되고 스킬이 늘어난다면 자신의 특성을 해당기업이 요구하는 인재상에 맞추는 요령도 생기게
된다.

면접의 학습효과: 기교보다는 본질로

면접은 눈으로 하는 것이 아니다. 입으로 말하는 것이 포인트이다. 면접의 달인이 되기 위해
서 눈보다는 소리내어 입으로 말하는 연습을 해보자. 듣기 좋은 톤을 타고난 사람도 있지만, 말
하는 스킬은 연습을 통해 완성된다. 목소리만으로 환호를 이끌어 내는 가수들을 보자. 본래의
목소리가 그런 경우도 있지만, 대부분 피나는 노력으로 목소리를 만들어 낸 것이다. 면접도 마
찬가지다. 취업스터디를 이용해서 서로 계속 이야기를 주고 받는 것이 가장 무난한 방법이지만,
그것 마저도 싫다면 방에서 면접예상질문에 대해 혼자 소리내어 대답해보자.

계속해서 스피킹 연습을 하다보면 어느 순간 자신의 의지와는 상관없이 말이 술술 나오는 경
험을 하게 될 것이다. 하지만 눈으로만 읽는다면, 반드시 면접에서도 머리로 생각한 후에 말하
기 때문에 생각과 말이 충돌을 일으키게 되면서 버벅댈 수밖에 없다.

면접은 오디션이다. 오디션에서 가사를 외우지 못한 지원자를 정상참작해주는 경우는 드물지
않는가? 그리고 가능하면 쓸데없이 기교를 부리지말자. 자신을 멋있게 포장하는 게 물론 중요하
지만, 자신이 어떤 사람인지 정확하게 알려주는 것이 더 중요할 수도 있다.

프리젠테이션의 학습효과: 두려움을 이겨내면 나의 강점이 된다

프리젠테이션은 많은 취업준비생들이 가장 두려워하는 것 중 하나이다. 하지만, 우리가 가장
자연스럽게 접하는 것도 바로 프리젠테이션이다. 대학교에서 강의를 듣는 것은 교수가 학생들
에게 프리젠테이션을 하는 것이고, 우리가 날마다 보고 듣는 뉴스는 앵커가 시청자들에게 프리
젠테이션을 하는 것이다.

하지만 취업PT는 조금 특별하다. 아무래도 PT라는 것이 면접의 한 과정에 속하기 때문이다.
학교에서 PT를 하다가 말문이 막힌다거나, 머릿속이 하얗게 되더라도 사실 그렇게 큰 문제가 되
지 않는다. 하지만 취업PT는 그렇게 받아들이지 않는 것이 보편적이다. 짧은 시간 안에 본인의

능력을 가늠할 수 있게 만들어야 하기 때문이다.

그렇다고 스티브잡스나 빌게이츠처럼 훌륭한 PT를 하지 못한다고 자괴감을 가질 필요는 전혀없다. PT면접을 통해 면접관들이 보고자 하는 내용은 정해진 정보를 얼마나 능수능란하게 포장하느냐가 아니고, 돌발상황에는 어떻게 대처를 하는지, PT발표자가 매사에 자신감이 있는지, 소통의 능력이 있는지 등을 살펴보고자 하는 것이기 때문이다. 실제로, PT는 입사 후에는 정말 중요한 요소중 하나이다. 발표자의 말 한마디나 이끄는 분위기에 따라 거대한 계약이 성사 되느냐 마느냐가 결정되기도 하기 때문이다.

PT면접에서 잊지말아야 할 것들

시선처리

불안한 시선처리는 면접관에게도 나쁜 인상을 심어준다. 여유 있는 제스처, 편안한 눈빛은 듣는 사람(면접관)으로 하여금 신뢰를 갖게 만들 수 있다. 면접관이 여러 명이라면 차례로 천천히 돌아가면서 좌에서 우로 눈을 마주치자. 미간이나 콧등을 보고 이야기한다고 생각하고 약간의 미소가 있는 시선처리를 잊지 말자.

명쾌한 중저음의 톤

면접시에는 신뢰감을 주는 것이 중요하다. 고음보다는 중저음의 톤은 듣고 있으면 신뢰감이 가며 마음이 편안해진다. 비교적 안정적인 느낌을 주려면 복이 아닌 복식호흡을 통해 배에서 부터 올라오는 소리가 좋다. 또한 중요한 포인트를 이야기 할 때에는 억양의 변화를 주어야 한다. 아나운서들의 발성법을 잘 연구해보자. 그리고 면접을 준비할 때에는 나의 모습과 목소리를 동영상으로 찍어서 분석해 보자.

두괄식 설명

취업 PT에서는 특히 두괄식 진행이 중요하다. 1차적으로 시간이 부족하기 때문이다. 우리 나라 학생들은 대부분 미괄식에 익숙해져 있다. 어머니한테 꾸중들을 때 상황을 생각해보자. 대부분의 어린이들은 하소연, 평계를 늘어놓으며 결론은 마지막에 잠깐 자신 없게 말한다. 하지만 다른 선진국들의 상황을 보면 정 반대인 경우가 많다. 결론부터 말하고 왜 그러한 결론이 생겼는지 원인을 밝히는 것에 익숙해져 있다. 취업 PT는 그렇게 해야 한다. 정말 중요한 부분부터 말해야 면접관들의 주의를 집중시킬 수 있다. 결론을 먼저 언급해주면 설사 떨려서 실수를 하더라도 올바른 방향으로 PT를 진행 할 확률이 높아진다.

시련은 온다: 취업을 준비할 때, 그리고 입사 직후 슬럼프 극복하기

❖3-3-3의 원리

졸업 후 취업준비 할 때 처음 3개월이 버티기가 힘들었고

취업이 되고 나니 처음 3개월이 버티기가 힘들었고

직장을 옮기니 다시 처음 3개월이 힘들었다.

하지만 그 일정 지점을 넘고 나니, 나를 힘들게 하고 괴롭혔던 그 모든 게

아무것도 아니었다. _ D그룹 마케팅 팀장 박O현

달리기로 치면 처음의 30분을 넘기는 것

공부로 치면 처음의 3시간을 넘기는 것

이민자에게는 처음의 3년을 넘기는 것

직장생활에서는 처음의 3년을 넘기는 것

사업에서는 처음 3년을 넘기는 것

보통 직장을 처음 잡게 되면 많은 이들이 처음의 3년을 버티지 못하고 이직을 고려하게 된다. 그 이유는 다양하지만 한계를 깨는 훈련을 해야 한다. Runner's High를 경험해야 한다.

❖Runners' High를 기억하자

이는 캘리포니아대 심리학자인 아놀드 J 맨델이 1979년 발표한 정신과학 논문 '세컨드 윈드 (Second Wind)'에서 처음 소개된 용어이다. 달리기를 하다 보면 처음에는 괴롭지만 어느 시점, 약 30분 가량 계속 달리면 기분이 좋아지며 고통은 사라지게 된다. 이때부터는 고통이 아니라 희열을 느끼면서 더 달릴 수가 있다는 이론이다. 실제로 마라토너나 운동선수들은 이러한 경험을 한다고 한다.

다리와 팔은 마치 깃털처럼 가벼워지며 리듬감이 생긴다. 그리고 피로가 사라지면서 새로운 힘이 나기 시작하는 '야릇한 시간'이 오기도 하며, 주위는 굉장히 밝고 색깔이 아름답게 느껴지고, 몸은 세상에서 분리돼 유영을 하는 느낌이 든다고 한다. 즉, 만족감이 몸 속 깊이에서부터 밀려나와 넘치는 상황이라고 볼 수 있다.

"좋게 만들 수 없다면 적어도 좋아 보이게 만들어라."
- 빌 게이츠

Part VI

자신감을 심어주는
자기소개서 & 면접 시크릿

"If you can't make it good, at least make it looks good."
- Bill Gates

Chapter 1

자기소개서 &
면접 시크릿

많은 시간이 소비되는 자기소개서 쓰기: 이렇게 해결하자

자기소개서를 보아 달라는 학생들의 글을 보거나 면접 준비를 도와달라는 학생들의 글을 볼 때면 많은 문제점을 발견하게 된다. 그것도 그럴 것이, 그들은 대개가 자기소개서와 이력서 쓰기에 대한 체계적인 교육을 받지 못한 학생들이기 때문이다. 혹은 기회가 있었더라도 체계적으로 연습해 볼 시간이 없었기 때문일 수도 있다. 가장 큰 문제 중 하나는 목표의식이 없게 썼다는 것이고, 둘째로는 형식과 내용이 맞지 않는다는 것이다. 기업에는 기업이 원하는 인재상이 있는 것처럼 자기소개서나 이력서에도 맞춰야 할 형식과 내용이 있다. 써야 할 말, 쓰지 말아야 할 말이 있다는 것이다. 이와 더불어 본인만의 논리와 설득력, 그리고 어필할 수 있는 포인트가 있다면 인상적인 자기소개서를 쓸 수 있을 뿐만 아니라 면접에서도 주목을 받을 수 있다.

보다 효율적인 방법이 존재한다

자기소개서와 이력서를 채우려면 시간이 얼마나 걸릴까? 써 본 사람은 알겠지만 처음 쓴다면 아무리 못해도 2~3시간 이상은 걸리며 요구하는 항목이 많을 경우 더 오래 걸리는 경우도 있다.

물론 몇 번 써 본 경험이 있다면 시간이 점차 단축되기는 하겠지만, 여전히 새로운 회사를 지원할 때마다 지원자가 겪는 시간의 소비와 정신적인 스트레스는 엄청나다. 보통 외국기업의 경우는 Resume 형식으로 이력서를 받는 경우가 많으며, 국내 대기업의 경우는 특정한 형식의 자기소개서, 그것도 긴 분량의 자기소개서를 요구한다.

능력과 매력을 갖춘 지원자가 자기소개서 때문에 면접을 볼 기회를 잃는다면 억울한 일이 아닐 수 없다. 지원할 곳은 많고 시간은 촉박하다. 대다수의 학생들은 본인이 처음 지원했던 회사의 자기소개서를 샘플로 만들어 놓고 그 다음 회사에 지원할 때에도 비슷하게 써서 지원한다. 원서를 쓰고 서류에서 탈락한다. 그리고 또 쓰고 다시 탈락을 반복한다. 계속 떨어지는 이유는 무엇일까? 그들은 자기소개서에서 문제를 찾기 보다는 학점, 토익점수 등 다른 스펙에서 원인을 찾는다.

물론 서류 전형을 학점, 학교, 토익점수 등 객관적이고 계량화 할 수 있는 수치로 서류의 당락을 결정하는 곳이 존재한다. 많은 대기업들이 그러한 잣대를 들이대지만 실제로 유수의 기업들 중 일일이 자기소개서를 다 읽어보는 회사도 많다는 사실을 기억하자. 더욱 중요한 것은 면접에서는 100% 자기소개서를 읽게 되고 그것에 기반해서 면접관들이 면접을 보게 된다. 결국 서류 전형이 문제가 아니라 최종 합격을 위해서라도 그 어떤 스펙보다도 반드시 경쟁력을 갖춰야 할 부분이 자기소개서이다.

그렇다면 최종합격을 위한 결론은 자명하다. 논리적이고 매력적인 자기소개서를 만들어 내는 것이다. 그러면서 동시에 면접에서 질문이 나올 부분과 답변을 고려하여 전략적인 자기소개서를 쓰는 것이다. 그리하여 인사담당자와 면접관이 나의 자기소개서를 보았을때 '나'에 대해서 논리적이고 짜임새 있는 느낌을 갖게 해 주는 것이다. 조직에서 찾는 인재라는 것을 보여주어야 함과 동시에 나에게 유리한 질문을 유도 할수 있는 포인트를 자기소개서 곳곳에 배치해 놓아야 할 것이다.

그리고 자기소개서에서 질문 거리를 찾는다. 여기서 다시 한번 강조하지만 중요한 사실은 면접에서 당락을 결정할 수 있는 질문과 답변은 내가 쓴 자기소개서로부터 나오게끔 유도해야 한다는 점이다. 나에게 '유리한 질문'을 유도할 수 있다면 면접에서의 유리한 고지를 확보하게 되는 것이다.

자기소개서 템플릿
시간 절약이 실력이다

매력있는 자기소개서란?

1. 회사가 가려워하는 곳을 긁어주라 – 회사에서 가장 이슈가 되는 것은 무엇인가?
2. 임원이 고민하고 있는 것을 함께 고민한 흔적을 보여줘라.
3. 준비된 솔직함과 당당함으로 무장하라.
4. 호감의 법칙을 기억하라: 같이 일하고 싶은 사람이 뽑힌다.

생각보다 중요한 자기소개서: 나만의 매력을 찾아내서 어필하라

나의 자기소개서가 '함께 일하고 싶은 사람'으로 보여질 수 있을까? 나만이 가질 수 있는 생각, 사고, 살아왔던 길을 자기소개서에 녹이자. 어떤 시련과 경험이 지금의 나를 있게 하였을까? 어떠한 간접경험(책, 영화)이 나의 가슴에 와 닿았는지 생각해 보자. 자기소개서는 단순히 나의 가족관계와 출신학교를 소개하는, 그리고 어거지로 꾸겨넣어야 하는 쓸데없는 서류가 아니다. 인사담당자가 일일이 다 읽어보고, '지원자는 어떤 사람인가? 나는 이 사람과 함께 일하고 싶은가?' 라는 질문을 던저보고 Yes/No로 답하는 근거가 되는 자료이다. 부모님의 이야기, 가족관계 등 일반적이고 식상한 이야기는 되도록 쓰지 말아야 한다. 내가 어떤 가치관을 갖고 살아 왔는지, 그리고 이것에 기반해 앞으로 입사할 회사에 어떠한 도움을 줄 수 있는지를 써야 한다. 자기소개서로 면접관을 감동시킬 수 있는가? 그렇다면 합격이다. 그러려면 나의 진솔한 이야기, 그리고 삶과 가치관이 녹아있는 글을 써야만 한다.

일반적인 자기소개서가 특별한 자기소개서로 변화되기까지

알바경험 하나 하나가 중요하다. '어떤 알바를 언제 했다'가 중요한 것이 아니라 그것을 통해 어떤 것을 '경험했고, 느꼈으며' 그것이 어떻게 회사의 업무에 도움이 될 수 있으며, 조직문화에 기여할 수 있느냐를 쓰라는 말이다. 또는, '나의 경험과 성격이 어떠한 활력을 불어넣어 줄 수 있을까?' 에 대한 진지한 고민을 글로 녹여 넣어야 한다. 나아가서 내가 이러한 경험을 자기소개서에 넣음으로써 면접관이 할 수 있는 질문들에 대해서도 고민을 해 보아야 한다. 그래서 최대한 유리한 질문과 답변을 준비해 놓아야 할 것이다. 나의 자기소개서에 써 먹을 수 있는 테마별로 다음과 같은 구성을 해놓자.

템플릿 활용법

[   ]안의 문구 중 한가지를 선택해서 문맥에 맞춰서 넣으면 광범위하게 사용가능한 자기소개서가 완성 된다.

(1) 본인의 장단점을 기술하시오

원칙 및 요령

장점은 구체적인 사례와 함께 명확하게 기술하고, 단점은 기술하지 않는다. 즉, 단점을 쓰되 '단점의 탈을 쓴 장점'을 기술한다. 단점의 탈을 쓴 장점이란 무엇인가? 단점처럼 쓰고 있지만 사실은 장점인 것이다. 예를 들어, 은행권 지원자의 경우 '지나치게 조심스런 단점', 영업직의 경우 '지나치게 활달한' 단점, 광고쪽 지원자의 경우 '새로운 것을 추구하는 경향', 연구직 지원자의 경우 '때로는 어떤 주제에 대해 생각을 지나치게 깊게 한다' 등으로 단점의 포인트를 잡은 후 서술해 나가되, 실제적인 내용은 긍정적인 이미지를 주면서 장점으로 이어 질 수 있게 구성한다.

[샘플 템플릿] 본인의 장점과 단점을 기술하시오

지금의 저를 이 자리에 있게 한 원동력이자 장점으로는 [누구보다 강한 정신력 / 창의적인 리더십]을 꼽을 수 있습니다. 저는 [학창시절 / 대학시절 / 어려서] 부터 [음악 / 공연 / 발레 / 검도 / 태권도 / 밴드 / 뮤직컬 / 봉사활동 / 동아리활동]을 해 왔습니다. 제가 매력을 느꼈던 부분은 단순히 [음악 / 운동 / 공연 / 발레 / 뮤직컬]에 대한 열정이 아니라 조직을 이끌어보고 리더와 적극적인 조언자로서 주도적으로 이벤트를 기획하고 실천했던 경험에 있습니다. 조직구성원들이 어떠한 것을 원하고 있는지를 이해함은 물론이고 개개인의 특성을 파악하여 적절한 [기획 / 실천 / 커뮤니케이션]을 위해 노력했습니다. 일을 계획하고 실천하고 마무리 하면서 업무에 대한 원칙을 발견할 수 있었고 더욱 효율적인 방법에 대해 생각해 볼 수 있었습니다.

저의 단점 중 하나는 [지나치게 조심스러운 / 지나치게 깊게 생각하는] 경향이 있습니다. 이러한 경향때문에 정신적으로 피로해 질 때가 있습니다. 그럴 때면 저는 [독서 / 음악감상 / 친구들과의 대화]를 통해 제 자신을 되돌아 볼 수 있는 시간을 갖습니다. 하지만 모든 것에는 양면성이 있듯, 저의 이러한 단점도 [섬세함의 / 깊은 사유를 통한 아이디어 창출의] 긍정직인 에너지로 변화시킨다면 귀사의 OO업무를 수행하는데 있어서 도움이 되리라 생각합니다.

(2) 인생에서 고난, 좌절의 경험을 기술하시오

원칙 및 요령

고난과 좌절의 상황 및 배경설명, 그리고 어떠한 방식으로 극복했는지 서술, 그리고 느낀 바 기술의 순서로 서술한다. 중요한 것은 좌절과 고난의 상황 그 자체가 아니라 '어떠한 방식으로 삶에 영향을 주었는가?' 이다. 즉, 단순한 사건 자체를 서술하기 보다는 그로 인해 변화된 사고방식, 세상을 보는 눈, 더 나아가서 내가 일하게 될 회사에 어떠한 방식으로 기여할 수 있을지를 서술해 준다. 인사담당자는 이러한 질문을 통해 조직문화에 어울리는, 그리고 활력을 불어넣어줄 수 있는 사람을 발견하길 원한다. 그들은 나약한 직원이 아닌, 시련과 역경 속에서도 조직을 살릴 수 있고 힘을 불어넣어 줄 수 있는 직원을 발견하기를 원하는 것이다.

샘플 템플릿

제 인생의 가장 큰 상처 중 하나는 [대학 낙방 / 부모님 사업실패 / 부모님 이혼 / 각종사고 / 지인의 죽음]이었습니다. 이러한 경험은 당시 어렸던 저에게는 큰 충격이었습니다. [대학 낙방 / 부모님 사업실패 / 부모님 이혼 / 각종사고 / 지인의 죽음]의 경험은 이전에는 겪을 수 없었던 슬픔의 감정들과 소외됨, 좌절을 경험하게 해 주었고, 내 자신의 삶과 나를 둘러싸고 있는 세상에 대해서 생각해 볼 수 있었습니다. 또한 다소 활달하며 친구들과 어울리기를 좋아했던 저에게는 혼자만의 시간을 가질 수 있었던 계기였습니다. [대학 낙방 / 부모님 사업실패 / 부모님 이혼 / 각종사고 / 지인의 죽음]을 경험한 후 가장 큰 변화는 저의 삶의 태도와 자세였습니다. 처음 며칠 동안은 슬픔에 잠겨 삶의 의욕을 잃은 사람처럼 행동했습니다. 하지만 시간이 흘렀을 때 삶의 유한성을 생각해보며, '인생이란 유한한 시간에 내가 무엇을 할 수 있겠는가?'에 대해 진지하게 생각해 보게 되었습니다. 그리고 '바로 이 순간, 그리고 미래'를 소중히 여겨야 한다는 사실을 깨닳았습니다. 인생의 의미와 행복을 위해서는 매 순간 최선을 다해야 하겠다는 다짐을 하였고, 이는 제 삶의 원동력으로 지금까지 작용하고 있습니다.

(3) 10년 후 나의 미래

원칙 및 요령

막연한 이야기와 같은 뜬구름 잡는 이야기는 하지 않는다. 구체적으로 어떠한 사람이 되어 있을 것인가? 일부 지원자들은 큰 꿈(예를들어 '사업가가 된다')을 적어 놓는다. 그러나, 회사는 자선단체가 아니다. 개인 사업의 성공이 아니라, 조직에 헌신적으로 오랫동안, 혹은 쓸모있을 만큼의 기간 동안 충성할 인재를 원한다. 회사 다니다가 나가서 사업해서 성공하겠는 식의 결론은 곤란하다. 따라서, '내가 회사 밖에서 엄청난 인물이 될 것이다' 보다는 '귀사에서 어떠한 역할을 하고 있을 것이다'가 되어야 한다. 즉, 내가 지원하는 회사에 어떠한 기여를 할 수 있는지를 서술하는 것이 좋다. 이와 더불어 지원하는 회사에 대해서 얼마나 알고 있는지 '성의'를 보여주는 것이 중요하다.

샘플 템플릿

미래는 현재의 하루 하루가 모여서 이루어 진다고 했습니다. 그러기에 저는 언제나 오늘의 모습은 미래의 모습의 일부라고 생각하고 살아왔습니다. 제 자신을 되돌아 봤을 때 저는 [꼼꼼하고 섬세한 / 리더십이 있고 활달한 / 창의적이고 혁신적인] 성향이 있다고 생각합니다. 따라서 저는 이러한 장점을 살려 [00분야의 전문가 / 전문성을 갖춘 제너럴 리스트 / 헌신적인 리더]가 되고자 합니다. [귀사]는 지난 수년간 [치열한 도전정신 / 혁신적인 이노베이션 / 혼신의 힘을 다한 열정 / 회사의 사훈 등을 쓴다(ex.도전 열정 도약)] 으로 시장을 개척해 왔다고 생각합니다. 어려움 속에서도 희망을 잃지 않고 지금까지 이루어낸 성과들은 저의 마음을 뛰게 했습니다. [알버트 슈바이처는 "성공의 커다란 비결은 결코 지치지 않는 열정으로 인생을 살아가는 것이다." / 기타명언]이라고 했습니다. 저 또한 귀사 안에서 어떤 '성공'을 꿈꾸고 있기에 저의 [꼼꼼하고 섬세한 / 리더십이 있고 활달한 / 창의적이고 혁신적인] 성향을 살려, 10년 후 조직에서 부서의 리더로서, 혹은 프로젝트의 책임자로서 의미있는 역할을 하고 싶습니다. 또한 [대학에서부터 / 중고교시절부터 / 어려서 부터] 제가 꾸준히 해 온 [시사 상식 동아리 / 댄스동아리 / 오케스트라 / 스킨 스쿠버 / 스노우 보딩/ 수영 / 취미활동 / 외국어] 의 경험을 사회생활에서도 이어 나가 직원들과 함께 건강하고 활력있는 회사를 만드는 일에 큰 도움을 드리고 싶습니다.

(4) 본인을 채용해야 하는 이유

원칙 및 요령

취준생들이 가장 난감해 하는 부분이다. 자신의 자랑만을 나열하는 것이 아니라 인간적인 면과 매력이 드러나면서 장점이 녹아 있게 구성한다. 회사의 가치에 부합되는 서술을 한다. 자랑보다는 진솔된 이야기가 오히려 마음을 사로잡을 수 있다.

샘플 템플릿

세상에는 똑똑한 사람이 많습니다. 어떤 사람은 천재성으로 한 회사를 구하기도 하고 또 어떤 사람은 한 회사를 망하게도 합니다. 저는 한 명의 천재 보다는 천재가 탄생할 수 있는, 그리고 적어도 그러한 천재를 서포트 할 수 있는 문화를 만들어 내는 데 기여할 수 있는 직원이 되고 싶습니다. 즉, 살아있는 생명체인 회사에서 [귀사]의 조직가치인 [지원하는 회사의 가치를 써 넣는

다: ex. 도전 열정 팀워크]를 발전시키고 긍정적인 에너지를 부여할 수 있는 직원이 될 것입니다. 그러한 직원은 분명 회사의 미래에 보석 같은 존재가 될 수 있다고 생각합니다. 성실성, 책임감, 리더십 등 일반적인 가치를 언급하지 않더라도 저의 [꼼꼼한고 섬세한 / 리더십이 있고 활달한 / 창의적이고 혁신적인] 성향은 귀사의 어떠한 부서에 배치 되더라도 시너지를 낼 수 있다고 생각합니다. 제가 활동했던 [동아리/ 단체 / 모임 / 학원 / 체육관]에서 제가 의미있는 존재로 조직에 활성화와 성장에 도움을 주었던 것과 같이, 귀사에서도 저만의 [밝은 에너지/ 책임감 / 포용력] 을 통해 조직원들에게 힘을 실어주고 하나의 생명체인 회사에 비타민 같은 존재가 되고 싶습니다.

(5) 지원 동기

원칙 및 요령

이미 알고 있는 흔한 이야기는 하지 않는다. 회사의 영업, 업무분야와 나의 관심사 및 활동이 자연스럽게 연결되면 좋다. 나의 과거의 활동, 관심을 회사의 사업영업, 지원부서에 연결시킨다.

샘플 템플릿

제가 [인턴으로 근무 / OO에서 근무 경험 / OO와 관련된 동아리 활동 / OO에 대한 취업스터디]를 하면서 [OO관련 업종 / OO분야 / OO 시스템] 에 관심을 갖게 되었습니다. [귀사]는 [공격적인 마케팅 / 뛰어난 제품 개발 / 혁신적인 아이디어 / 시장 개칙을 향한 열정] 로 OO산업 분야에서 큰 반향을 일으킨 것으로 알고 있습니다. 저 또한 [귀사]의 [빠른 성장 / 꾸준한 성장 / 지속적인 정진]을 주목해왔으며 미래의 성장성에 대해서 긍정적으로 생각하고 있습니다. 이제까지 나왔던 귀사의 [상품 / 광고 / 회사소개자료] 등에서 느낄 수 있는 기업문화 등으로 미루어 볼 때 혁신적이고 미래지향적인 기업이라는 확신을 갖게 되었습니다. 특히, 귀사의 [OO제도 / XX캠페인 / XX프로모션]을 주목했는데 이러한 노력들이 성과를 보이고 있고 많은 [사람들 / 기업들]에 귀감이 되고 있다는 점도 저에게는 매력적으로 다가왔습니다. 그러기에 저 또한 귀사의 [OO철학 / OO정신 / 열정 / 창조경영] 에 동참하고 싶으며, [귀사]에서 근무를 할 수 있다면 제가 가지고 있는 능력을 최대한 발휘하여 [귀사]에 도움이 되는 인재가 되고 싶습니다.

Sample 자기소개서

성장과정

"성공한 사람이 아니라 가치 있는 사람이 되려고 힘써라"

공무원으로 오랫동안 근무하시다가 환경운동(NGO)에 헌신하신 아버지는 어려서부터 무엇을 하든지 성실함과 꾸준함의 중요성을 강조하셨습니다. 하지만 저는 아버지처럼 헌신과 봉사를 하는 삶을 살지 못하고 그럴 자신도 없습니다. 다만 제가 어려서부터 보고 배운 것은, 나보다는 다른 이들을 먼저 생각하고, 성실함의 잣대로 스스로를 평가하고 관대함의 잣대로 타인을 평가하는 자세입니다. 이러한 자세는 제 삶에 있어서 많은 긍정적인 영향을 미쳤는데, 일례로 미국에서 인턴을 할 때에도 인정을 받을 수 있었던 계기가 되었습니다. 또한 대학에서의 저의 전공이었던 통계학이라는 학문은 저에게 매사에 있어서 정확성과 논리적인 사고를 심어주었습니다. 저는 항상 긍정적인 마음과 자세로 행복한 삶을 살아왔다고 생각하며, 이러한 긍정적인 마인드와 성실함과 헌신이라는 가치는 제가 앞으로 직장생활을 하는데 있어서도 큰 도움이 되리라 생각합니다.

성격소개

[막내 / 첫째 / 형제가 많아서 / 활달한 부모님 덕에]라서 붙임성이 좋고 주변에 친구들도 많습니다만, 어려서부터 독립심과 책임감을 강조한 가정교육 덕분에 맡은 바 일은 끝까지 해 냅니다. 제가 '임원업무보좌역'이라는 직종에 잘 맞고 잘할 수 있다는 것도 타인을 먼저 배려하는 저의 성격과 성실함 때문입니다. 특히 아버지의 직업 특성상 어른들과도 많은 이야기를 나누고 함께 활동하는 경우가 많았기 때문에 사람들이 원하는 바를 빠르게 파악하고 나의 주장을 고집하기 보다는 경청하는 성격입니다. ≪경청≫이란 책을 관심있게 읽었는데 그 책을 통하여 저는 삶을 살아가는 데 있어서 잘 듣는 것이 얼마나 중요한 덕목인지를 배울 수 있었습니다. 이는 비서라는 직종에 있어서도 꼭 필요한 소양이라고 생각되며 잘 듣는 것뿐만 아니라, 모든 일을 제대로 처리하고 마무리 짓는 습관은 앞으로 업무에 있어서 큰 도움이 될 것이라 생각합니다.

생활신조

"성실함의 잣대로 스스로를 평가하고 관대함의 잣대로 타인을 평가하라."

대학에서 배운 '통계'라는 학문은 저에게 정확성과 논리력을 키워주었습니다. 하지만 제 자신을 정확성에 잣대로 돌이켜 생각해보면 부족한 부분도 많았습니다. 저는 하루를 끝내고 항상 제 스스로를 되돌아 보는 시간을 살아왔습니다. 하루를 살아가면서 부족한 점은 없었는지 혹은 사람들과의 관계에 있어서 잘못된 부분은 없었는지 되돌아 보는 데 이러한 시간들이 다소 모나고 부족했던 제 자신을 변화시키고 발전시킨 원동력이었다고 생각합니다. 특히 미국에서 1년 6개월간의 비서 경험, 그리고 다양한 사람들을 만나고 다소 이질적인 문화를 접했던 시간들을 가지며 제 삶의 자세를 다시 한 번 점검해 볼 수 있는 소중한 기회였습니다. 또한, 아무리 상대하기 힘든 사람일지라도 진심을 다해 노력한다면 통할 수 있다는 사실도 배웠습니다. 이런 경험과 깨달음은 수학과 논리로만은 터득할 수 없었던 큰 가치라고 생각되며 지금껏 저의 생활 신조로써 간직하고 살아가고 있습니다.

지원동기

미국에서 인턴으로 근무 했을 때, 보험회사의 BMS(Billing Management System) 관련 업무를 진행한 경험이 있습니다. 업무를 하면서 보험사와 보험산업, 금융산업에 관심을 갖게 되었고 00은행에서의 경험 또한 저에게 금융산업에 대한 흥미와 관심을 일깨워 주었습니다. [귀사]는 공격적인 마케팅과 시장을 선도하는 아이디어로 보험산업에서 큰 반향을 일으킨 것으로 알고 있습니다. 저 또한 [귀사]의 빠른 성장을 주목해왔으며 미래의 성장성에 대해서 긍정적으로 생각하고 있습니다. 이제까지 나왔던 상품, 광고, 그리고 회사소개자료에서 느낄 수 있는 기업문화 등으로 미루어 볼 때 혁신적이고 미래지향적인 기업이라는 확신을 갖게 되었습니다. 그렇기 때문에 [귀사]에서 근무를 할 수 있다면 제가 가지고 있는 능력을 최대한 발휘하여 [귀사]에 도움이 되는 인재가 되고 싶습니다.

자기발전 포부

제 자신의 발전이 회사의 발전이 되는 그런 인재가 되고 싶습니다. 그렇기 때문에 보험산업에 대해 꾸준히 공부함은 물론이려니와 업무에 필요한 PT능력과 커뮤니케이션 능력향상을 위해 정진할 계획입니다. 특히, 필요하다면 회사의 업무에 도움이 될 수 있도록 야간대학원을 진학을 할 생각도 있습니다. 그리고 회사의 발전이 저의 발전이라고 생각하며 어학 및 사내 동호회 활동을 통한 건강관리, 어학능력, 네트워킹에 최선을 다 할 생각입니다.

특기사항

저는 학교 오케스트라 활동을 4년간 꾸준히 해왔습니다. 제가 맡은 파트는 OO인데, 프로는 아니지만 아마추어로서 노력하여 수준급에 이르렀다고 생각합니다. 저의 이런 특기는 부족하지만 사내 행사가 있을 때, 혹은 사내 동호회 등을 통해 대내외적으로 회사의 이미지를 제고시키는데 기여 할 수 있다고 생각합니다.

경력사항

- [인턴] 미국 OOO회사 (201x.xx~201x.xx)
- [인턴] 은행 (201x.00~ 201x.00)
- [알바] Cafe OOOOO (201x.00~201x.00)

총 경력 기간은 O년이며 금융권인 OO은행에서 금융산업에 대해 조금이나마 배울 수 있었으며 정확성과 효율적인 일처리의 중요성을 터득하였습니다. 그리고 미국 OO에서의 경험은 다양한 문화를 체험하면서 설득력 있는 Presentation과 조직 커뮤니케이션의 중요성을 일깨워 주었습니다. 이러한 경험을 토대로 OO에서 OO업무를 수행함에 있어서 최선을 다 해보고 싶습니다.

<h2 style="text-align:center;">자기소개서 템플릿 FAQ</h2>

1. 같은 템플릿을 사용하는 지원자가 있지 않을까요?

템플릿을 기반으로 할 때 여러분의 언어를 녹여 쓸 것을 권장합니다. 여러분이 혼자 쓰시는 것보다 템플릿을 활용하는 것이 좋은 점은 기본적인 틀을 갖춰 준다는 데 있습니다. 템플릿이 꼭 만능이라고 할 수는 없지만, 템플릿을 바탕으로 해서 본인이 정성껏 수정을 해 나간다면 본인만의 멋진 자기소개서가 탄생하게 될 것입니다.

2. 좀 색다른 자기소개서를 쓰고 싶습니다.

일단 기본 템플릿을 완성해 놓고 조금씩 변형을 해 나가도록 하세요. 지나치게 파격적인 자기소개서는 오히려 마이너스가 되는 경우도 있습니다.

3. 템플릿을 파일로 받고 싶습니다.

자기소개서 템플릿은 저자의 개인메일로 신청하면 보내드립니다. 행복우물 출판사 홈페이지 blog.naver.com/happypress 에서는 매달 업데이트 된 템플릿을 배포합니다. 저자들의 강연회와 강의를 통해서 국문이력서, 자기소개서, 영문이력서, 영문에세이 샘플 및 템플릿이 제공됩니다.

면접 + 자기소개:
질문과 답변 준비하기

자신감이 생기는 면접 준비 요령
나를 객관적으로 보고, 외우고 말하고 연습하자

1. 센텐스를 외워라. 외우고 말하고 또 말해 보아라.

2. 친구들 앞에서 말해 본다.

3. 녹화를 해서 보고, 리뷰를 써본다.

나의 Selling Point를 준비하고 포장하기

나를 취업시장에 존재하는 하나의 상품이라고 생각한다면 Selling Point를 파악하는 것은 중요하다. 하지만 단순히 장점이나 어떤 조건을 나열하는 것보다는 면접에 활용할 수 있도록 다듬고 변형시켜 놓아야 하며, 관련된 질문에 대해서 면접관들이 수긍하고 흥미를 가질 만한 답변으로 이끌어 낼 수 있어야 한다. 예를 들어서 'OO회사에서 인턴 경험이 있습니다' 라는 단순한 서술이 아니라 'OO회사에서 인턴을 경험한 적이 있는데, 이를 통해서 조직문화를 이해할 수 있었고, OO업무에 대한 이해를 통해서 스스로에게 잠재되었던 감각을 발견할 수 있었습니다. 그러

기 때문에 제가 지금 지원하는 귀사의 OO부서에 대해 확신을 갖고 지원할 수 있게 되었습니다.'
라는 식으로 나의 삶의 경험들이 입사지원까지 유기적이고도 논리적으로 연결이 되도록 작성하
여야 한다.

구분	내역	어필되는 포인트
업무 연관된 일	인턴경험 홍보대사 경험 알바 경험 (관련업종 유리) 블로그 활동, SNS, 인터넷 까페 운영	조직문화를 쉽게 이해할 수 있다 업무적인 감각이 있다 치열한 삶을 살았다 SNS 활용 능력이 뛰어나다
공연, 엔터테인먼트	연극, 오페라 공연 댄스, 발레, 퍼포먼스 공연 오케스트라 활동 해상 구조대 활동 VJ활동, 모델 활동	다재다능한 면이 있다 에너지가 넘친다 인간적인 매력이 있다 책임감이 있다 매력이 있다(마케팅, 영업 능력)
교육 관련	학원 강의 과외 알바 교육청에서 하는 프로그램 참가 교육용 컨텐츠 제작 참여	프리젠테이션 능력이 뛰어나다 이해력이 뛰어나다 설득력이 있다 인내심이 있다
수상 경험	공기업 등에서 주최한 대회 입상 각종 미술대회 등 수상 경험 대학가요제 등 가요제 입상 경험 문학상 수상	업무적인 능력과 포텐셜 예술적, 인문학적 감각 활달한 성향 깊게 생각하는 사유능력, 논리력
특이한 취미	마술, 무술 등 오지 여행 (북극, 아프리카 등)	조직에 신선함을 불어 넣어준다 세상을 보는 넓은 시야
봉사활동	무료 교육 소년소녀가장을 위한 강의 헤비타트	따뜻한 마음이 있다 조직 지향적이다 헌신적이다
기　타	인터넷 사업 경험(쇼핑몰 등) 창업 경험(학교의 창업지원센터 활용) 특수부대 전역(해병대 등)	도전 정신이 있다 비즈니스 감각이 있다 고난과 역경을 이겨낸다

1분 자기소개

짧은 자기소개 시간에서 가장 중요한 점은 핵심적인 포인트 한 두개를 어필하는 것이다. 면접관은 수많은 면접자들 중 누구를 어떻게 기억할까? 기억을 하게 만드는 것을 넘어 함께 일하고 싶은 사람으로 각인 시킨다면 최종 합격의 확률은 올라갈 것이다. '자기소개를 해 보시오' 라는 짧은 말 속에는 '어떤 사람인지 알고 싶다. 말은 조리있게 하는지 듣고 싶다. 어떠한 가치관을 갖고 있는지 알고 싶다' 는 등의 많은 요구사항이 숨어 있다. 그렇다면 1분 자기소개에서의 핵심은 나의 핵심가치를 어필할 수 있는 능력이라 할 수 있겠다. 이점만 염두에 둔다면 다양한 방식으로 매력적인 1분 자기소개를 구성할 수 있다.

가장 일반적으로는 회사의 업종과 업무를 중심에 두고 나의 가치와 역량이 어떠한 기여를 할 수 있는가를 어필해 볼 수 있다. 혹은, 나의 경험이 어떠한 나를 만들어 왔으며 어떤 매력이 있다라는 식으로 구성할 수도 있다. 다음 샘플을 참고해서 나만의 자기소개를 구성해 보자.

면접 무조건 준비 NO~! 대충 연습 NO~!

면접자들이 흔히 범하는 실수를 살펴보고 조심하자

몸이 흔들리지는 않는가? 좌우, 앞뒤로 흔드는 습관이 있는지 확인하자.

키가 큰 여성 지원자의 경우 어깨를 앞쪽으로 움츠리는 경향이 있다. 자신감 있는 태도로 어깨를 펴고 바로 서있자.

남자 지원자들의 경우 다리의 무게 중심을 이쪽 저쪽으로 옮기는 습관이 있는지 확인하자.

손을 가만히 두지 못하고 있지는 않은가? 무의식적으로 손을 움직이거나 옷이나 주변 사물을 만지지는 않는지 확인하자.

머리를 쓰다듬는 등의 불필요한 행동을 하는 경우가 많다.

손을 어쩔 줄 모르거나 호주머니에 넣었다 뺐다 하는 행동을 조심하자.

자세가 지나치게 긴장되어 경직되어 있는 것은 아닌지 확인한다.

손동작을 할 때에 손가락질을 하는 습관이 있다면 주의하자.

면접 전에 반드시 연습해야 할 사항

스스로에게 면접관 "대화"와 "소통"을 한다는 생각을 주입시키자.

면접 전 청중(가족이나 친구)를 반드시 앉혀 리허설을 꼭 해보자.

실제 많은 면접관들은 냉담한 표정을 짓는 경우가 많기 때문에 냉담한 표정의 청중을 앉혀 놓고 하는 것이 도움이 될 수 있다.

말하는 속도가 너무 빠르거나 느리지는 않은지 점검 받는다.

반드시 면접 예상 질문과 답변의 내용을 점검 받자. (친구, 선배 등)

태도, 목소리, 몸짓 등 지적 사항을 중점적으로 연습한다.

목소리 톤, 제스처, 눈빛을 통해 좋은 이미지를 구축하기

몸 동작, 손짓은 확실히 한다. 어설프게 하려거든 아예 하지 않는 것이 좋다.

대답을 하거나 면접관을 바라보아야 할 때에는 상대방의 코 부분을 바라보면 이야기한다.

손동작은 직선보다는 곡선이 좋은데 부드럽고 자연스러운 느낌을 주기 때문이다.

직선으로 다른 사람을 가리키거나 손가락질 같은 자세는 피하자.

안정감, 발성, 힘의 균형을 생각하며 자세를 잡아보자. 발은 어깨넓이로 벌리거나 한쪽 발을 약간 내미는 것도 좋다.

여유로운 인상과 느낌을 심어주는 것이 중요한데 이는 많은 연습과 마음가짐에서 나온다.

면접 전 도움이 되는 먹거리 & 피해야 하는 먹거리

(1) 에너지드링크, 에너지 바, 커피: 카페인 성분이 함유된 제품들은 정신 집중과 단기적인 활동력의 증가 효과가 있다. 실제로 고함량 까페인 제품을 면접 직전 섭취한다면 집중력 증가와 빠른 두뇌 회전에 도움을 받을 수 있다. 속 쓰림과 부작용만 없다면 30~100mg의 까페인이 함유되어있는 커피나 에너지드링크를 면접 15~20분 전 섭취하는 것도 좋다. 하지만 장이 좋지 않거나, 까페인 부작용, 과민성대장증후군이 있는 사람은 설사를 유발하거나 복통을 유발할 수 있으니 섭취에 유의하자.

(2) 사탕, 젤리: 설탕이 무조건 몸에 나쁜 것은 아니다. 당 성분이 기분을 전화시켜주기 때문에 긴장 완화와 표정관리에 도움이 된다. 너무 긴장하거나 표정이 경직될 것 같다면 사탕이나 젤리를 섭취하자.

(3) 초콜릿: 테오브로민 성분이 까페인 성분과 비슷한 효과(집중력 증가와 각성효과)를 가
    져다 줄 수 있다. 그러나 경험상 초콜릿 보다는 에너지드링크, 사탕이나 젤리를 섭취하
    는 것이 더 효과적이다.
(4) 따뜻한 녹차: 긴장완화, 신경안정에 약간의 도움을 준다.
(5) 우유나 기름기 많은 음식: 긴장상태에서 섭취 시 속이 안 좋은 경우가 많으니 섭취하지
    말자.

영문이력서와 CV:
고민하지 말고 이렇게 작성하자

CV 작성하기

대부분의 외국계 기업들은 한국 기업과는 다른 이력서나 자기소개서 양식을 요구한다. 한국에서 는 쓰지 않는 Cover Letter는 어떻게 써야 할까? 특별히 정해져 있는 틀은 아니나, 다음과 같은 템플릿에 맞춰서 쓴다. 형식적인 부분이기 때문에 템플릿을 그대로 쓰면 된다.

April 11, 2015

Director, Human Resources
[지원회사명 및 주소]

Dear Human Resources Manager:

I would like to express my interest in [지원하고자 하는 분야] position with [회사명]. I am confident that your team's values and objectives would highly complement my own strengths and enthusiasm. My educational background and past experiences make me a strong candidate Evidence of my leadership and analytical skills can be seen in my responsibilities at my previous work experiences(관련업종 근무경험 있는경우) / studies(근무경험 없는경우), and my committment my academics. My educational background in [지원자의 대학 전공], combined with my work experiences in [이전 근무경력 / 기타 경력 ex. 동아리 등], has been excellent preparation for a career with [지원하는 회사명]. In addition, my experience in the [추가적인 경력사항 / 인턴, 알바등의 경험/ 교육] has helped me to develop a strong work ethic and the confidence needed to succeed in a competitive environment.

Please review the enclosed resume and consider my application for a position with your company. I look forward to having a chance to discuss with you about my capabilities in more detail, and am available for a personal interview at your convenience. I know you are busy, and have many applications to review, so please let me know if you wish to discuss further over your requirements and my ability to meet them. Thank you for your time and consideration.

Sincerely,

[지원자 성명]

2015년 4월 11일

부장, 인사부
[지원회사명 및 주소]

인사 담당자님께

저는 [회사명]의 [지원하고자 하는 분야] 에 대해 저의 관심을 말하고자 합니다. 저는 귀사의 가치와 목표가 추구하는 바에 부합하는 사람이라고 생각합니다. 저의 학력과 과거의 경험은 저로 하여금 경쟁력 있는 지원자가 될 수 있게 하였고 제가 귀사에서 발휘할 수 있는 능력들에 대해 자부심을 느낍니다. 저의 리더십과 분석적인 능력들은 저의 이전의 [일/학교생활, 학창시절 경험]과 배움에 대한 열정에서 찾아 볼 수 있습니다. 제가 [지원자의 대학전공] 에서 경험한 것들은 저의 [이전 근무경력 / 기타 경력 ex. 동아리 등]들과 더불어 [지원하는 회사명]에 있어서 경쟁력을 부여할 수 있을 것이라 생각합니다. 게다가, 저의 [추가적인 경력사항 / 인턴, 알바등의 경험/ 교육]은 경쟁적인 환경에서 적응하고 성공하는 데 필요한 것들에 대한 준비를 가능하게 해 주었습니다.

동봉된 이력서를 읽어보시고 귀사의 필요한 부서에 지원한 저의 이력을 검토해 주시기 바랍니다. 저는 제가 회사에 기여할 수 있는 바에 대해서 더 많은 이야기를 나누기를 원합니다. 또한 편리한 시간 어느 때건 인터뷰에 응할 준비가 되어있습니다. 바쁘신 것과 많은 지원서를 검토하고 계신다는 것은 알고 있지만, 귀사가 요구하는 바와 제가 기여할 수 있는 바에 대해 더 이야기를 나누길 원하시는지 여부를 알려주시기 바랍니다. 시간 할애와 관심에 감사드립니다.

이만 줄입니다.

[지원자 성명]

영문이력서 작성하기

외국계 기업의 경우 영문이력서와 CV를 요구한다. 영문이력서에는 이력, 자격사항, 인턴경험을 중심으로 자신의 경력과 이력을 기술해 나간다.

JENNY JH. YOON, CPA

ELINA 000-DONG 102-2202
KYUNGGI-DO, OSUNG-SI, CHEONG-DONG

TEL: (010) 2334-40xx
EMAIL: JENNYYOON11@GOMAIL.COM

PROFESSIONAL DESIGNATIONS
Certified Public Accountant, State of California, License #103xxxx

EDUCATION
University of California, Berkley
Bachelor of Arts in Economics, December 2005

University of California, Los Angeles Extension
Accounting Professional Business Certificate, June 2007

Kaplan Professional Schools
California Real Estate Broker Licensing Courses, August 2010 – present

AFFILIATIONS
California Society of Certified Public Accountants

WORK EXPERIENCE
Fidessa Capital, LLC *(Global Private Equity, $20 billion Assets under Management)* 2009 – 2010
Senior Accountant
- Manage over $30 million in daily cash flow for over twenty domestic and foreign entities
- Prepare and present corporate GAAP consolidated monthly financials; modeling, research and variance analysis
- Supervise the accounts payable and a staff accountant; oversee foreign and domestic wires, various general ledgers such as accruals and amortizations, reconciliations, profits and losses, eliminations and minority interests
- Calculate quarterly forecasts and semiannual budgets. Assist and supervise in the monthly closing process of domestic and foreign entities
- Create various financial models to analyze variance; using Macros, SQL and Live Office in Excel

David & Associates *(Public Accounting Firm)* 2006 – 2008
Staff Accountant
- Prepared Federal and State tax returns for businesses and individuals
- Serviced business clients by incorporated S-Corporations for various small businesses
- Audited, analyzed, and investigated control accounts, ledgers, and journals to ensure compliance with proper accounting treatments

- Assisted with monthly and yearly close, which includes processing journal entries into accounting system
- Prepared and analyzed financial statements of partnerships and S-Corporations
- Completed in Research & Development Credit for small businesses
- Assisted with all finance/accounting-related matters, including accounting policies and taxes

JP Morgan *(Wealth Management)* 2004 – 2005

Stock Broker Assistant (Intern)

- Constructed and maintained client databases
- Involved with projects and researching assets (equities, bonds, and mutual funds)
- Created quarterly and yearly profit/loss data reports

SKILLS AND INTERESTS

- Proficient in Business Object and MS Suites
- Fluent in verbal and written Korean
- Enjoy basketball, football, and traveling
- Proactive social and communication skills
- Appreciate model home interiors

Think! 생각하고 생각하면 답이 보인다 _ 박인규

지금 취업난에 허덕이는 우리에게 필요한 것은 지식이나 기술이 아니라 '희망'과 '열정' 그리고 꿈에 대한 끊임없는 '생각'이다.

나 또한 지금까지 살아오면서 수많은 좌절과 절망의 끝에 선 적이 있었다. 내게도 여러분과 똑같이 고민하고 힘겨운 취준생 시절이 있었다는 사실을 먼저 말해 주고 싶었다. 또한 20여년 간의 회사생활의 노하우와 인생의 경험들을 전달해 주고 싶었다. 내가 지금도 고려대학교 박사 과정의 학업을 병행하며 배움의 끈을 놓지 않을 수 있게 해 준 희망과 열정을 함께 나누고 싶었다. 내가 했던 고민들과 생각을 독자들에게 전달해 주고 싶었다. 스펙을 뛰어넘기 위한 나의 치열한 분투기를 여러분들에게 들려주고 싶었다.

이 책에 희망의 메시지와 현실을 이겨낼 수 있는 열정을 담아보는데 내 나름대로 최선을 다했다. 그리고 현실을 정확히 바라볼 수 있는 다양한 사례도 잊지 않고 넣었다.

취준생 여러분이여! 벽에 부딪혔을 때 이 책에 있는 선배들의 사례들을 되새기며 물러서지 말고 정진하자. 생각하고, 생각하고, 또 생각하자.

Think, Think, and Think!

Specialist or Generalist? That is the question!

나의 어린 시절 꿈은 공학박사였다. 국내에서 방영된 '에어울프', '맥가이버' 등 외화시리즈가 큰 영향을 미쳤다. 당시 늘 화제는 맥가이버의 기상천외한 활약상이었고, 주인공처럼 공학과 물리학에 능통한 사람이 되어 판타스틱한 영웅으로 살아가는 것이 나의 꿈이었다. 그래서 고등학교에 진학해 고민 없이 자연계를 선택했고 대학에서는 물리학을 전공하게 되었다.

물론 시련이 없는 건 아니었다. 원하던 대학에 두 번이나 떨어졌고 후기로 간신히 서울 소재 대학에 합격했다. 때문에 대학시절은 캠퍼스의 낭만과는 거리가 멀었다. 대신 도서관에서 보낸 나날들이 많았고 덕분에 졸업 전 S사에 입사 할 수 있었다. 좋은 회사에서 열심히 일하면 뭐든지 다 할 수 있을 것 같았고, 장미 빛 미래가 날 기다리고 있는 것만 같았다. 하지만 기대와 달리 지방에서의 공장생활은 무료하고 답답했으며 서울에 있는 여자친구가 많이 그리웠다. 결국 사표를 내고 당시에 가장 hot한 통신서비스회사로 옮겼다. 통신망을 운용하는 시스템엔지니어로 입사했기에 입사 후 3년 내내 장비운용실에서 근무를 했다. 똑 같은 일상의 반복은 나를 쉽게 매너리즘에 빠지게 했고 막연히 본사 스태프로 근무하는 동기들이 부러워지기 시작했다. 지금 생각해보면 참 어이없는 생각이 아닐 수 없다. 대리로 진급한 후 직군 전환을 통해 HR부서로 옮겼다.

그야말로 꿈에 그리던 화이트 칼라의 삶이었다. 하지만 무대가 공장에서 단지 도심의 오피스로 옮겨졌을 뿐, 하는 일은 별반 차이가 없었다. 문득 공부가 더하고 싶어졌다. 근본적으로 시장에서 자금이 어떻게 회전되고 투자 되는지 알고 싶어졌기에 MBA보다 금융공학을 선택해 석사과정을 이수하였다. 졸업 후 금융컨설팅 회사로 옮겼고, 곧 에너지 관련 벤처회사 설립에 참여해 투자유치, 재무, 전략 등 경영에 관한 모든 일에 관여했다. 힘든 나날의 연속이었다.

이 때 알게 되었다. 수익을 내지 않더라도 직원들에게 매월 밀리지 않고 월급을 준다는 것이 정말 얼마나 대단한 일인지! 벤처회사에서 물러난 후 지금은 I은행에서 마케팅을 담당하고 있다. 관점에 따라 짧은 시간일 수도 있고 긴 시간일 수도 있다. 정말 모든 업무를 다 경험해 본 값진 시간이었다.

인사업무를 담당할 때 가장 힘든 일 중 하나가 신입사원의 부서배치이다. 무조건 이 부서가 아니면 안 된다고 고집을 부리는 사원이 허다하다. 물론 나 또한 그 시절엔 그랬다. 원하는 포지션에서 일하지 않는다는 건 상상할 수 없는 일이고 세상이 무너져 내리는 일이었다. 하지만 알다시피 세상은 이런 사소한 일에 쉽게 무너지지 않는다. 서두에서 언급한 질문의 답은 명확하다. 회사에서 어떤 업무를 맡기든 결국 실무자에서 관리자로 성장할수록 우린 Specialist가 아닌 Generalist가 되어야 한다.

실무자는 단지 고유업무에 대한 의사결정만 하면 되지만 관리자는 고유업무에 대한 의사결정이 어떻게 회사에 영향을 미칠지를 가늠해보고 회사의 입장에서 최종 의사결정을 해야 하기 때문이다. 어떤 업무를 하던지 결국은 지향점은 하나라는 것이다. 그렇기에 우리는 늘 본인의 미래를 상상하며 주어진 일에 최선을 다하면 되는 것이다. 그리고 이러한 값진 경험들을 하나로 연결해 스펙을 쌓는다면, 모진 풍파에도 결코 무너지지 않는 여러분만의 견고한 성이 될 것이다.

Connecting!

Fighting! 치열한 인생은 진행중! _ 백인걸

치열한 인생이었다. 아직 서른 다섯 해밖에 보내지 않았지만, 나름대로의 인생에 대한 철학이 갓 태어난 것 같은 기분이 든다. 아무런 목적없이 10대를 보냈던 나는 아무런 목적없이 군대에 입대를 했다. 그리고, 그 속에서 처음 알을 깼던 것 같다. 두 시간이 넘게 치열하게 축구경기를 하고 21km를 뛰어서 부대로 복귀하면서, 수만 가지 생각이 교차했던 것 같다.

그 긍정적인 고난과 열정이 대학생이 되기 위한 희망으로 바뀌어 나갔고 결국에는 대학생이 되었다. 이때부터는 항상 Fighting 이라는 단어가 가슴 한구석에 화석처럼 붙어있었다. 치열하게 책을 보고, 치열하게 놀기도 하고, 치열하게 취업도 준비하면서, 왜 나는 안 될까? 라는 생각을 할 즈음, 그런 고민 조차도 부러워하는 사람들이 있다는 것을 알게 되었고, 나는 끊임없이 쓰고, 지우고를 반복해왔다.

창의적인 생각은 타고나는 것이 아니다. 다만 끊임없이 생각하면서 실패를 거듭하면서 하나씩 그 수준이 올라가는 것 같다. 나 역시 그랬다. 이 책을 쓰기까지 참 많은 일들이 있었다. 불과 10년 전만해도 그저 막연한 꿈을 갖고 있는 한 청년에 불과했던 나는 지금 이 책을 읽는 독자들에게 희망의 메시지를 전달하는 사람이 되었다. 확실한 것은 어떤 상황에서도 Fighting Spirit을 잃지 않았다는 것이다. 부득이하게 건강 때문에 포기한 미국 유학을 대신하여 나는 취업을 하기로 마음 먹었다. 지금 생각해 보면 변변치 않은 학점이었고, 자격증란에 운전면허까지 기재해야 할 정도로 참 배고픈 스펙이었다.

하지만 끊임없이 쓰고, 지우고, 실패를 반복하면서 한 가지 확실한 교훈을 얻었다. 내가 마지막이라고 생각하는 순간, 정말 힘에 부쳐 포기하고 싶다는 생각이 드는 순간, 마지막으로 한 번 더 해 보자는 것이다. 그게 취업에 대한 도전이든 창업에 대한 비전이든 상관 없다.

2011년 31살이라는 늦은 나이에 이래저래 대학원도 무사히 마치고, 나름대로의 자신감을 가지고 취업원서를 냈던 나는 참 열심히 고민하고 자기소개서를 쓰고 면접을 준비했던 것 같다. 어림잡아 100군데는 지원했을 것이다. 하지만 떨어질 때마다 실망보다는 아직 발표가 남아있는 회사에 대한 희망을 버리지 않았다. 이러한 믿음과 Fighting 자세는 결국 1차적인 목표를 이루게 만들었고, 지금은 그 절실함을 바탕으로 주어진 직무에 플러스 알파를 할 수 있는 사람이 되었다.

사람은 가지고 있을 때 소중함을 모른다. 왜냐하면 항상 내 것이라는 착각을 하기 때문이다. 포기하기 직전에 '마지막으로 한번 더' 라는 생각으로 Fighting Spirit을 잃지 말자. 나는 여러분보다 어리석고, 스펙도 낮은 사람이다.

Fighting!

Dreaming! 미래는 꿈꾸는 자의 것 _ 최우수

미래는 꿈꾸는 자의 것이다. 많은 사람들이 성장하면서, 그리고 성인이 되면서 어렸을 적의 꿈은 점점 작아지고 현실에 만족하게 된다. 현실에 불만족하는 사람은 힘들고 불평에 찬 것처럼 보이지만, 그런 사람이야말로 더 나은 미래를 위해 노력하는 사람이다. 현실에 안주하고 안도하는 순간 미래는 없다.

여러분도 지금의 현실이 힘들기 때문에 꿈을 꾸어 볼 수 있다. 꿈은 앞으로 나아가는 원동력이다. 취업을 준비하고 미래를 생각해 볼 수 있다는 것은 인생의 큰 축복이다.

이 책에 '그때 이런 이야기를 해 주었으면 당시 좀 더 좋은 선택을 할 수 있지 않았을까?' 하는 우리의 치열한 고민을 담아 보려고 노력했다. 우리가 취업하기 전에 알았으면 했던 것들, 여러분들이 깨닫고 고민하고 꿈꾸어야 할 것들을 담았다.

여러분이 꿈꾸는 삶은 어떤 삶인가? 꿈꾸기를 멈추지 않는다면, 그리고 이 책의 선배들의 사례를 참고해서 여러분의 꿈을 덧칠해 나간다면, 머지 않아 여러분이 꿈꾸던 미래를 만나게 될 것이다.

Dreaming!